四川省 2019—2020 年度重点图书出版规划项目——"智能高铁技术"系列

高速列车智能驾驶及其安全分析技术

程瑞军　陈德旺　/　著

西南交通大学出版社
·成　都·

图书在版编目（CIP）数据

高速列车智能驾驶及其安全分析技术 / 程瑞军，陈德旺著. —成都：西南交通大学出版社，2023.6
ISBN 978-7-5643-9250-5

Ⅰ. ①高… Ⅱ. ①程… ②陈… Ⅲ. ①高速列车–自动驾驶系统 Ⅳ. ①U292.91

中国国家版本馆 CIP 数据核字（2023）第 065621 号

Gaosu Lieche Zhineng Jiashi Ji Qi Anquan Fenxi Jishu
高速列车智能驾驶及其安全分析技术

程瑞军　陈德旺 / 著

责任编辑 / 宋浩田
封面设计 / 曹天擎

西南交通大学出版社出版发行
（四川省成都市金牛区二环路北一段 111 号西南交通大学创新大厦 21 楼　610031）
发行部电话：028-87600564　028-87600533
网址：http://www.xnjdcbs.com
印刷：郫县犀浦印刷厂

成品尺寸　185 mm×240 mm
印张　13.5　　字数　253 千
版次　2023 年 6 月第 1 版　　印次　2023 年 6 月第 1 次

书号　ISBN 978-7-5643-9250-5
定价　65.00 元

图书如有印装质量问题　本社负责退换
版权所有　盗版必究　举报电话：028-87600562

前言

高速铁路作为当代高新技术的集成系统,具有输送能力大、速度快、安全性高、正点率高、占用土地资源少、能耗低、环境污染小、全天候运行的特点,是交通运输体系中最具可持续性和环境友好性的运输模式。

随着现代轨道装备系统日益朝着深度感知、智慧决策、自动化执行的方向发展,高速铁路列车运行控制系统不再是列车调度、计算机联锁系统、闭塞控制电路、信号机等设备的简单组合,而是向着集系统安全监控、调度指挥与智能运行控制为一体的综合自动化系统方向发展。目前,高速磁浮列车的快速发展及高速飞车的战略布局对未来超高速列车控制的自主性及智能性、感知列车运行环境的能力、潜在设备故障及风险的预警能力提出了新的要求。

现代轨道交通设备组成单元种类繁多,结构更加复杂,某些关键设备一旦出现故障将会造成严重的经济损失。随着我国高速铁路建设规模的迅速扩大、列车时速的大幅度提高,高速铁路列车运行控制系统的安全性和可靠性已成为亟待解决的重要科学问题。

本书共 8 章。第 1 章为概述,介绍了本书的研究背景与意义、国内外的研究现状及主要研究内容和篇章结构。第 2 章介绍基于系统建模语言(SysML)的列控系统形式化建模方法,该方法运用构造型扩展机制设计了面向系统需求和面向列控系统混成特性的统一建模语言(UML)概要文件。其中:面向需求的概要文件对 SysML 需求图中的需求约束以及模块定义图中的属性和操作进行扩展;面向混成特性的 HUML 概要文件对数据类型、类、约束、表达式和状态机进行扩展,以满足混成自动机模型的建模需要。第 3 章介绍基于 PSL 的列控系统需求规范形式化建模与验证方法,运用迭代的方式查找规范中潜在的缺陷,以提高需求规范的质量。第 4 章介绍基于混成自动机模型的系统安全分析方法、首先，针对含有未知控制参数的混成自动机模型进行分析，根据列车具体的控制需求和目标得到未知控制参数的可行解或约束范围。其次，为了解决非线性混成自动机模型的安全性验证问题，运用时间有界的可达性分析方法，研究时间有界情况下列车的在线安全验证算法，有效降低传统形式化方法验证的难度。第 5 章介绍基于概率混成自动机模型的列车运行安全监控方法，用于在线评估列车当前运行状态下的量化安全级别，达到对列车运行状态安全监控及对危险状态及时预警的目的。第 6 章介绍基于参数马尔可夫（Markov）模型的系统可靠性在线评估方法，运用分层迭代分析方法近似估算系统瞬态可靠性指标，以提高系统可靠性指标的计算速度。同时，在考虑不完全覆盖故障的情况下，研究运用马尔可夫（Markov）模型分析动态故障树可靠性的方法。第 7 章介绍基于稀疏最小二乘支持向量机（LSSVM）及集成分类回归树的列车智能驾驶方法，运用稀疏优化算法对列车驾驶数据集进行预处理，然后运用集成分类回归树算法训练处理后的驾驶数据集。在保证驾驶曲线的节能、运行时间、模式切换次数等指标的条件下，稀疏算法将有效提高训练数据的稀疏度和乘坐舒适度。第 8 章介绍基于混成自动机（HA）及集成分类回归树算法的多列车安全智能驾驶方法，在单列车智能驾驶的基础上，通过混成自动机与智能学习算法相结合的方式，实现一种多列车安全智能驾驶策略，以保证多列车之间的安全运行间隔。

  本书是在"山西省回国留学人员科研资助项目（2022-142）"、中北大学高层次人才科研启动项目以及国家自然科学基金面上项目"基于人机混合智能的地铁列车增强智能驾驶系统关键算法研究（61976055）"的资助下完成的。

  最后，对所有在本书的写作和出版过程中给予热情帮助和支持的朋友们表示感谢。由于作者水平有限，书中难免有不当之处，敬请同仁和读者不吝赐教。

作 者

2022 年 6 月

于中北大学电气与控制工程学院

目录

◆ **1 概述** \ 001
　1.1 研究背景与意义 \ 001
　1.2 国内外研究现状 \ 005
　1.3 研究内容和篇章结构 \ 012

◆ **2 基于 SysML 的列控系统形式化建模方法** \ 023
　2.1 系统建模语言 SysML \ 023
　2.2 面向需求的概要文件设计 \ 028
　2.3 面向混成行为的概要文件设计 \ 030
　2.4 CTCS-3 级列控系统规范建模 \ 035

◆ **3 基于 PSL 的列控系统需求规范形式化建模与验证** \ 051
　3.1 系统形式化需求的定性分析方法 \ 051
　3.2 "RBC 切换"场景规范的建模与分析 \ 054
　3.3 模式转换规范的建模与分析 \ 069

◆ **4 基于混成自动机模型的系统安全分析方法** \ 078
　4.1 混成自动机概述 \ 078
　4.2 基于混成自动机模型的不确定控制参数分析方法 \ 082
　4.3 基于混成自动机模型的列车运行状态在线监控算法 \ 085
　4.4 案例分析 \ 092

◆5 基于概率混成自动机模型的列车运行安全监控方法 \ 104
    5.1 概率混成自动机及自动机之间的复合规则 \ 105
    5.2 列车运行状态的安全监控框架 \ 106
    5.3 案例分析 \ 109

◆6 基于参数 Markov 模型的系统可靠性在线评估方法 \ 133
    6.1 动态故障树建模方法 \ 133
    6.2 基于动态故障树的可靠性及安全性在线评估方法 \ 138
    6.3 案例分析 \ 145

◆7 基于稀疏 LSSVM 及集成回归树的智能驾驶方法 \ 162
    7.1 智能驾驶算法的框架及评价指标 \ 162
    7.2 单列车智能驾驶算法 \ 165
    7.3 案例分析 \ 174

◆8 基于 HA 及集成分类回归树算法的多列车安全智能驾驶方法 \ 190
    8.1 多列车的安全智能驾驶策略 \ 190
    8.2 基于速度分级制动的列车追踪间隔控制 \ 191
    8.3 基于 IPEM 稀疏优化算法 \ 195
    8.4 案例分析 \ 199

1 概述

1.1 研究背景与意义

随着计算机技术、嵌入式系统和网络通信技术的快速发展,高速铁路列车运行控制系统的自动化程度、控制精度以及响应速度都得到了大幅提升。列车控制系统属于典型的信息物理融合系统[1,2](Cyber-Physical System,CPS),信息物理融合系统是通过计算(Computation)、通信(Communication)与控制(Control)技术的有机与深度融合,实现计算资源与物理资源的紧密结合与协调的下一代智能系统。同时,列车控制系统由地面设备、车载设备、无线通信设备等模块组成,属于典型的混成系统(Hybrid System)[5-7]。系统的车载设备和地面设备通过无线通信系统实现车-地双向通信,通过各组成部分共同参与和协调来保证列车的安全运行。地面设备主要包括:列控中心(TCC)、调度集中(CTC)、无线闭塞中心(RBC)、无线通信地面接口设备(BTS)、计算机联锁设备、应答器(Balise)等。车载设备主要包括:车载安全计算机(VC)、无线通信(GSM-R)车载接口设备、应答器接收模块(BTM)等。无线通信设备主要包括:GSM-R 固定网络、综合业务数字网(Integrated Services Digital Network,ISDN)、无线接口网络等。

计算、通信以及控制(简称 3C)技术的广泛应用与融合是列控系统发展的趋势,新技术所占比重的增加虽然为满足更复杂的运营需求带来了便利,但也为系统的安全性带来了前所未有的挑战。系统需求完备性缺失、开发设计过程中系统错误客观存在、复杂多变的外界运行环境、软硬件的故障耦合和人员操作失误等因素,将导致列控系统发生错误的概率大为提高,也让因关键设备故障而引起的灾难性事故时有发生。例如:2007 年 10 月 16 日,瑞士弗鲁蒂根地区的勒奇山基底隧道附近发生列车脱轨事故,该事故是 ETCS-2 级列控系统无线闭塞中心（RBC）在接入时的一个与列车移动授权延伸的相关软件错误而引起的；2011年7月23日，我国的甬温线发生动车组列车追尾事故，事故发生的主要原因之一是列控中心设备中的自检模块存在严重设计缺陷；2019年3月18日凌晨3时左右，我国香港港铁中环站荃湾线在进行试车期间，两列列车突然发生碰撞，根据调查结果，事故的发生是阿尔斯通与泰雷兹联合提供的信号系统在修改软件时出错导致的[8]。列控系统属于安全苛求系统[9,10]，保证列车的运行安全是高速铁路发展的首要目标。对于高速列车而言，软硬件高度集成，大量软件参与安全控制，系统内部的接口与交互关系更加复杂，事故诱因更为多样，一旦出现安全事故，将导致灾难性的后果。随着我国高速铁路建设规模的迅速扩大和列车时速的大幅度提高，如何保证高速铁路列车运行控制系统的安全性和可靠性已成为亟待解决的重要科学问题。

现代列控系统是一种包括计算、网络和物理环境的复杂安全相关系统，通过3C技术与铁道信号技术有机融合与深度协作，实现列车安全、正点、高密度地运行。列控系统开发流程包括需求分析、系统安全分析、系统设计、系统实现和系统测试等关键环节，如图1-1所示。

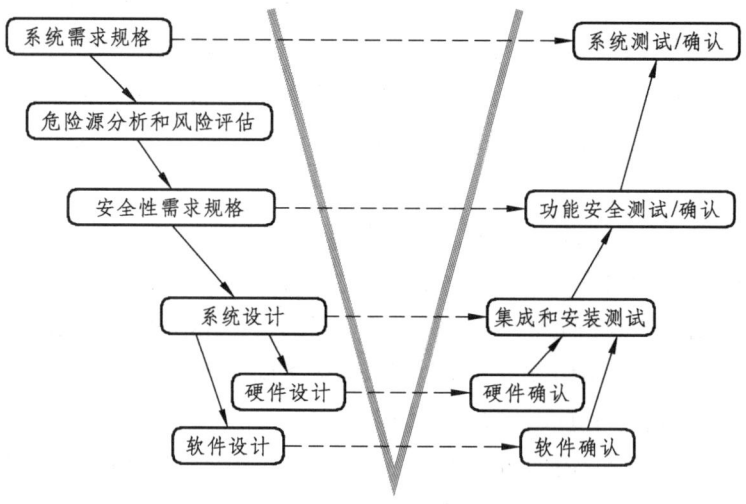

图1-1 列控系统开发流程

传统的开发方法在如何保证列车在高速度、高密度下安全、可靠、高效运行，如何避免安全事故的发生等一系列重大问题上存在很大的局限性和被动性。例如，过多的人工环节可能产生不可预料的设计缺陷。另外，由于缺乏与列控系统需求规范相对应的计算机可执行模型，传统列控系统在开发过程的前期无法进行连续、增量式的验证和确认，这也导致系统级的测试要到控制系统软件或硬件开发完成后才能执行。而后期的测试若不能及时发现和消除所有潜在的缺陷，也会导致系统的质量和安全性得不到保障，同时延误了开发周期、增加了系统开发成本。

在列控系统这类安全苛求系统的设计开发和管理中引入形式化验证技术是必然的趋势，形式化验证技术可以应用在系统开发过程中的各个阶段。结合系统仿真和先进的智能算法既可降低传统形式化验证的难度，也可应用于后续的系统升级改造及运行安全监控与设备维修过程中。严格的形式化验证方法可以最大限度地保证开发过程的质量，尤其适用于安全苛求系统的开发，同时，也可提升系统开发效率和有效控制开发进度。然而，站在工程实践的角度看，完全的形式化开发在实用性方面仍存在短板。为了实现更高级别的智能驾驶，还需要解决以下几个问题。

（1）列控系统安全及可靠性建模方法。

系统需求规范是列控系统开发的起点和基础。对于列车控制系统这类安全苛求系统，系统模型的正确与否不仅关系到系统的开发和维护成本，还会直接影响系统的运行安全和乘客的生命安全。在形式化建模过程中，须建立与系统需求规范一致的计算机可执行模型，保证所使用的安全模型和可靠性模型与实际系统相一致，使得系统的可靠性分析建立在满足系统安全指标的基础上。同时，为了提高系统的开发效率，可设计普适性的参数控制模型，以大幅降低系统的开发成本。其重点是采用有效的形式化验证算法以保证参数控制模型中不确定参数的安全约束和普适类参数控制模型适应不同的运行环境和相应的安全需求。

（2）考虑随机因素的系统量化安全分析方法。

由于列控系统由多模块构成，无线通信系统模块在现代列车控制系统中的作用越来越大[12]。在基于车-车通信的智能感知的移动闭塞无人驾驶系统中，无线通信系统通信性能的不确定性将会影响列车运行的控制效率与安全性。因此，须采取一种有效的列车运行状态在线安全评估方法，来对列车当前运行状态的量化安全级别进行在线监测与评估。通过评估随机性事件对列车量化安全等级的影响程度来提高列车追踪控制策略的自适应性和安全性。当系统中的某些设备的性能（列车定位精度、无线通信质量、列车控制模式等）恶化时，该控制策略能够通过调整与量化安全级别相关的参数（列车定位精度、无线通信质量、相邻列车之间的追踪间隔），使列车保持在较高的量化安全水平上；而不是在系统性能降低时就触发等级切换，导致高层次控制系统的运行效率降低。

（3）系统可靠性在线评估方法。

传统的动态故障树建模主要依靠铁路专家的经验或者事件树模型来完成。不同专家对系统的关注点和理解程度不同，可能导致所建立的各类分析模型存在差异或有不一致的情况。这将导致系统设计和开发成本增加，严重时会影响到系统的维护策略并危及系统的运行安全。同时，当前的可靠性研究与系统的安全分析联系并不紧密，两方面的研究分析模型往往相对独立，这严重影响了可靠性分析结果的可信度。因此，须采用针对复杂系统的安全及可靠性一体化建模方法，对安全分析模型与可靠性评估模型的内在逻辑和一致性进行充分研究，避免可靠性分析模型与安全分析模型之间存在歧义或两者不一致的问题。

复杂系统运行可靠性可视为装备本身对工作环境、任务载荷的一种反馈或响应，这种反馈的主要表现形式为装备性能状态的退化。采取合理有效的状态监控和维修决策可使得复杂系统的性能得到不同程度的恢复，从而提高整个系统的服役寿命。为了提高复杂系统的可靠性、可用度和减少系统维修成本，需充分重视复杂系统及其组成单元的个体差异问题。与普通设备相比，复杂系统由于其组成结构种类繁多且涉及多学科领域知识，设备单元异质性特征明显，忽视系统及其组成单元的个体差异，将导致系统运行状态监控失效、盲目维修、维修不足或维修过剩，因此一旦系统运行状态监控失准或维修不当，就可能导致系统或设备损坏[13]。

一般情况下，复杂系统或设备存在多个运行性能状态，即该系统或设备为多状态系统或多状态元件。因此，对于列车动态运行的设备，需设计合理的在线监控及设备任务可靠性评估算法，并依据列车运行状态的在线监控结果及设备可靠性的在线评估结果，采取不同的维修策略以满足设备安全性及任务可靠性指标。传统的可靠性分析过程计算复杂，需耗费大量的时间，不适于未来列车的在线监控技术的实施，需设计新的列车控制系统运行状态的在线监控框架和设备运行可靠性的在线评估策略。

（4）新型列车智能驾驶系统。

高速列车对列车的智能化运行和控制提出了更高的要求。高速列车的智能控制系统功能包括列车运行安全、完成列车运营任务及实现列车智能驾驶三个层次。列车的运行安全是完成列车运营任务和实现列车智能驾驶的基础条件，同时列车的智能驾驶算法必须建立在保证完成列车运营任务的基础上。高速列车智能控制系统功能层次如图1-2所示。如何提供更加灵活有效的列车控制策略是高速磁浮列车及未来高速飞车亟须解决的问题。传统安全验证和可靠性分析都需要消耗大量时间，列车运行过程中的在线安全验证和可靠性在线评估目前仍是棘手的问题，这也限制着列车控制过程的智能化。因此，将系统量化安全验证、运营指标评估和智能驾驶策略作为整体考虑是该研究的出发点,如何实现系统量化安全在线监控和运营指标在线评估则是进一步生成高效列车控制策略的基础。

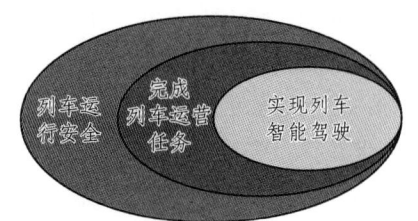

图 1-2　高速列车智能控制系统功能层次

传统的列车智能驾驶算法研究与列车运行安全性及列车运营任务相对独立。然而,列车的智能驾驶和列车运行安全、运营可靠性指标是密切相关的。对于未来新型的智能驾驶系统,只有将以上三个核心功能作为统一的整体来进行研究,才能实现更加智能和灵活的列车控制策略。在保证列车运行安全与效率的前提下,须根据列车的实际运行状态及关键设备的运营指标的动态变化特征,对列车控制策略进行实时调整和优化。在调整及优化过程中,须充分考虑控制过程中随机不确定因素对列车运行安全的影响程度。量化安全指标下的高速列车智能驾驶优化算法是提升列车驾驶智能化程度的关键。

因此,本书以保障列车的运行安全为总体目标,融合形式化分析验证、系统可靠性分析、系统控制理论和机器学习算法,提出保障列车运行安全的总体框架。本书对以上各部分的研究虽然还不深入,但可作为未来铁路智能化运行与管理的一些理论探索成果。

1.2　国内外研究现状

1.2.1　复杂系统的形式化建模和验证方法

目前,在以轨道交通、航空航天为代表的安全苛求系统应用领域,使用基于模型的开发方法已成为一种趋势。这方面的研究主要体现在将安全分析融入系统开发的过程中,运用形式化方法领域的研究成果提高系统设计和系统验证的自动化程度,在保证系统安全性的前提下缩短开发周期、降低开发成本等。国内外关于系统安全验证的方法主要包括形式化验证[14](Model Checking)、运行时验证(Runtime Verification)和系统测试(Testing)等。

国外的形式化验证研究进展如下:德意志研究联合会(DFG)项目复杂系统的自动验证和分析(Automatic Verification and Analysis of Complex Systems,AVACS)主要将轨道交通列控系统作为应用背景,通过研究先进的计算机建模和验证方法来保证复杂系统的自动设计、分析和验证。在该项目中,Olderog 等结合时段演算(Duration Calculus,DC)、通信顺序进程(Communicating Sequential Processes,CSP)和 Object-Z(Z 语言的面向对象扩展)规格说明提出了一套对轨道交通列控系统进行建模和验证的方法[15]。Platzer 运用微分动态逻辑和微分不变量技术对 ETCS 需求规范进行建模和验证,发现了非形式化描述的需求规范中隐藏的错误和漏洞[16]。欧洲太空总署项目 COMPASS[17](Correctness,Modeling and Performability of Aerospace Systems)重点研究航空领域安全苛求系统的建模、正确性验证以及性能评价。其建模与分析工作基于统一的系统模型,系统模型使用 SLIM(System-Level Integrated Modeling)语言进行描述。SLIM 是在体系结构分析设计语言(Architecture Analysis and Design Language,AADL)的基础上扩展形成的一种建模语言,能够描述系统中软硬件的架构、功能、故障行为以及故障修复情况。SLIM 语言采用面向组件的分层建模的思想,可以描述系统的正常功能和以一定概率发生的故障行为。特别是,SLIM 语言具备描述系统连续行为的能力,支持混成建模。此外,SLIM 模型还支持观察变量的创建,用观察变量可以对系统故障事件的发生情况进行观测,即实现系统的诊断性分析以及故障检测、隔离与恢复(Fault Detection,Isolation and Recovery,FDIR)。在 COMPASS 项目中,需求分析工具 RATSY[18]、安全分析工具 FSAP[19]、验证工具 NuSMV[20]和 MathSAT[21]组成了一个有机的整体 Compass Toolset,共同支撑基于模型的安全苛求系统的开发。德国铁路(DB)主导的研究项目 OpenETCS[22],旨在为 ETCS 车载单元和相关组件开发过程的各个环节制定开放标准,构建开源的建模、设计、验证和测试框架,以面对 ETCS 系统互联互通、高开发成本、高安全可靠性以及运行需求日益复杂等带来的挑战。OpenETCS 将为 ETCS 系统的开发提供一个全面的工具链,支持系统需求的形式化建模与验证、ETCS 兼容代码的自动生成以及基于模型的测试生成和执行。由欧洲多家轨道交通企业和研究所联合资助的项目 SafeRail 针对轨道交通列控系统的安全开发,提出整合了传统安全分析技术、时序逻辑及验证的集成方法体系。SafeRail 通过对 ETCS 案例的应用研究,对系统开发过程以及相关技术进行评估,基于形式化模型和模型检验技术的安全分析方法,实现了故障树的自动化生成以及故障的自动注入,并且利用这种方式使得安全分析人员和系统设计人员间有了更多的沟通;同时,利用 Statemate、NuSMV 和 AltaRica 模型开发了高效的安全分析集成化工具[23],并利用该工具进行安全需求分配、可测试性分析和任务可靠性分析等工作。

国内的形式化验证研究进展如下:

蒋慧等将混成自动机的可达集计算工具 PHAVer 和迁移系统的不变式生成工具 InvGen

集成为工具 HVT[24]，该工具实现了由 PHAVer 模型到 InvGen 模型的自动转换，将线性混成自动机的可达性问题转换为求解迁移系统是否存在不变式的问题。当不变式存在时表示系统不满足安全性需求，不存在时则表示满足安全性需求。为了提高运算模型的规模，解定宝提出了路径可达性的判定算法和路径的深度优先搜索算法[25]，将线性方程组求解工具 CPLEX 和混成自动机的建模工具集成为新的验证工具 BACH。该工具主要是面向路径的可达性判定的，包括对单个自动机和多个自动机组合的执行路径判定。运用深度优先搜索算法，首先得到模型的所有可达路径，然后将所得路径转换为线性约束方程组，通过求解该线性方程组来判定路径是否包含危险状态。如果包含危险状态，则该线性混成自动机模型不满足安全性需求，否则，满足安全性需求。为了降低实际问题的复杂性，该验证工具不再对整个模型进行模型检验，而是将研究重点集中在在线监测上。在线监测会根据状态变量的实时值生成具体的模型，对具体的模型进行验证，从而极大地降低验证的复杂性，提高模型检验的实用性。针对列控系统中的安全通信协议的验证问题，陈黎洁等运用 CPN（用户驻地网）对安全通信协议进行分层建模[26]，将面向列控系统的安全通信协议的验证内容分为系统功能和性能指标两方面，利用模型检验的方法验证系统功能的属性，利用仿真实验验证性能指标的属性，并以 ETCS 中的通信协议作为实际案例来进行分析。Liu 等运用微分动态逻辑（Differential Dynamic Logic）对 ETCS 中的 RBC 交接协议进行形式化建模，并运用验证工具 KeYmaera 求解了 RBC 交接协议中所含各变量应满足的安全性约束集，以保证 RBC 交接协议的安全性，实现系统的安全监控[27]。同时，为了保证列车运行的安全性和可靠性，研究人员将自动机应用到列车控制系统中。例如，结合城市轨道交通列车控制系统区域控制器（Zone Controller，ZC）子系统的混成特性，采用扩展的统一建模语言（Unified Modelling Language，UML）建立 ZC 子系统的 UML 顺序图，提出从源模型到目标模型转换的定义和规则，将 ZC 子系统的 UML 顺序图转换为形式化的线性混成自动机模型，用于 ZC 子系统功能的安全验证[28,29]。为了从根本上保证列控系统需求规范的正确性，李宪在 Eclipse 平台上开发了支持系统分析和验证的集成工具，使现有的需求管理工具（IBM RequisitePro）、建模工具（IBM Rational Software Architect）和验证工具（NuSMV、PHAVer）实现高度集成，并具备良好的可扩展性[30]。运用 Simulink/Stateflow 和混成自动机理论，杜庆豪从城际铁路列控系统的混成属性入手，研究列控系统运营场景的建模与验证方法，提出了一个集建模、仿真与验证为一体的保障列控系统安全的方法[31]。为了将列车连续速度变化纳入 RBC 控车信息计算过程中，瀚格尔将混成理论应用于主动安全防护功能的建模中，研究了列控系统主动安全混成建模方法，详细设计了主动安全的 RBC 功能并对其进行了混成建模和仿真验证[32]。通过分析主动防护式车载系统的混成特性，边远研究了基于混成自动机的系统开发方法，并利用混成自动机理论对主动防护式车载系统进行了功能模型设计[33]。刘金涛等采用 UML 与符号模型检验相结合的方法，通过建立 UML 模型到 NuSMV 模型的转化规则，分别对领域无关特性和领域相关特性进行验证，运用反例对错误进行追踪、定位和修改，从而实现对 CTCS-3 级列控系统需求规范的形式化验证[34,35]。

国内外列控系统功能一致性测试主要集中在测试案例生成方法的研究上。传统的列控系统测试案例的生成主要由手工完成，测试的效率低、耗时长，并且测试工作量会随着系统规范的改变而增大[36]。基于模型的测试（Model-Based Testing，MBT）近年来逐渐得到重视，因其能够提供自动化、可重复性、可选择性的测试案例，从而避免测试时过多地依赖测试者的主观性，提高测试案例的生成效率。Fraser 探索了模型检测技术在测试中的应用，被测属性由时序逻辑描述，利用模型检测技术中的反例来构造测试案例[37]。Angeletti 等利用有界模型检验的方法，生成欧洲列车运行控制系统安全软件程序代码的测试用例，测试用例实现了对程序代码的 100% 覆盖[38]。吴道华利用着色佩特里网（Petri 网）的可达图、可达树及其覆盖树的构造方法，设计了基于着色 Petri 网的测试用例生成方法，并成功应用于 CTCS-3 级列控系统车载设备的测试案例生成中[39]。赵显琼等针对 CTCS-3 列控系统测试中普遍存在的需要多个端口协同测试的问题，提出带端口标记的时间输入输出自动机模型，并给出了与 CTCS-3 级车载设备功能相对应的测试案例自动生成算法[40]。上述研究虽然取得了良好的成果，但需要指出的是，由于列控系统的结构功能复杂、模型状态数庞大，并具有实时性、混杂性等特点，针对列控系统的时序相关功能和安全相关功能测试案例自动生成的相关问题仍鲜有研究。

运行时验证要解决的核心问题是自动产生的用于监测系统的执行轨迹是否满足给定逻辑公式的监视器（Monitor）。其主要方法有两种：一种是基于自动机的方法[41]，将线性时序逻辑公式转换为等价形式的 Büchi 自动机并将其确定化、最小化形成有限状态机，判断系统的当前执行轨迹是否为有限状态机所接受的文字，从而达到运行时监测的目的，其优点是验证过程高效，缺点是监视器的构造相对复杂；另一种是基于重写逻辑的方法[42]，根据时序逻辑的语义为其定义重写规则，验证的过程就是根据重写规则和系统当前状态对待验证的逻辑公式进行重写转换并判断其可满足性，这种方法的优点是监视器构造简单，缺点是验证过程是基于推理的，效率相对较低。目前包括美国国家航空航天局（NASA）AMES

研究中心、德国慕尼黑工业大学、以色列 IBM 海法研究中心等在内的许多国际研究机构正在开展针对安全苛求系统的运行时验证理论、方法和支持工具的相关研究。例如：基于自动机[43]和重写逻辑（Rewriting Logic）[44]的线性时序逻辑（Linear Temporal Logic，LTL）运行时验证理论；商业软件 Time Rover 可以根据 UML 状态图和时序逻辑公式自动生成 C++、java 形式的运行时验证代码；面向监视的程序设计方法（Monitor-Oriented Programming，MOP）[45]更是将运行时验证作为设计软件的一项准则，使得开发人员能够在系统设计过程中声明需要监控的属性，并自动生成运行过程中的监视器。NASA 的 STI（Scientific and Technical Information）项目对 IVHM（Integrated Vehicle Health Management）程序进行监控，该程序通过管理汽车、飞机、航天器中的子系统以提高其安全性和可用性，同时可降低维护费用。欧洲宇航局（ESA）对其关键软件的故障检测、隔离与恢复框架和监控技术进行了研究，并针对 Smart-I、Rosetta 等多个卫星进行了试验。

1.2.2 基于动态故障树的系统可靠性分析

故障树分析（Fault Tree Analysis，FTA）是由美国贝尔实验室的 Watson 和 Haasl 于 1961 年首次提出的一种分析系统失效和故障的方法[46]。以 FTA 为基础，美国麻省理工学院的 Rasmussen 教授于 1975 年编写了商用轻水堆核电站事故危险性评价报告，该报告逐一分析了核电站可能发生的各种事故的概率[47]。该报告是核电站风险评估（Probability Risk Assessment，PRA）的里程碑，对之后 FTA 在核能、民用航空、载人航天等领域的深入推广和应用具有极大的促进作用。传统的故障树是指由静态门（Static Gate）构成的静态故障树（Static Fault Tree，SFT）。随着科学技术特别是计算机技术的发展，各种控制和容错技术被广泛应用到实际系统中，系统的可靠性表现出动态性、依赖性、非单调性、多态性和随机性等特征。为了更好地处理动态系统相关的各部件间的顺序逻辑关系，美国的 J. B. Dugan 教授于 1992 年提出了动态故障树（Dynamic Fault Tree，DFT）模型[48,49]，并应用所提出的动态门来表示动态系统的动态工作关系。由于动态故障树中各事件具有顺序依赖关系，无法使用数值组合方法求解，因此，不依赖数值组合的马尔可夫（Markov）模型成为分析动态故障树模型最为广泛的求解方法。例如，为了使生成的动态故障树模型满足安全性的要求，杨凌云实现了由扩展 UML 模型到动态故障树的自动转换算法，使系统需求规范与可靠性分析模型之间建立联系[50]。为了解决马尔可夫（Markov）模型状态空间规模较大的问题，苏宏升等从系统失效的角度建立区域计算机联锁系统动态故障树模型，并采用概率近似法求出系统的安全失效概率和危险失效概率，从而减少计算量、提高计算速度[51]。考虑到高铁牵引变电所具有可修复性、冗余性等一系列动态特性，吴健采用故障模式因果分析与动态故障树分析两种方法对牵引变电所的可靠性进行定性与定量分析[52,53]。为了评估共模故障对冗余系统的影响，卢宏康等围绕异构、同构的两种安全计算机系统分别建立了动态故障树模型，并采用马尔可夫链分析方法计算和分析了各自的故障率和可靠度[54]。针对当前空气供给系统可靠性分析中的基础数据多源异构、动态故障树计算复杂等问题，齐金平等提出了模糊动态故障树的可靠性分析方法，结合模糊理论和专家调查法，将动态故障树的静态子树和动态子树转化为条件概率表，以降低计算难度[55]。在假设单元模块、比较模块和系统间切换模块全故障的情况下，李军丽等建立双机热备和2×2取2计算机联锁系统的危险失效概率（PFD）和安全失效概率（PFS）的动态故障树模型，并采用概率近似法实例对比分析了两种冗余结构计算机联锁系统的安全性[56]。在采用基于线性搜索的算法对模型进行计算求解方面，海宁等通过引入故障可用率与故障修复率对软件式区间占用检查系统的可靠性进行了仿真分析[57]。为了实现对列控系统的可靠性评估，Song等运用状态空间分析和着色Petri网分别实现了对列车通信模型的正确性验证和可靠性评估[58]。

然而，马尔可夫模型涉及的状态数与基本事件数呈指数关系，而实际系统的状态数规模往往比较大，因此，建立马尔可夫模型状态转移矩阵将是一个不可完成的任务，容易出现状态空间爆炸问题[59]。模块化是解决状态空间爆炸问题的一个有效途径，方法是将整个动态故障树分解为多个独立模块分步进行求解。其中，静态模块使用数值组合或二元决策图（Binary Decision Diagram，BDD）方法求解，动态模块使用马尔可夫模型求解。最后综合求出顶事件的可靠性参数，从而可将计算复杂度从指数级降低为多项式级。例如，Xing等利用动态故障树对容错系统中复杂的冗余管理技术进行分析[60]，运用多值二元决策图（Multi-BDD，MBDD）[61]和三元决策图（TDD）[62]解决一般化的多阶段任务系统（Phased Mission System，PMS）中的不完全覆盖（Imperfect Coverage，IPC）问题，并提出了一种可分离的BDD来处理带有共因失效和不完全覆盖的PMS问题[63]。Somani等利用布尔代数简化PMS分析过程中整个任务阶段的不交路径集（the Sum of Disjoint of Products，SDP）的求解[64]。针对聚合物电解质膜燃料电池系统的多态动力学和老化问题，Vasilyev等提出了一种新的动态可靠性分析模型[65]。该模型由系统物理模型与随机子模型通过共享变量相结合的方式来构建。其中，物理模型由温度、压力、质量流量和输出电压等变量描述的系统状态组成。组件退化率为不确定性模型，采用随机Petri网对燃料电池系统中各部件的平衡失效进行建模。最后，运用蒙特卡罗仿真算法模拟了运行条件对系统可靠性的影响情况。

考虑到风电场和光伏发电机组的可变性和不确定性，Firouzi 等将基于非顺序蒙特卡罗模拟（MCS）的模型与改进的分布估计算法（EDA）相结合，以对复合电力系统的可靠性进行评估[66]。仿真结果表明，该方法在提高计算效率的同时，实现了复合电力系统高可靠性高精度的评估。复杂系统的在线可靠性评估技术在未来的工程领域中将具有较好的发展前景。

1.2.3 列车的运行安全及智能控制

目前，列车自动驾驶研究的内容主要包括列车节能优化算法和列车自动控制算法。在节能优化方面，Howlett 等提出了求解列车运行过程中工况转换点的非线性优化方法[67]，并证明了最优驾驶策略是由最大牵引、惰性、最大制动三种工况构成的。Khmelnitsky 考虑了线路坡度、限速及摩擦力等因素，建立了列车驾驶策略最优化模型[68]。Liu 等考虑了牵引/制动的非线性特性、限速与线路坡度等条件，设计了求解工况转换点的数值算法[69]。Lu 等分别用蚁群算法、遗传算法和动态规划求解列车节能曲线，并分析了各自的优缺点[70]。Li 等考虑了摩擦阻力的不确定性，利用不确定优化理论获得节能优化解[71]。这方面的研究虽然实时性不高，但是作为一种离线优化方法，一直有专家在进行相关研究。Liang 等将改进的遗传算法和惩罚函数方法用于列车自动驾驶运行曲线的多目标优化[72]。Yin 等将专家系统与强化学习算法结合，通过专家经验保证速度距离曲线满足列车自动保护系统（ATP）系统的安全需求，以及通过强化学习高效的策略搜索能力实现地铁列车的智能驾驶[73]。为了解决高速列车驾驶数据量巨大的问题，Cheng 等设计了稀疏优化算法以增强对列车定位数据及驾驶数据集的预处理能力，在保证学习精度的基础上提高数据挖掘学习算法的实时处理水平[74]。通过在稀疏优化算法中引入聚类算法和蚁群优化算法，Cheng 等对每一聚类的驾驶数据聚类中心进行快速优化[75]。该方法提高了稀疏算法的优化速度，为在线学习算法的研究准备了条件。在稀疏优化算法的基础上，Cheng 等将集成算法和分类回归树算法结合，实现了列车驾驶曲线的优化[76]。该智能驾驶算法提高了基学习器的学习效率，同时稀疏优化算法的引入使得智能驾驶模型的层次结构更为简化，提高了智能驾驶模型的稳健性和在线控制效率。考虑到列车追踪的安全性，Cheng 等提出了基于混成自动机和集成分类回归树算法的多列车安全智能驾驶策略[77]。该智能驾驶算法将数据挖掘算法嵌入混成自动机控制器内部，保证了列车智能驾驶优化过程建立在保证列车运行安全的基础之上。当列车运行状态不满足安全需求时，混成自动机控制器将触发相应级别的制动，从而提高智能驾驶算法的安全性[78]。为了提高高速列车智能驾驶算法的在线性能，Cheng 等在专家经验的基础上设计了列车智能驾驶的在线优化算法，在相邻站点之间利用列车的实时运行数据，以列车的剩余行程、剩余运行时间为输入动态，调整列车驾驶策略，实现列车驾驶曲线的在线优化和实时监控[79]。在列车控制专家系统的基础上，张淼等将神经网络作为列车驾驶控制器，设计了一种基于策略的强化学习算法以优化神经网络的参数，从而适应变化的运营场景并减小列车的牵引能耗[80]。针对列车的驾驶策略优化问题，宿帅等通过分配最少的能耗达到规定运行时分，将列车节能问题转化为有限马尔可夫决策过程（MDP）[81]。他们通过设计状态动作值函数、定义动作策略选取方法等，来构建基于深度Q网络（DQN）方法的列车节能驾驶控制方法，然后，运用实际驾驶数据对DQN进行训练，得到最优的状态动作值函数，并通过该值函数确定最优的能耗分配方案，从而得到最优驾驶策略。

在列车自动控制算法方面，列车自动驾驶研究的重点是跟踪设定的目标速度曲线的控制算法。工程中常用的控制方法有比例-积分-微分控制（PID控制）和模糊控制，这些方式相对于其他控制方法而言较简单、稳定，且易于实现[82]。近年来，国内外学者运用先进控制算法提出了大量列车控制算法[83-85]。Cao等将模糊预测控制技术应用于列车自动驾驶，取得了比模糊控制更好的效果[86]。Shen等将模糊控制与PID控制相结合，用于列车自动驾驶，取得了比单独使用模糊控制和PID控制时都要好的效果[87]。Wang等利用列车反复运行的数据，将迭代学习控制用于列车自动驾驶，能更精确地跟踪目标曲线[88]。为了克服牵引和制动的非线性饱和特性和车厢之间的作用力，Song等设计了基于数据的容错控制算法[89]，并取得了较好的追踪效果。考虑到列车控制模型存在的参数不确定性，Gao等推导了自适应稳健控制算法[90]，并研究了基于径向基函数（RBF）神经网络的列车容错自动驾驶[91]。Wu等将自适应滑模控制用于列车自动驾驶，也取得了较好的驾驶性能[92]。Yao等在前人研究的基础上，研究了基于鲁棒自适应非奇异终端滑模控制的列车自动驾驶算法，取得了更好的效果[93]。针对高速列车的非线性特点，Ge等建立了一套基于径向基函数神经网络（RBFNN）的分数阶控制方法[94]，利用分数阶微积分的遗传衰减特性来处理系统不确定性、非线性以及执行器故障等问题。为了同时处理执行器的不确定性和未知故障，Mao等将自适应技术与容错滑模控制设计结合，以保证跟踪误差的渐近收敛[95]。

1.3 研究内容和篇章结构

本书以保障列车的运行安全为总体目标，各部分研究内容是相互关联的。通过引入统一建模语言，来建立系统需求规范与形式化模型之间的联系，并依据形式化模型的验证结果有效追踪系统规范。在基于属性的系统需求规范验证方法方面，通过采用迭代的方式不断查找规范漏洞,最终得到与系统安全属性相对应的、性能完备的列控系统需求规范。列车的安全监控部分包括列车追踪间隔的监控和有限时间内列车运行状态的执行序列预测,以保证多车运行情况下列车的安全运行。列车运行状态的量化安全评级部分引入量化安全级别的概念,使用概率混成自动机描述列车控制过程中的随机事件,最后通过监测无线通信系统等的性能指标,同时运用仿真和验证算法实现对列车运行状态的量化安全评级。在无线通信性能下降时,可以通过调整列车的追踪间隔等其他参数来维持当前的量化安全级别。在列车关键设备的可靠性在线评估部分,引入了 SysML 建立关键设备的动态故障树模型,同时运用连续时间马尔可夫模型考虑不完全覆盖故障条件下,在线计算设备的可用性、可靠性和安全性等指标,从而在列车运行过程中在线提供设备的预警信息。在列车智能驾驶策略部分,重点研究基于人工驾驶数据的数据挖掘算法,由于数据驱动学习算法本身并无安全防护机制,为了保证多列车的追踪安全,通过运用速度分级制动设计混成自动机控制器来保证多列车之间的安全追踪间隔。

本书的具体研究内容如下:

(1)为了保证系统需求规范与形式化可执行模型之间的一致性,提出了基于 SysML (Systems Modeling Language)模型的列控系统形式化建模方法,将 SysML 模型作为系统需求规范与计算机可执行模型之间联系的桥梁。运用 UML(Unified Modeling Language)构造型扩展机制设计了面向系统需求和面向列控系统混成特性的 UML 概要文件。面向需求的概要文件主要对 SysML 需求图中的需求约束以及模块定义图中的属性和操作进行扩展。面向混成特性的 HUML 概要文件对数据类型、类、约束、表达式和状态机进行扩展,以适应混成自动机模型的建模。运用所设计概要文件以列控系统为例进行建模,需求规范之间的关系以需求图描述,静态结构模型以模块定义图和内部模块图说明,动态结构建模以活动图和混成自动机模型为主。

(2)为了有效保证系统需求规范逻辑序列的正确性,提出了基于问题陈述语言(PSL,Property Specification Language)的列控系统需求规范形式化建模与验证方法,用于查找潜在的缺陷,从而提高需求规范的质量:首先,通过 SysML 建立列控系统的 SysML 模型,以刻画列车运行过程中的动态控制过程;其次,设计自动化解析程序,自动解析 SysML 模型后得到 PSL 描述的计算机可执行模型;最后,调用 RATSY 验证 PSL 代码是否满足要求,如果不满足要求,则通过反例定位并修改模型。该方法为需求规范的不同属性提供了检验手段,能有效查找系统需求规范中的逻辑缺陷,对于构建一个精确、一致以及具备可实现性的需求规范具有重要意义。

(3）为了解决列车运行过程中控制参数的不确定问题，提出了基于混成自动机模型的系统安全分析方法，研究针对移动闭塞控制系统的高速列车的追踪和安全监控。建立基于混成自动机理论的高速列车的追踪模型，运用混成系统可达集的安全分析理论，设计相应验证算法以求解列车控制参数的安全约束集，从而保证高速列车运行的安全。根据得到的控制参数的约束集，可以在线监控高速列车安全追踪距离，提高列车运行的安全性及可靠性。同时，提出基于混成自动机模型的时间有界的在线监控算法，实现对列车运行状态的实时监控。

（4）传统形式化验证方法只能对确定性系统进行验证分析，无法对含有随机参数或不确定参数的系统进行有效的建模和分析。考虑到无线通信系统中随机概率参数（延时、丢包等）及列车的定位精度等因素对高速列车运行安全的影响程度，根据准量化风险评估原理提出量化的安全等级指标。建立无线通信系统概率混成自动机模型，并通过设计验证算法来对高速列车追踪模型和无线通信系统组成的混合模型进行安全性验证，通过大量的离线验证计算得到随机参数的约束集。同时，通过在线性能评估的方式实时获取相关设备的动态性能指标。最后，根据具体的性能指标，调取对应运行状态下列车参数的约束集，对列车运行状态的安全级别进行评估和决策。当量化安全级别下降时，可以通过调整设备的相关参数，使列车的量化安全级别维持在较高的水平。

（5）为了在线评估列车关键设备的可用性、可靠性及安全性等指标，提出了基于参数 Markov 模型的系统可靠性在线评估方法。首先，引入半形式化的建模语言 SysML，建立系统需求规范与形式化分析模型（混成自动机、动态故障树及连续时间马尔可夫模型等）之间的联系，以保证系统需求与分析模型之间的一致性。其次，依据已建立的 SysML 模型，建立关键设备的动态故障树模型。同时，为了提高动态故障树可靠性计算效率，提出了分层迭代的评估方法。最后，将动态故障树转化为连续时间马尔可夫模型，同时考虑设备的不完全覆盖类故障，在线快速评估设备的可用性、可靠性和安全性指标。

（6）为了提高单列车自动驾驶的智能性和安全性，提出基于稀疏 LSSVM 及集成分类回归树的智能驾驶算法。为了最大限度地提高训练数据的稀疏性，首先，根据驾驶数据的特征，将原驾驶数据集分为几类；其次，设计了迭代 L_0 范数稀疏最小化算法对分类后的驾驶数据进行稀疏化处理，去除冗余数据，提高了学习过程中的计算速度。此外，为了提高智能驾驶算法的泛化能力，结合 Bagging 和 AdaBoost.R 等集成算法设计了 B-CART（CART：分类回归树）和 A-CART，用于挖掘历史驾驶数据（优秀司机的驾驶数据和 ATO 算法的仿真数据）的潜在驾驶规则。

（7）为了提高移动闭塞控制系统下列车自动驾驶的智能性和安全性，提出基于混成自动机理论和集成分类回归树算法的列车智能驾驶算法，该算法适用于多列车的智能驾驶。首先，基于速度分级制动原理，建立列车追踪间隔的混成自动机控制器，以保证列车的安全间隔。其次，设计列车驾驶数据的稀疏优化算法，以提高数据源的稀疏性，从而提高数据挖掘算法的学习速度。设计基于集成分类回归树的智能驾驶算法，挖掘历史驾驶数据（优秀司机的驾驶数据和ATO算法的仿真数据）的潜在驾驶规则。

参考文献

[1] LIN J, SEDIGH S, MILLER A. A general framework for quantitative modeling of dependability in cyber-physical systems: a proposal for doctoral research [C]//IEEE. 2009 33rd Annual IEEE International Computer Software and Applications Conference, 2009: 668-671.

[2] RAJKUMAR R, LEE I, SHA L, et al. Cyber-physical systems: the next computing revolution [C]//IEEE. Design Automation Conference, 2010: 731-736.

[3] 吴汶麒. 国外铁路信号新技术[M]. 北京：中国铁道出版社，2000.

[4] 黄卫中，贾琨，刘人鹏. 我国铁路CTCS-3级列控系统的分析与研究[J]. 铁道通信信号，2010，46（4）：1-7.

[5] CHENG R, ZHOU J, CHEN D, et al. Model-based verification method for solving the parameter uncertainty in the train control system [J]. Reliability Engineering & System Safety, 2016, 145: 169-182.

[6] 程瑞军. 列控系统混成行为的建模与验证方法[D]. 北京：北京交通大学，2014.

[7] 赵晓宇，程瑞军，程雨，等. 基于HUML的列控系统形式化建模与参数分析方法[J]. 铁道学报，2016，38（11）：80-87.

[8] 张文晰. 基于经济成本下的城市轨道交通ATP安全可靠性分析与安全措施[M]. 北京：中国农业出版社，2020.

[9] 王海峰，陈建明，张仲义. 安全苛求系统的形式化开发方法[J]. 北京交通大学学报，2002，26（6）：52-55.

[10] PAPADOPOULOS Y, MCDERMID J. The Potential for a Generic Approach to Certification of Safety Critical Systems in the Transportation Sector[J]. Reliability Engineering and Systems Safety, 1999, 63（1）：47-66.

[11] 唐涛，赵林，徐田华，等. 基于模型的列车运行控制系统设计与验证方法[M]. 北京：中国铁道出版社，2014.

[12] WANG X, LIU L, ZHU L, et al. Train-Centric CBTC Meets Age of Information in Train-to-Train Communications[J]. IEEE Transactions on Intelligent Transportation Systems, 2020, 21(10): 4072-4085.

[13] 董仲慧. 复杂装备可靠性分析及维修决策研究[M]. 北京：中国原子能出版社，2021.

[14] 赵晓宇，程瑞军，程雨，等. 基于 HUML 的列控系统形式化建模与参数分析方法[J]. 铁道学报，2016，38（11）：80-87.

[15] OLDEROG E, DIERKS H. Real-Time Systems: Formal Specification and Verification [M]. Cambridge: Cambridge University Press, 2008.

[16] PLATZER A. Differential Dynamic Logic for Hybrid Systems [J]. Journal of Automated Reasoning, 2008, 41(2): 143-189.

[17] BOZZANO M, CIMATTI A, KATOEN J, et al. The COMPASS Approach: Correctness, Modelling and Performability of Aerospace Systems [C]// International Conference on Computer Safety, Reliability, and Security. Berlin: Springer, 2009: 173-186.

[18] R. Bloem, A. Cimatti, K. Greimel, G. Hofferek, R. Konighofer, M. Roveri, V. Schuppan and R. Seeber. RATSY: A new Requirements Analysis Tool with Synthesis [C]. International Conference on Computer Aided Verification. Springer, Berlin, Heidelberg, 2010: 425-429.

[19] M. Bozzano and A. Villafiorita. Improving System Reliability via Model Checking: The FSAP/NuSMV-SA Safety Analysis Platform[C]. International Conference on Computer Safety, Reliability, and Security. Springer, Berlin, Heidelberg, 2003: 49-62.

[20] A. Cimatti, E. Clarke, E. Giunchiglia, F. Giunchiglia, M. Pistore, M. Roveri, R. Sebastiani and A. Tacchella. NuSMV 2: An OpenSource Tool for Symbolic Model Checking[C]. International Conference on Computer Aided Verification. Springer, Berlin, Heidelberg, 2002: 359-364.

[21] R. Bruttomesso, A. Cimatti, A. Franzen, A. Griggio, R. Sebastiani. The MathSAT 4 SMT Solver[C]. International Conference on Computer Aided Verification. Springer, Berlin, Heidelberg, 2008: 299-303.

[22] K. Hase. "Open Proof" for Railway Safety Software: A Potential Way-Out of Vendor Lock-in Advancing to Standardization, Transparency, and Software Security[C]. FORMS/

FORMAT 2010. Springer, Berlin, Heidelberg, 2011: 5-38.

[23] B. Friedemann. A Way for Applicable Formal Specification of Safety Requirements by Tool Support[C]. Proceedings of FORMS, 2003: 175-185.

[24] 蒋慧，卜磊，李宣东. 基于迁移系统分析的线性混成系统安全验证[J]. 计算机工程与应用，2013，49（4）：58-76.

[25] 解定宝. 混成系统有界模型检验优化技术研究[D]. 南京：南京大学，2016.

[26] 陈黎洁，单振宇，唐涛. 列车运行控制系统中安全通信协议的形式化分析[J]. 铁道学报，2012，34（7）：70-76.

[27] Y. Liu, T. Tang, J. Liu, et. al. Formal modeling and verification of RBC handover of ETCS using Differential Dynamic Logic [C]. 2011 Tenth International Symposium on Autonomous Decentralized Systems. IEEE, 2011: 67-72.

[28] 黄友能，张鹏基，侯晓鹏，唐涛. 基于混成自动机的城市轨道交通 ZC 子系统建模与验证方法[J]. 中国铁道科学，2016，37（2）：114-121.

[29] 侯晓鹏. 基于混成自动机的 ZC 子系统安全的验证方法研究[D]. 北京：北京交通大学，2015.

[30] 李宪. 基于 UML 的列控系统建模方法与验证工具集成[D]. 北京：北京交通大学，2012.

[31] 杜庆豪. 基于模型的城际铁路列控系统运营场景仿真与验证[D]. 北京：北京交通大学，2017.

[32] 瀚格尔. 基于模型的高铁列控 RBC 主动安全建模方法[D]. 北京：北京交通大学，2017.

[33] 边远. 基于混成自动机的主动防护式 CBTC 车载系统开发方法[D]. 北京：北京交通大学，2012.

[34] 刘金涛，唐涛，徐田华，赵林. 基于 UML 的 CTCS-3 级列控系统需求规范形式化验证方法[J]. 中国铁道科学，2011，32（3）：93-99.

[35] 赵林，唐涛，刘金涛，刘超，李宪. 基于 UML 扩展机制的列控系统建模方法研究[J]. 铁道学报，2012，34（12）：64-70.

[36] B. Beizer. Black-Box Testing Techniques for Functional Testing of Software and Systems[M]. State of New Jersey: John Wiley and Sons, 1995.

[37] G. Fraser. Automated Software Testing with Model Checkers [D]. Graz: Graz University of Technology, 2007.

[38] D. Angeletti, E. Giunchiglia, and M. Narizzano. Using bounded model checking for

coverage analysis of safety-critical software in an industrial setting [J]. Journal of Automated Reasoning, 2010, 45（4）: 397-414.

[39] 吴道华. 基于着色 Petri 网的测试用例生成及其在列控系统中的应用[D]. 北京：北京交通大学，2010.

[40] 赵显琼，唐涛. 多端口形式化测试自动生成方法在 CTCS-3 车载系统中的应用[J]. 铁道学报，2011，33（7）: 44-51.

[41] W. Dong, C. Zhao, S. Shu, M. Leucker. Anticipatory Active Monitoring for Safety and Security Critical Software[J]. Science China Information Sciences, 2012, 55(12): 2723-2737.

[42] K. Havelund and G. Rosu. Monitoring Programs Using Rewriting [C]. Proceedings 16th Annual International Conference on Automated Software Engineering (ASE 2001). IEEE, 2001: 135-143.

[43] A. Bauer, M. Leucker, and C. Schallhart. Runtime Verification for LTL and TLTL [R]. Technical Report TUM-I0724, Technische Universitat Munchen, 2007.

[44] G. Rosu, K. Havelund. Rewriting-Based Techniques for Runtime Verification [J]. Journal of Automated Software Engineering, 2004, 12(2): 151-197.

[45] F. Chen, G. Rosu. MOP: An Efficient and Generic Runtime Verification Framework [J]. ACM Sigplan Notices, 2007, 42(10): 569-588.

[46] W Lee, D Grosh, F Tillman, et al. Fault Tree Analysis, Methods, and Applications-A Review [J]. IEEE transactions on Reliability, 1985, 34(3): 194-203.

[47] N. Rasmussen. Reactor safety study-An assessment of accident risks in U. S. commercial nuclear power plants Executive summary[R]. United States Nuclear Regulatory Commission, Washington DC, 1975.

[48] J Dugan, S Bavuso, M Boyd. Dynamic fault-tree models for fault-tolerant computer systems [J]. IEEE Transactions on Reliability, 1992, 41(3): 363-377.

[49] J Dugan, K Sullivan, D Coppit. Developing a low-cost high-quality software tool for dynamic fault-tree analysis [J]. IEEE Transactions on Reliability, 2000, 49(1): 49-59.

[50] 杨凌云. 基于列控系统的扩展 UML 模型设计及故障树求解算法[D]. 北京：北京交通大学，2015.

[51] 苏宏升，文俊. 区域计算机联锁系统安全性分析的动态故障树模型与方法研究[J]. 铁

道学报，2015，37（3）：46-53.

[52] 吴健. 基于故障模式后果分析与动态故障树的高速铁路牵引变电所可靠性分析[J]. 铁道标准设计，2016，60（9）：123-128.

[53] 吴健. 高速铁路牵引变电所可靠性分析与风险评估[D]. 兰州：兰州交通大学，2017.

[54] 卢宏康，曹源，马连川. 基于动态故障树的异构安全计算机系统共模故障分析研究[J]. 铁路计算机应用，2017，26（9）：1-6.

[55] 齐金平，李兴运，蒋兆远，郭济鸣. 动车组空气供给系统动态可靠性分析[J]. 兰州交通大学学报，2018，37（2）：92-97.

[56] 李军丽，张友鹏. 基于动态故障树的计算机联锁系统安全性及性能分析研究[J]. 铁道科学与工程学报，2019，16（6）：1543-1552.

[57] 海宁，张彩珍，孙国营，于洋. 基于动态故障树的新型区间占检系统可用性分析[J]. 计算机应用与软件，2019，36（6）：47-53.

[58] H Song, E Schnieder. Evaluating Fault Tree by means of Colored Petri nets to analyze the railway system dependability [J]. Safety Science, 2018, 110(12): 313-323.

[59] E Gascard, Z Simeu-Abazi. Quantitative Analysis of Dynamic Fault Trees by means of Monte Carlo Simulations: Event-Driven Simulation Approach [J]. Reliability Engineering & System Safety, 2018, 180(12): 487-504.

[60] L Xing, K S Trived. Reliability analysis of Hierarchical Computer-based Systems Subject to Common Cause Failures [J]. Reliability Engineering & System Safety, 2007, (92): 351-359.

[61] L Xing, J B Dugan. Generalized Imperfect Coverage Phased Mission Analysis [C]. Annual Reliability and Maintainability Symposium. IEEE, 2002: 112-119.

[62] L Xing, J Dugan. A Separable Ternary Decision Diagram based Analysis of Generalized Phased Mission Reliability [J]. IEEE Transactions on Reliability, 2004, 53(2): 174-185.

[63] L Xing, J Dugan. Reliability Evaluation of Phased Mission Systems with Imperfect Fault Coverage and Common Cause Failures [J]. IEEE Transactions on Reliability, 2007, 56(1): 58-68.

[64] A Somani, K Trived. Phased Mission Systems Analysis Using Boolean Algebraic Methods [C]. Proceedings of the 1994 ACM SIGMETRICS Conference on Measurement and modeling of compuler Systems. 1994: 98-107.

[65] A Vasilyev, J Andrews, S Dunnett, L Jackson. Dynamic Reliability Assessment of PEM Fuel

Cell Systems [J]. Reliability Engineering & System Safety, 2021, 210(6): 107539、1-13.

[66] M Firouzi, A Samimi, A Salami. Reliability evaluation of a composite power system in the presence of renewable generations [J]. Reliability Engineering & System Safety, 2022, 222(7): 1-15.

[67] P Howlett, I Milroy, P Pudney. Energy-efficient train control [J]. Control Engineering Practice, 1994, 2(2): 193-200.

[68] E Khmelnitsky. On an optimal control problem of train operation [J]. IEEE Transactions on Automatic Control, 2000, 45(7): 1257-1266.

[69] R Liu, I Golovitcher. Energy-efficient operation of rail vehicles [J]. Transportation Research Part A, 2003, 37(10): 917-932.

[70] S Lu, S Hillmansen, T. K. Ho, C Roberts. Single-Train Trajectory Optimization [J]. IEEE Transactions on Intelligent Transportation Systems, 2013, 14(2): 743-750.

[71] X Li, L Li, Z Gao, T Tang, S Su. Train energy-efficient operation with stochastic resistance coefficient [J]. International Journal of Innovative Computing, Information and Control, 2013, 9(8): 3471-3483.

[72] Y Liang, H Liu, C Qian, et al. A Modified Genetic Algorithm for Multi-Objective Optimization on Running Curve of Automatic Train Operation System Using Penalty Function Method [J]. International Journal of Intelligent Transportation Systems Research, 2019, 17(1): 74-87.

[73] J Yin, D Chen, L Li. Intelligent train operation algorithms for subway by expert system and reinforcement learning [J]. IEEE Transactions on Intelligent Transportation Systems, 2014, 15(6): 2561-2571.

[74] R Cheng, Y Song, D Chen, L Chen. Intelligent Localization of a High-Speed Train Using LSSVM and the Online Sparse Optimization Approach [J]. IEEE Transactions on Intelligent Transportation Systems, 2017, 18: 2071-2084.

[75] R Cheng, Y Song, D Chen, X Ma. Intelligent Positioning Approach for High Speed Trains based on Ant Colony Optimization and Machine Learning Algorithms[J]. IEEE Transactions on Intelligent Transportation Systems, 2019, 20: 3737-3746.

[76] R Cheng, D Chen, W Gai, S Zheng. Intelligent Driving Methods based on Sparse LSSVM and Ensemble CART Algorithms for High-Speed Trains [J]. Computers & Industrial

Engineering, 2019, 127: 1203-1213.

[77] R Cheng, W Yu, Y Song, D Chen, X Ma, Y Cheng. Intelligent Safe Driving Methods based on Hybrid Automata and Ensemble CART Algorithms for Multi-High Speed Trains [J]. IEEE Transactions on Cybernetics, 2019, 49(10): 3816-3826.

[78] 程瑞军，陈德旺，田丽君. 基于人机混合智能的地铁列车增强智能驾驶框架研究[C]. 2020 中国自动化大会（CAC2020）论文集，2020.

[79] R Cheng, D Chen, B Cheng, S Zheng. Intelligent driving methods based on expert knowledge and online optimization for high-speed trains [J]. Expert Systems with Applications, 2017, 87: 228-239.

[80] 张淼，张琦，刘文韬，周博渊. 一种基于策略梯度强化学习的列车智能控制方法[J]. 铁道学报，2020，42（1）：69-75.

[81] 宿帅，朱擎阳，魏庆来，唐涛，阴佳腾. 基于DQN的列车节能驾驶控制方法[J]. 智能科学与技术学报，2020，2（4）：372-384.

[82] 董海荣，高冰等. 基于模糊 PID 软切换控制的列车自动驾驶系统调速制动[J]. 控制与决策，2010，25（5）：794-800.

[83] D Li, P Li, W Cai, et al. Neural Adaptive Fault Tolerant Control for High Speed Trains Considering Actuation Notches and Antiskid Constraints [J]. IEEE Transactions on Intelligent Transportation Systems, 2019, 20(5): 1706-1718.

[84] J Park, B Lee, Y Eun. Virtual Coupling of Railway Vehicles: Gap Reference for Merge and Separation, Robust Control, and Position Measurement [J]. IEEE Transactions on Intelligent Transportation Systems, 2022, 23(2): 1085-1096.

[85] X Guo, C Ahn. Adaptive Fault-Tolerant Pseudo-PID Sliding-Mode Control for High-Speed Train With Integral Quadratic Constraints and Actuator Saturation [J]. IEEE Transactions on Intelligent Transportation Systems, 2021, 22(12): 7421-7431.

[86] Y Cao, L Ma, Y Zhang. Application of fuzzy predictive control technology in automatic train operation [J]. Cluster Computing, 2018(5): 1-10.

[87] H Shen, J Yan. Optimal control of rail transportation associated automatic train operation based on fuzzy control algorithm and PID algorithm [J]. Automatic Control and Computer Sciences, 2017, 51(6): 435-441.

[88] Y Wang, Z Hou, X Li. A novel automatic train operation algorithm based on iterative

learning control [C]// 2008 IEEE International Conference on Service. Operations and Logistics, and Informatics. IEEE, 2008, 2: 1766-1770.

[89] Q Song, Y Song, T Tang, B Ning. Computationally inexpensive tracking control of high-speed trains with traction/braking saturation[J]. IEEE Transactions on Intelligent Transportation Systems, 2011, 12(4): 1116-1125.

[90] S Gao, H Dong, B Ning, et al. Adaptive fault-tolerant automatic train operation using RBF neural networks [J]. Neural Computing and Applications, 2015, 26(1): 141-149.

[91] S Gao, H Dong, Y Chen, B Ning, G Chen, X Yang. Approximation based robust adaptive automatic train control: an approach for actuator saturation [J]. IEEE Transactions on Intelligent Transportation Systems, 2013, 14(4): 1733-1742.

[92] P Wu, Q Y Wang, X Y Feng. Automatic train operation based on adaptive terminal sliding mode control[J]. International Journal of Automation and Computing, 2015, 12(2): 142-148.

[93] X Yao, J H Park, H Dong, et al. Robust Adaptive Nonsingular Terminal Sliding Mode Control for Automatic Train Operation [J]. IEEE Transactions on Systems Man & Cybernetics System, 2018.

[94] M Ge, Q Song, X Hu, H Zhang. RBFNN-Based Fractional-Order Control of High-Speed Train With Uncertain Model and Actuator Failures [J]. IEEE Transactions on Intelligent Transportation Systems, 2020, 21(9): 3883-3892.

[95] Z Mao, X Yan, B Jiang, M Chou. Adaptive Fault-Tolerant Sliding-Mode Control for High-Speed Trains With Actuator Faults and Uncertainties [J]. IEEE Transactions on Intelligent Transportation Systems, 2020, 21(6): 2449-2460.

2 基于 SysML 的列控系统形式化建模方法

系统需求规范一般由自然语言描述，是系统开发的起点和基础。然而，自然语言具有歧义和不确定性，这将不利于需求规范的安全验证。本章首先介绍了系统建模语言（Systems Modeling Language，SysML）的语义及建模图形化表示。其次，介绍了统一建模语言（Unified Modeling Language，UML）所提供的扩展机制，并运用构造型扩展机制设计了面向系统需求和面向列控系统混成特性的 UML 概要文件。其中：面向需求的概要文件是对 SysML 需求图中的需求约束以及模块定义图中的属性和操作进行扩展；面向混成特性的 HUML（Hybrid UML）概要文件是对数据类型、类、约束、表达式和状态机进行扩展，以适应混成自动机模型的建模。最后，运用所设计的概要文件对列控系统进行建模，需求规范之间的关系运用需求图描述，静态结构模型以模块定义图和内部模块图说明，动态结构建模以活动图和混成自动机模型为主。

2.1 系统建模语言 SysML

SysML[1,2]是一种系统建模语言，支持复杂系统的规范说明、设计、分析、确认以及验证，广泛应用于硬件、软件和信息处理系统等。SysML 是从 UML[3]的基础上重用扩展而来，并根据系统工程的需求进行了相应的扩展。SysML 以 UML 为基础，使用 SysML 建模的系统工程师与使用传统 UML 建模的软件工程师能够在软件密集型的模型上进行协作，这有利于不同建模工具之间的互用性。由于 SysML 能够有效地表示需求、系统的静态结构以及动态行为，因此，运用 SysML 便于开发系统的不同团队之间进行沟通协作。

2.1.1　SysML 概述

UML 属于面向对象的半形式化建模语言，由国际对象管理组织（Object Management Group，OMG）采纳并作为业界标准，为面向对象开发方法提供了基础。尽管 UML 的设计初衷是为软件开发提供一种标准建模语言，但它同时也支持为特殊领域定制 UML，如系统工程领域。例如，Ogren 探讨了定制 UML 满足系统工程需要的可能性，提出把 UML 的子集和编程语言 Ada95 的伪代码子集结合起来创建一种系统工程建模语言（Systems Engineering Modeling Language，SEML）[4]。随后，Axelsson 提出扩展 UML，使之能够建立具有连续时间行为的物理组件模型[5]。Bahill 和 Daniels 提出在非软件领域（如系统、硬件和算法）的设计中应用 UML 工具[6]。Bock 把 UML2.0 活动图与系统工程中广泛使用的增强功能流块图（EFFBD，Enhanced Functional Flow Block Diagram）进行了比较，提出修改或扩展 UML2.0 以满足系统工程的功能流建模需求[7]。

为了满足系统工程的需要，国际系统工程学会（INCOSE，International Council on Systems Engineering）和 OMG 在对 UML 的子集进行重用和扩展的基础上提出了一种系统工程的标准建模语言——SysML。SysML 是 UML 在系统工程中的延续和扩展，它复用了 UML 相对成熟的语义和表示法，并进行了相应的扩展和定制。SysML 的目标是"为系统工程提供一种标准化的建模语言，以满足复杂系统的描述、分析、设计与验证方面的需求[8,9]，从而提高系统的质量，改进不同工具之间进行系统工程信息交互的能力，并且帮助建立系统、软件与其他工程学科之间的语义连接"。作为一种可视化的图形建模语言，其概念模型主要包括 SysML 语义和 SysML 表示法两个部分。SysML 的语义用元模型表示，用于对现实世界进行抽象和描述；而 SysML 的表示法是 SysML 语义的可视化表示方法，为开发者使用这些图形符号和文本语法进行系统建模提供了标准，在语义上它是 SysML 元模型的实例。

2.1.2　SysML 语义

SysML 对系统的需求模型、静态结构模型、动态行为模型以及参数模型进行了语义定义。静态结构模型刻画系统的层次关系以及对象与对象之间的关联关系，包括模块和装配；动态行为模型刻画系统中对象的行为以及交互过程等；需求模型刻画需求之间的追溯关系以及需求与建模元素之间的关系；参数模型刻画系统属性值上的约束以及系统属性之间的参数关系。SysML 为模型表示法提供了完整的语义。与 UML 类似，SysML 的架构也是基于四层元模型结构：

(1)元-元模型层：元-元模型层是为元模型服务的，是最高的抽象层，为定义元模型的元素和各种机制提供最基本的概念。

(2)元模型层：元模型是元-元模型的实例，包括所有的 SysML 元素。元模型提供了表达系统的各种包、模型元素的定义类型、标记值和约束等。

(3)模型层：模型是元模型的实例，由 SysML 模型组成。

(4)用户对象层：用户对象是模型的实例，由 SysML 模型的实例组成，目的是准确刻画复杂系统的性能和功能。

2.1.3 SysML 图形表示

SysML 共包含 9 种建模图形，如图 2-1 所示。其中活动图、模块定义图（UML2.0 类图的扩展）、内部模块图（UML2.0 组合结构图的扩展）在 UML2.0 的基础上进行了扩展，而需求图和参数图是新增加的两种建模图形。

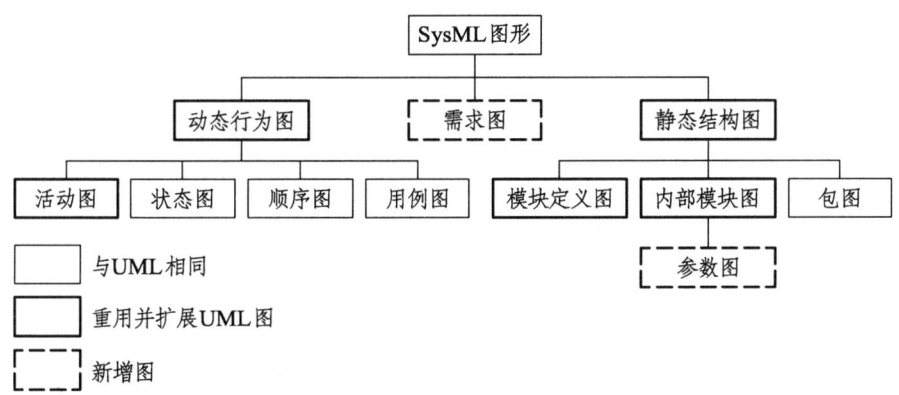

图 2-1 系统建模语言的图形分类

1. 需求图

需求图用来描述产品需求中组件之间以及产品组件与其他建模元素（如产品功能或者性能等）之间的关系。而 UML 通常以用例图来描述需求，着重于强调参与者与用例之间的关系。UML 用例图必须要有角色与用例，且在需求的分解过程中，往往受角色的制约不便于深层挖掘需求。然而，SysML 需求图作为基于文本的需求建模方法，为描述需求及需求之间的关系（例如追溯关系）提供了建模手段。需求图面向用户群或用户类，强调要开放地、全面地描述系统需求，不需要专门指定具体角色。相比较而言，SysML 需求图具有可扩展的特点，针对系统需求能够进行逐层深入分析，更适合于分析具有系统工程特色的需求规范。

SysML 用<<requirement>>说明需求，它也是一个类，具有两个属性：text 和 id。"text"是需求的文本描述，"id"是需求的标识符。需求之间的关系包括：<<derive>> <<satisfy>> <<verify>> <<refine>> <<rational>>等。<<derive>>：表示一个需求追溯到源需求。例如：关于汽车的加速的需求，可以追溯到汽车的发动机功率、汽车的重量和汽车的载重量的需求。<<satisfy>>：表示一个需求能被其他的模型元素实现。<<verify>>：表示一个需求能被测试用例验证。<<refine>>：描述一个模型元素或元素的集合如何被用于精化一个需求。例如：一个用例或者一个活动图可以精化用于基于功能需求的文本。<<rational>>：表示基本原理注释元素，能够附在任何模型元素上，用来说明建模决策如分析决策或设计决策的原理或原因。SysML 的<<derive>> <<satisfy>>和<<verify>>都继承于 UML 的<<trace>>。

2. 静态结构图

静态结构图包括模块定义图、内部模块图以及包图。模块（Block）是用于描述系统特征集合的基本建模单元，这些特征集合包括了系统的结构特征和行为特征，如属性和操作等。其中，与模块相关的图有模块定义图和内部模块图。模块定义图是基于 UML 类图进行的复用和扩展，以类图的方式描述模块以及模块之间的关系。模块主要对类的属性进行扩展细化，将 UML 类中的属性细化为约束属性、部件属性、值属性、端口属性以及标准属性，更有利于清晰地描述复杂系统。而内部模块图来源于 UML 组合结构图，主要用于描述模块的内部结构，包括组成部分、端口以及连接器。

（1）模块定义图（Block Definition Diagram，BDD）。

模块定义图定义了模块的特征以及模块之间的关系，采用了一种树状模型的建模机制描述系统组成的层次和分类特征，有利于对物理或逻辑系统的分解与建模，也便于对硬件、软件、人员要素等系统组成与相互关系的描述。模块定义图不仅适用于对系统结构的描述，也适用于对活动图中的活动或约束之间的分层描述，还可以描述每个活动所包含的模块等。总之，建模者可以根据系统建模的不同需求和目标进行灵活选择。

（2）内部模块图（Internal Block Diagram，IBD）。

内部模块图是根据模块的属性以及属性之间的连接关系对模块的内部结构进行的定义与描述。内部模块图扩展了 UML 的组合结构图，能够对顶层系统、子系统、逻辑构件或物理构件等各个层次系统的接口以及接口连接进行描述。内部模块图根据模块属性和连接器来描述模块内部的结构，包括的模型元素有模块（Blocks）、部件（Parts）、端口（Ports）、连接器（Connectors）和流（Flows）。

（3）参数图。

参数图描述了系统属性值上的约束，定义了一组系统属性以及属性之间的参数关系。参数关系说明了一个属性值的变化是如何影响其他属性值的，且参数关系是没有方向的。参数图将系统参数间必须满足的约束关系表现在设计模型上，有助于系统的分析及清晰地描述系统结构。参数图是对 UML 最大限度的扩展，在定性分析的基础上，可以实现参数的定量描述和分析，从而更精确地描述系统的结构关系，为进一步系统仿真提供依据。

参数约束是一个特殊的内部模块，通常和 SysML 内部模块图结合起来使用。参数约束关系用来表示系统的结构模型中属性之间的依赖关系，既可以是基本的数学操作符，也可以是与物理系统性质有关的数学表达式，如 $F=m \cdot a$ 和 $a=\mathrm{d}v/\mathrm{d}t$ 等。

3. 动态行为图

顺序图、用例图以及状态图是对 UML 的重用，这里不再赘述。而 SysML 活动图对 UML 活动图进行了扩展，包括把控制作为数据、表示连续的物质或能量流等。在 UML 活动图中，控制只能使动作开始，并无终止功能；而在 SysML 活动图中，控制既能使动作开始，也能使正在执行的动作终止。

2.1.4　UML 扩展机制

系统需求规范是系统开发的起点和基础，通常以自然语言的形式描述，而自然语言存在歧义性，将不利于需求规范的验证。UML 和 SysML 作为半形式化的建模语言，提供了一系列的扩展机制，满足了特定领域建模的需要。其中，SysML 继承了 UML 的扩展机制。UML 的扩展机制[10-12]主要包括标记值（Tagged Value）、约束（Constraint）和构造型（Stereotype），它们提供了增加新构造块、创建新特性和详述新语义的功能。

1. 标记值（Tagged Value）

标记值是一对字符串，包括标记字符串和值字符串，也就是一个键值对。它存储着有关元素的一些信息。标记值可以与任何元素相关联，包括模型元素和表达元素。标记表示建模者想要记录的名字，值是给定元素的值。

2. 约束（Constrain）

约束是用文字表达式表示的语义限制，应用于模型元素。约束是用大括弧内的字符串表达式来表示的，可以直接放在图中或者独立出来。在定义一个约束时，应该说明该用户自定义约束将应用于哪一种元素以及对相关元素的语义影响力。在 UML2.0 中，对象约束语言（Object Constraint Language）提供了一种标准方法来明确表达 UML2.0 模型上的约束。

3. 构造型（Stereotype）

构造型[13,14]可以为 UML 增加新事物和元模型。扩展的 UML 模型的词汇，用来表示特定领域的问题，创建或者派生出问题域中特殊需要的新构造块。新构造块具有与 UML 的其他模型元素一样的行为和特性。构造型可以扩展已存在的元模型类的语义，但不能扩展元模型类的结构。每个构造型都建立在某个模型元素类的基础上，构造型可声明为可泛化元素。一个构造型也可以是别的构造型的具体实例，即构造型可以满足继承关系，子构造型具有父构造型的属性。

构造型是一种虚拟元模型类，它是在模型里增加而不是修改 UML 的预定义元模型。基于这个原因，新构造型的名称必须不同于存在的 UML 元类、别的构造型或者关键字的名称。任何模型元素最多只能有一个构造型。构造型可以通过文本和图形的形式来表示。

运用 UML 的丰富的表达能力，本书通过设计概要文件对元类模型进行构造型扩展。在概要文件中，通过对构造型加入属性的方式进行结构上的扩展，或通过加注释的形式进行静态语义的扩展。这种概要文件扩展机制使得扩展的定义更容易理解，使扩展元素之间的相互关系、扩展元素与 UML 模型之间的应用关系都更加清晰、准确和完整。通过对扩展后的文件进行自动化解析，得到系统需求或自动机模型的内容，为后续的模型转换和形式化验证准备了条件。

2.2 面向需求的概要文件设计

为了满足后续的形式化验证分析工作，需要对 SysML 需求图中的需求约束以及模块定义图中的属性和操作进行扩展。创建 3 个 UML 概要文件：约束概要文件（Constraint Profile）、属性概要文件（Property Profile）和操作概要文件（Operation Profile）。通过在概要文件中添加构造型的方式来对扩展元素进行定义。所定义的构造型与已存在的元类元素以及其他构造型之间的关系分为 3 种：扩展（Extension）、关联（Association）和泛化（Generalization）。

2.2.1 约束概要文件

在约束概要文件中，需要在原有的 SysML 视图上定义对需求构造型的形式化约束条件和待验证的属性。形式化约束用于后续验证分析过程中形式化需求模型的建立，待验证的属性用于对所建形式化模型进行属性检验。

图 2-2 为约束概要文件的关系结构，扩展约束（RTConstraint）是为后续验证分析而创建的构造型，它对元类元素 Constraint 进行扩展。扩展约束是一个抽象类，建模时以 FormalConstraint 和 VerificationProperty 两种子类形式具体呈现。以上扩展约束用于描述构造型<<Requirement>>的形式化需求约束，它们之间有一定的关联关系，扩展后的约束在图中以类似 Comment 符号的形式呈现。

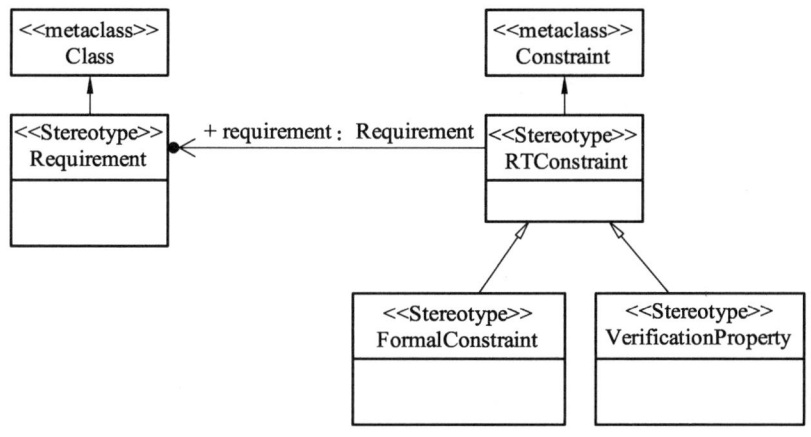

图 2-2 约束概要文件的关系结构

2.2.2 属性概要文件

为了在验证过程中从模块定义图中提取验证分析所需要的变量，需要对模块中的属性添加一个特殊的标记。一个 SysML 模块中包含属性和操作，属性又包括部件（Parts）、端口（Ports）、属性（Properties）、约束（Constraints）以及值（Value）等。这些子属性只需对 UML 中的元类 Property 进行扩展即可。图 2-3 是对属性的扩展概要文件，构造型 PSLProperty 与<<Block>>有一定的关联关系，而 SysML 中的<<Block>>是对 UML 的类的扩展。

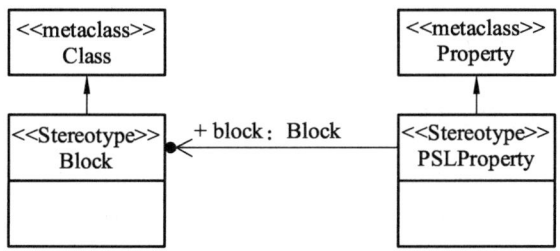

图 2-3 属性概要文件的关系结构

2.2.3 操作概要文件

同属性概要文件类似,为了在验证过程中从模块定义图中提取验证分析所需要的变量,需要对模块中的操作添加一个特殊的标记。如图 2-4 所示,通过对 UML 的 metaclass 操作 Operation 进行扩展,在形式化时序逻辑中用到的变量以<<PSLOperation>>为标记进行提取。

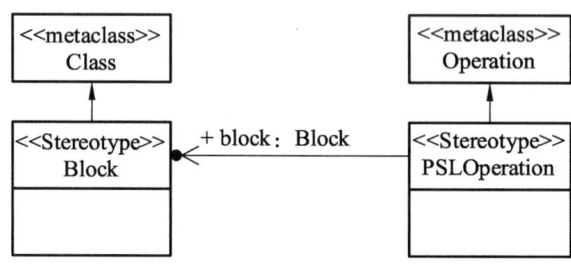

图 2-4 操作概要文件的关系结构

2.3 面向混成行为的概要文件设计

运用 UML 丰富的表达能力,通过设计面向混成特性的 HybridUML 概要文件,由扩展后的 UML 状态图来描述混成自动机模型。本书通过设计概要文件对元类模型进行构造型扩展。在概要文件中,通过对构造型加入属性的方式进行结构上的扩展,或通过加注释的形式进行静态语义的扩展。这种概要文件扩展机制使得扩展的定义更容易被理解,扩展元素之间的相互关系、扩展元素与 UML 模型之间的应用关系也变得更加清晰、准确和完整。通过对扩展后的文件进行自动化解析,得到自动机的内容,为后续的模型转换和形式化验证准备了条件。

在实际的建模过程中,可以根据需要对 UML 元模型元素进行扩展。本书根据混成自动机的建模需要,主要创建了 4 个 UML 概要文件:数据类型概要文件(Datatype Profile)、类概要文件(Class Profile)、表达式与约束概要文件(Expression and Constraint Profile)和状态机概要文件(Statemachine Profile)。

2.3.1 数据类型概要文件

UML 本身只提供了 4 种基本数据类型(Boolean、Integer、String 和 Unlimited Natural),其他的数据类型需要用户自己通过扩展的方式进行定义。根据所使用验证工具形式化模型的特点,可以采用不同的概要文件对所需数据类型进行扩展。图 2-5 为数据类型概要文件,该概要文件适用于将混成自动机模型转换为 HYTECH 模型，在建立系统的混成自动机模型时使用。

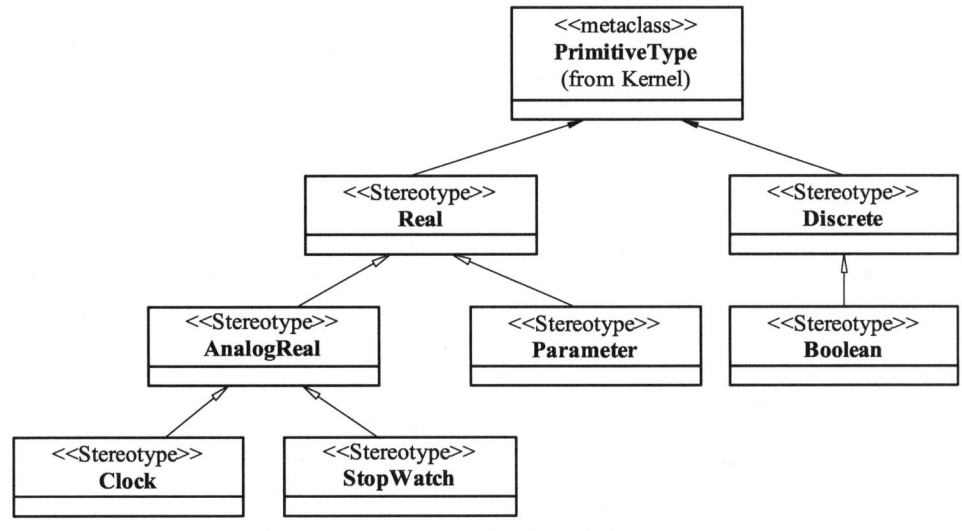

图 2-5　数据类型概要文件

在 Topcased 平台上集成有 Papyrus 建模工具，运用上述数据类型概要文件，可以刻画 HYTECH 模型的所有变量属性，实例图如图 2-6 所示，图中描述了 TrainController 类所具有的变量及变量的数据类型，以及该控制器类所具有的方法。在该扩展类中，x、v、a 分别表示列车的位置、速度和加速度，数据类型为模拟量（Analog）；min_param 和 max_param 表示追踪列车之间的最小和最大距离，为未知参数，数据类型为参数类型（Parameter）；t 表示计时时钟，数据类型为时钟类型（Clock）。

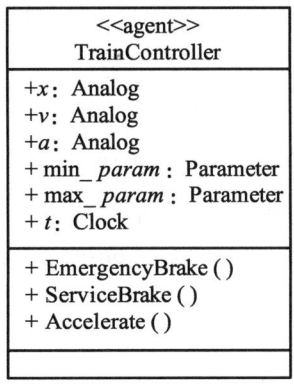

图 2-6　类扩展和数据类型扩展实例

2.3.2 类概要文件

类概要文件定义系统的组成结构。在 HUML 中，扩展类（Agent）是对元类型 Class 的扩展，它描述了变量的属性及所具有的方法。一个 Agent 的动态行为由一组 Mode 描述。扩展后的 TrainController 类用<<agent>>标记，扩展实例如图 2-6 所示，类概要文件如图 2-7 所示。

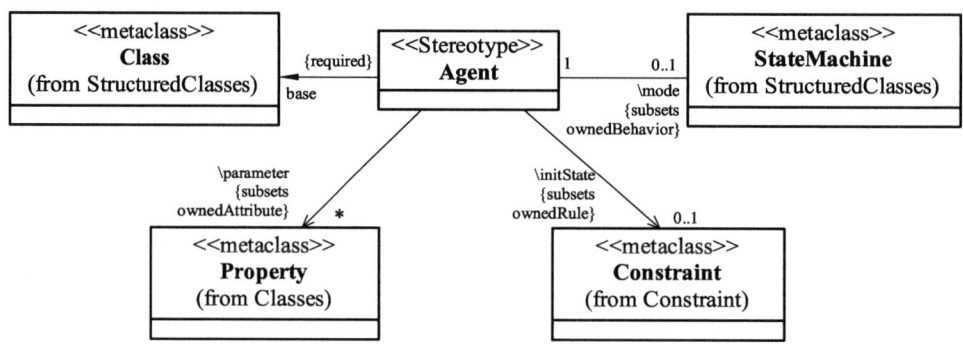

图 2-7　类概要文件关系

2.3.3 表达式与约束概要文件

表达式与约束概要文件定义建模时表达式和约束之间的关系，用于描述流条件、不变集和初始约束，概要文件中各建模元素的关系如图 2-8 所示。其中，顶层<<metaclass>>标记的 OpaqueExpression 和 Constraint 表示元类型。第二层中的 *RTExpression* 和 *RTConstraint* 是对元类型的扩展，而且是抽象类型，用斜体表示。最底层表示第二层中元素的具体实现类，应用该概要文件进行扩展建模时，以最底层的具体实现类型显示构造型。由于混成自动机中的状态包含有连续变量的变化率和变量的不等式约束集，因此，为了刻画混成自动机的动态行为，扩展了微分表达式（DifferentialExpression）、代数表达式（AlgebraicExpression）和不等式表达式（InvariantExpresion）。其中代数表达式用于描述初始状态（Initial）的约束集合。FlowConstraint、InitialConstraint 和 InvConstraint 分别用于标记微分表达式、代数表达式和不等式表达式。

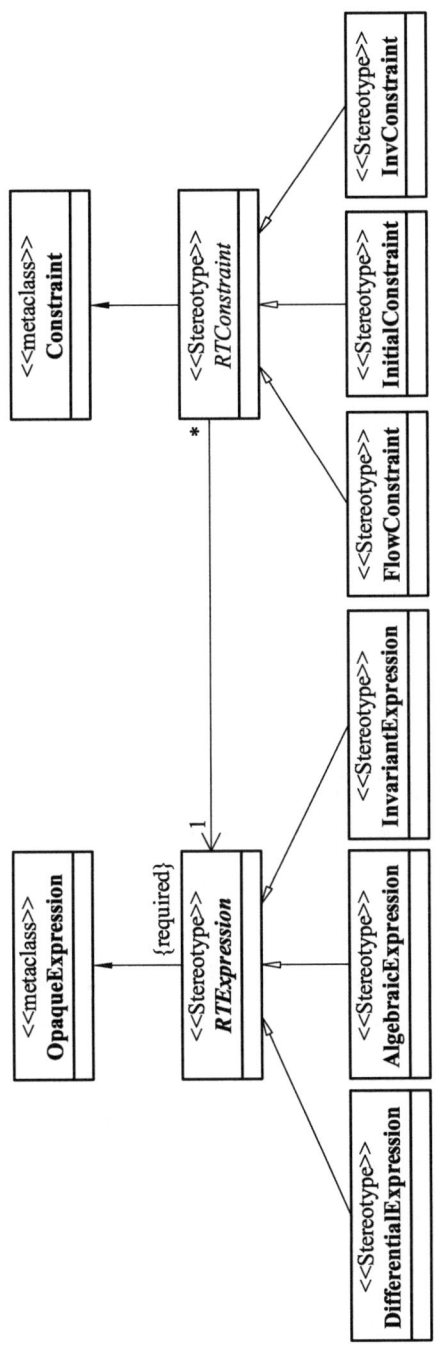

图 2-8 表达式与约束的概要文件

2.3.4 扩展状态机概要文件

扩展状态机概要文件用于定义状态与对应表达式和约束之间的关系，以及状态之间的迁移关系。在 HUML 中，Mode 是元类型 StateMachine 的扩展，它描述了扩展类 Agent 的行为。每个 Mode 只有一个 region。图 2-9 描述了 Mode、StateMachine 和 Pseudostate 之间的关系。

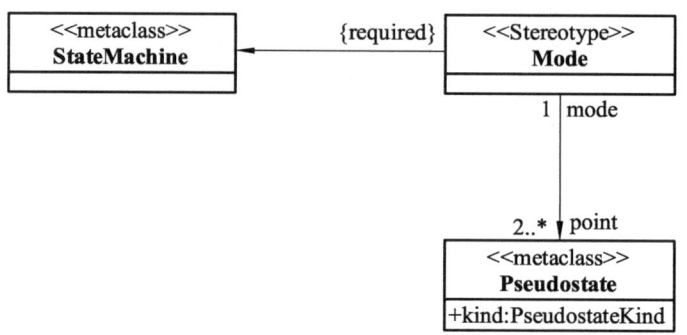

图 2-9　扩展状态机概要文件关系图

扩展状态机概要文件可以包含状态（State）、迁移条件（Transition）、区域（Region）、活动（Activity）等元素的扩展，具体的扩展元素根据实际需要进行选取。本书主要对混成自动机的状态（State）、状态内部包含的流条件（FlowCondition）、不等式条件（InvariantCondition）和迁移条件（Transition）进行了扩展。其中，ModeState 对元类 State 进行了扩展。如图 2-10 所示，扩展状态概要文件描述了扩展状态（ModeState）与表达式（Expression）和约束（Constraint）之间的关系。其中，Stereotype 表示构造型，metaclass 表示 UML 已经定义的元类元素。构造型 ModeState 具有 Constraint 和 Expression 两种属性。Expression（约束）有 InvExpression（状态变量满足的不等式约束）和 StateFlow（状态变量微分满足的约束）两种形式。iniState{subsets ownedRule}表示初始状态（IniState）具有的属性。

混成自动机中的事件分为共享事件和非共享事件。为了区分这两种事件，对事件所对应的迁移进行扩展，扩展迁移对应的概要文件如图 2-11 所示。图中：*ModeTransition* 为斜体，用于表示抽象类型；Synchronization 和 NormalTransition 表示具体的实现类，其中 Synchronization 表示的是同步事件所对应的迁移，NormalTransition 表示由非同步事件进行的迁移。

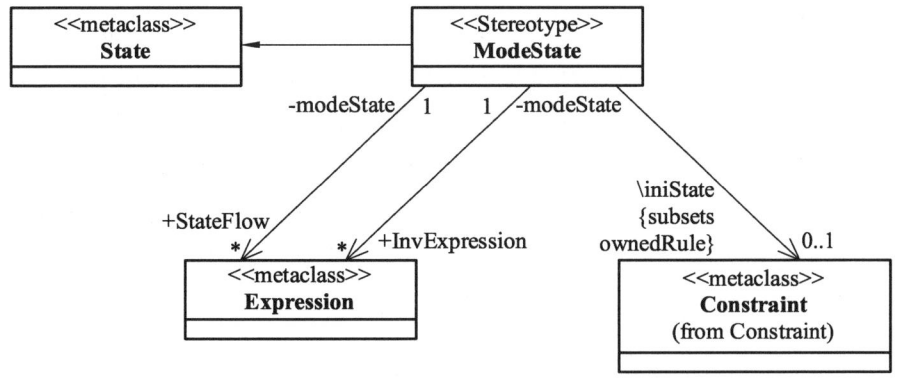

图 2-10　扩展状态机概要文件状态的扩展

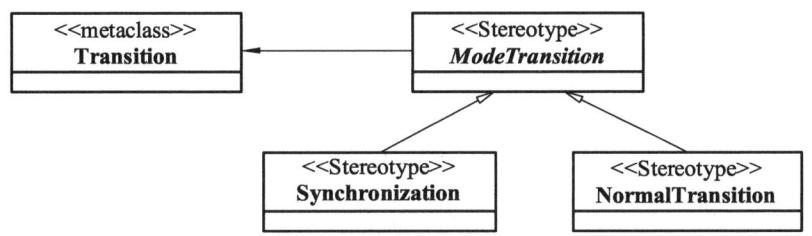

图 2-11　扩展状态机概要文件迁移的扩展

2.4　CTCS-3 级列控系统规范建模

列控系统将先进的计算机技术、控制技术、通信技术与铁路信号技术融为一体，是保证轨道交通安全、准时、高密度运行的自动控制系统。随着计算机在列控系统中的广泛应用，软件和硬件规模的不断扩大，系统的复杂性也有了很大的提高。列控系统有很多视图，主要包括静态结构、功能、信息交互、控制流等。这些视图之间大部分都有着内在联系，因此使得系统的开发以及分析变得更加复杂。在本节中，我们通过对列控系统需求规范进行分析整理，使其结构化，进行多视图建模，并通过分割系统的不同视图分离出不同的关注点。系统需求规范建模的思路如图 2-12 所示，具体建模步骤如下所述。

首先将自然语言描述的 CTCS-3 级列控系统规范进行分类。本章涉及的规范主要包括 CTCS-3 级列控系统需求规范（SRS）、CTCS-3 级列控系统功能规范（FRS）、CTCS-3 级列控总体技术方案以及 RBC 技术规范。其次，根据规范建立模型总图，将模型与模型之间的相互联系建立起来。由于不同模型所起的作用不同，表达的也是系统不同方面的内容，所以在系统规范总图中运用 SysML 需求图来表示各种模型之间的关系。最后，分别从系统需求、静态结构以及动态行为 3 个方面进行建模。其中：系统需求规范、功能需求以及 RBC 技术规范主要用于系统需求分析，建立系统的 SysML 需求模型；CTCS-3 级列控总体技术规范主要用于静态结构和动态行为分析，运营场景用于建立动态行为模型。运用功能需求图和文本约束需求图来对系统功能和需求进行分析与建模；运用 SysML 模块定义图描述系统结构，运用 SysML 内部模块图来描述系统内部之间的信息交互；通过对不同运营场景中系统活动过程的分析（活动图）、系统对象之间的交互关系（顺序图）以及系统中各模块对象的状态迁移分析（状态图），来描述系统的动态行为。

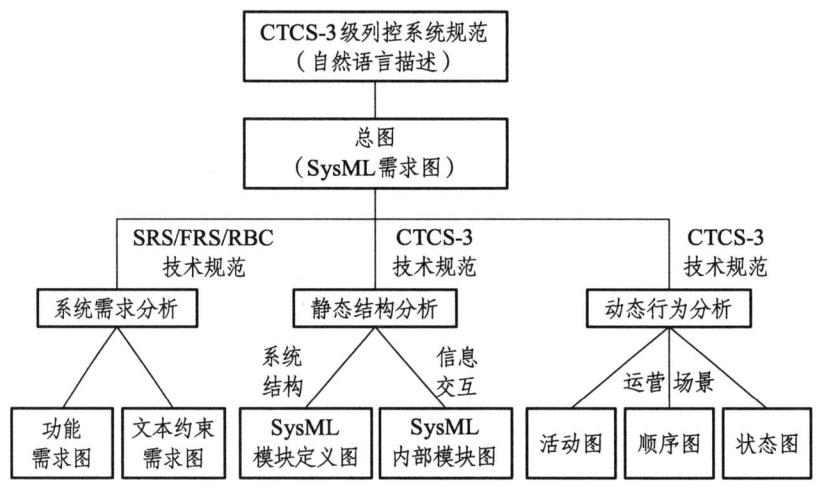

图 2-12　列控系统需求规范建模思路

2.4.1　系统需求分析

在 SysML 需求图中，需求包含文本 Text 和 Id 两种属性，其中 Text 可以直接表示需求文本，Id 则用于表示文本的版本号，这样有利于需求的有效追踪。首先建立列控系统需求总图，如图 2-13 所示。通过总图可以清楚地了解到列控系统的建模分析过程。CTCS-3 级列控需求规范分为 4 类：列控系统结构需求、列控系统功能、主要运营场景以及其他需求。其中，列控系统结构需求用 3 个图来进行精化：模块定义图（描述系统各组成部分的层次结构）、模块定义图（描述模块与模块之间的关联）以及内部模块图（描述车载设备模块内部的信息传递）。列控系统功能由一个功能需求图来表示，将各级模块的功能进行细化分解，功能需求图也给出了 CTCS-3 级列控系统最基本的功能，这些功能是独立于场景的，在任何场景中都需要激活。

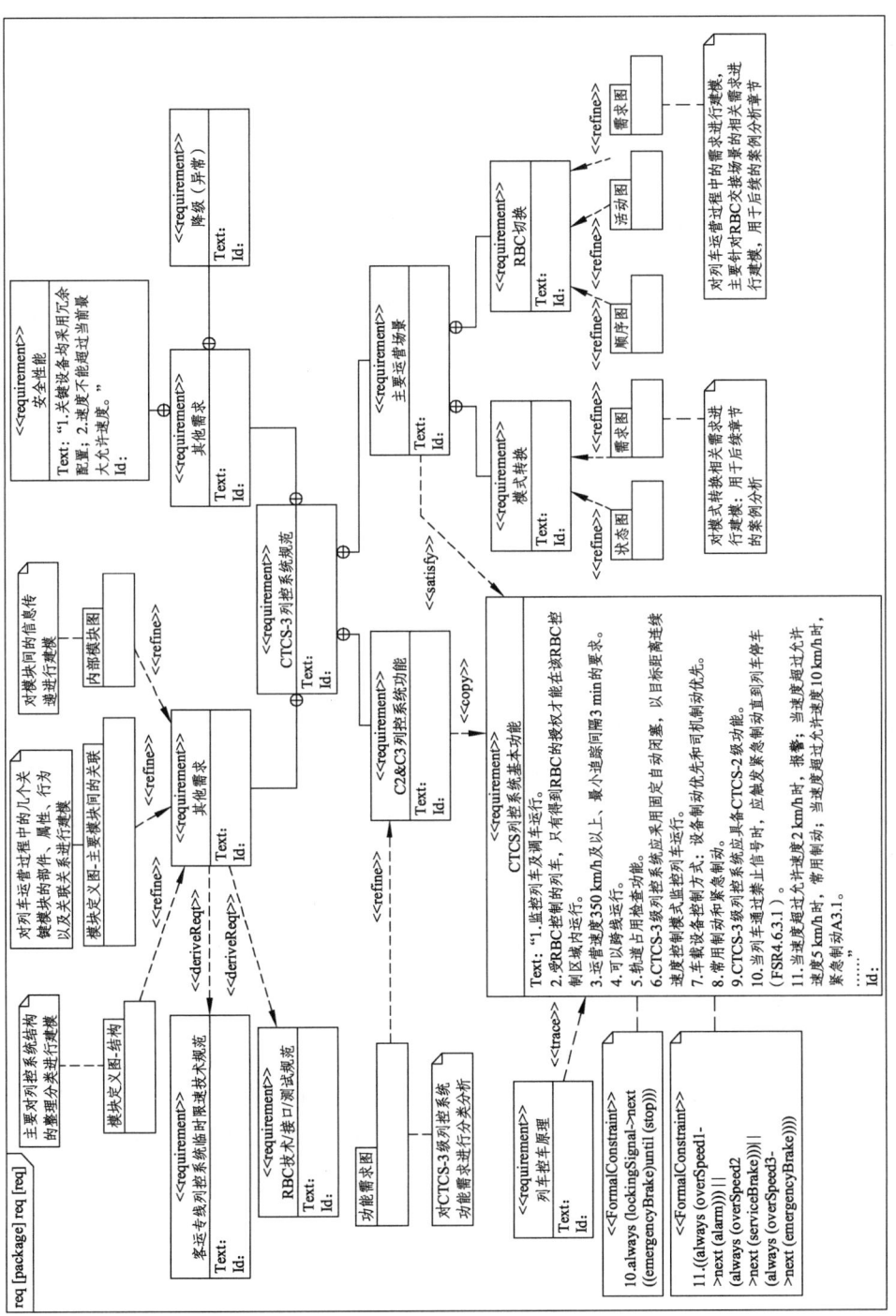

图 2-13 需求总图

场景用于描述系统中相关的各个构件之间的交互行为。场景的交互来源于一些事件，通过事件触发场景间的通信。场景的概念更为直观，更符合人类的认知规律。系统开发人员可通过场景来对系统进行分析，以发现系统规范中存在的缺陷。

CTCS-3 级列控系统共有 14 个主要的运营场景：注册与启动、行车许可、临时限速、进出动车段、等级转换、RBC 切换、自动过分相、重联和摘解、降级、灾害防护、调车、人工解锁进路、特殊进路、注销。

与 CTCS-2 级列控系统相比，RBC 是 CTCS-3 级列控系统重要的新增模块。本章将以 RBC 切换场景为例进行 SysML 建模，主要包括 SysML 需求图、活动图以及顺序图建模。其中 RBC 交接场景中的需求模型将在第 3 章的案例分析中进行介绍。

模式转换是列控系统需求规范的关键部分，描述了 CTCS-3 级列控系统的车载设备在不同工作环境下的工作模式。车载设备的工作模式有休眠、待机、隔离、完全监控、调车、冒进防护、冒进后防护、目视、引导 9 种。车载设备的各工作模式在相应的条件下运作，当条件发生变化时，相应的工作模式也要发生变化。本书将围绕模式转换相关规范进行需求图和状态图建模，其中需求图部分将在案例分析中进行介绍。

通过 CTCS-3 级列控系统功能规范，我们可了解到列控车载系统通过接收地面数据命令，生成速度模式曲线，监督列车的运行，保证列车的行车安全，具有自检、数据的输入和存储、界面显示、信息接收及发送、静态曲线比较、动态曲线计算、列车定位、速度的测量及显示、行车许可和限速命令显示、行车许可和限制速度的监督、司机操作的监督、溜逸防护、信息记录、自动过分相、站名和公里标显示、在非 CTCS-2/CTCS-3 区段运行、特殊行车、其他防护等功能。地面设备的主要功能是检查轨道占用情况，向列车发送 MA 的相关数据等。由于所有功能模块在一张图中无法清楚显示，所以将功能分为列控车载设备功能和地面设备功能，其中车载设备功能分类如图 2-14 所示，地面设备功能的分类如图 2-15 所示。

通过需求图，可以了解到系统的相关功能需求，但仅依据功能需求并不能完全理解功能的真实含义，难以得知系统的组件以及分层结构、系统对象相互之间的内在联系和交互行为，需要通过场景来进一步对系统进行建模分析，以获得系统的静态结构和动态行为。

2 基于 SysML 的列控系统形式化建模方法　039

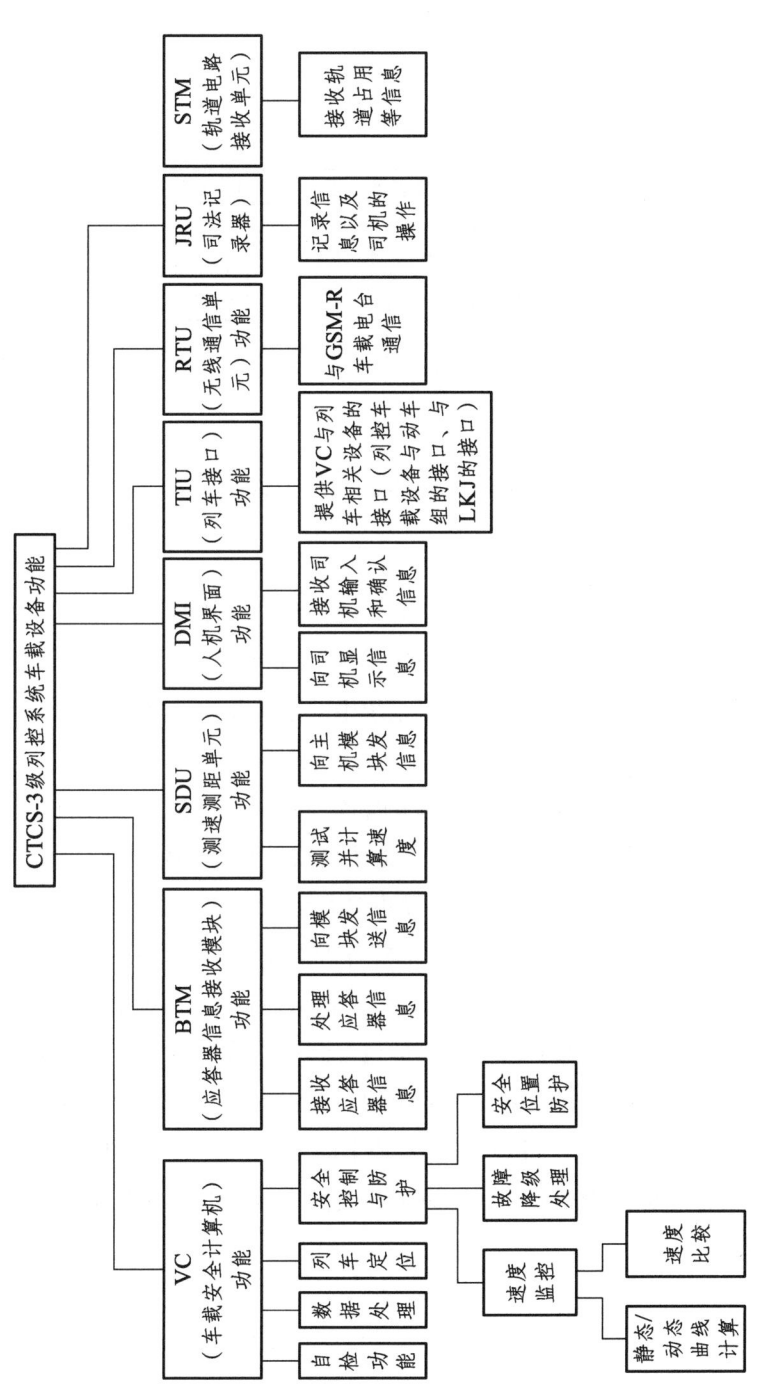

图 2-14　车载设备功能分类

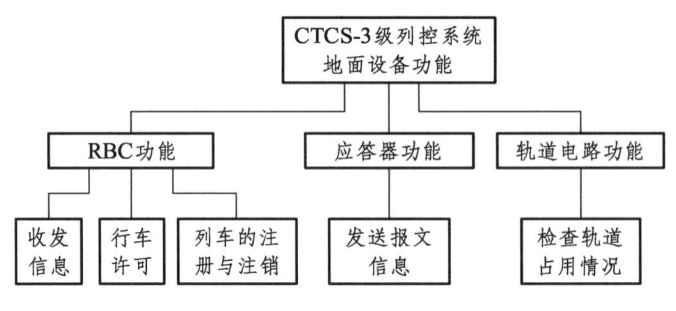

图 2-15 地面设备功能分类

2.4.2 静态结构建模

本节通过模块定义图和内部模块图来描述列控系统的静态结构组成。

1. 模块定义图

模块是对具有相同属性和行为的一组相似对象的抽象,是任何面向对象模型最基本的模型元素。它也是一种重要的分类器,用于描述系统结构和动态行为特征。模块定义图用于描述对象模型的静态结构组成,不仅定义了系统中的模块及模块间的关系(如关联、聚合、依赖等),而且定义了模块的内部结构组成(如模块的属性、部件、端口、操作、约束等)。模块图描述的是系统的静态关系,在系统的整个生命周期内都是有效的。列控系统的分层结构如图 2-16 所示,该图很好地从整体上把握了列控系统的组成结构。列控系统的模块定义图如图 2-17 所示,通过模块对车载设备以及主要参与运营场景的地面设备进行建模,详细说明了各子模块或设备的属性、部件、端口、操作及约束等。图 2-16 中:实线框表示列控系统的设备属性;而 GSM-R 网络、司机以及一些外部设备本身不属于列控系统,但却是列控系统正常运行不可分割的一部分,所以也被包含到列控系统中,用虚线表示。图 2-16 仅描述了列控系统的整体架构,并没有显示系统的具体实现细节。而通过图 2-17,读者可以了解到列控系统的结构模块组成,以及各个模块下的属性、操作、子部件以及一些约束,为后续的自动化验证分析提供模型基础,验证分析过程中所需的一些变量也需从该模型中获取。

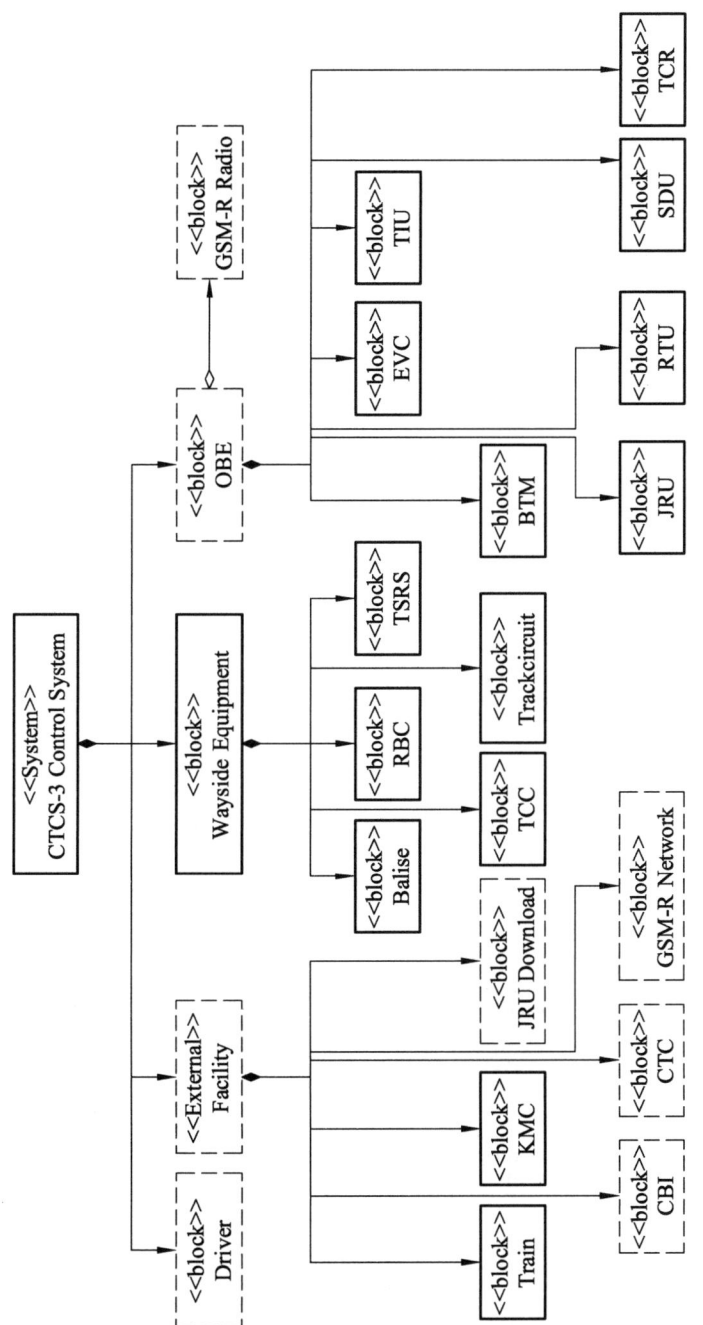

图 2-16 列控系统分层结构图

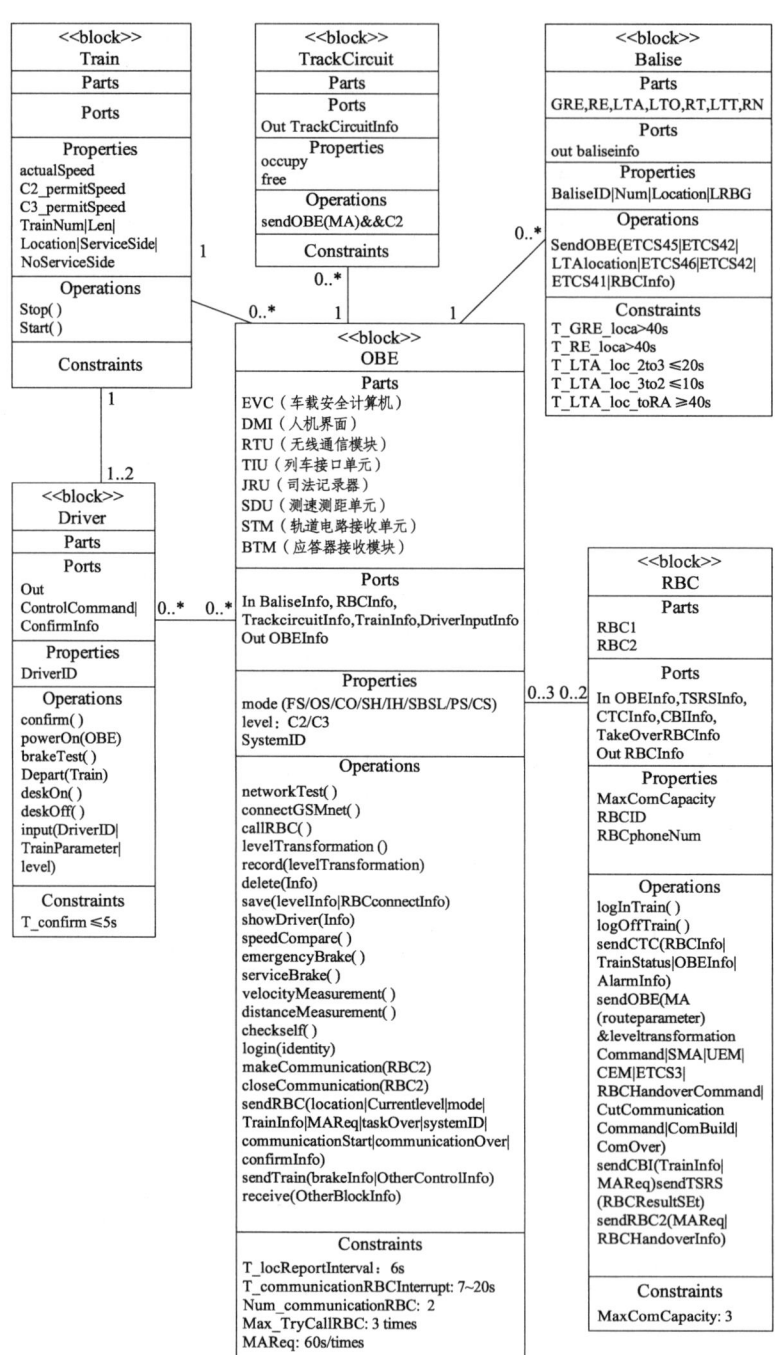

图 2-17 列控系统模块定义图

2. 内部模块图

内部模块图是为了能更详细地定义某个模块而创建的，用来说明某个模块内部各部件之间的信息传递。为了更直观地了解模块间的信息传递，本章建立了两个内部模块图。图 2-18 是列控系统内部模块图，描述了其内部各子模块之间的信息传递过程。图 2-19 是车载设备的内部模块图，刻画了车载设备内部各子模块之间的信息传递。系统设计者可分别通过模块定义图和内部模块图，从整体和细节两个角度描述系统的结构以及内部之间的信息传递。这种组合建模方法更适合于对分层的复杂系统进行建模。

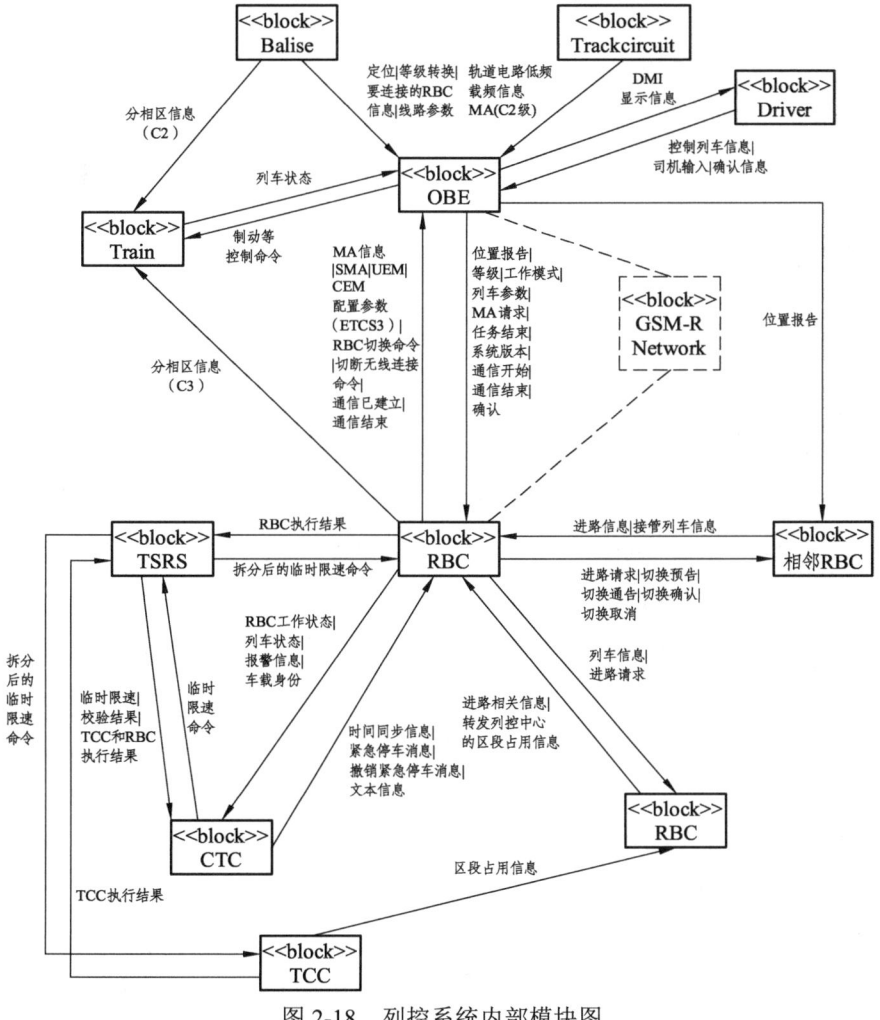

图 2-18　列控系统内部模块图

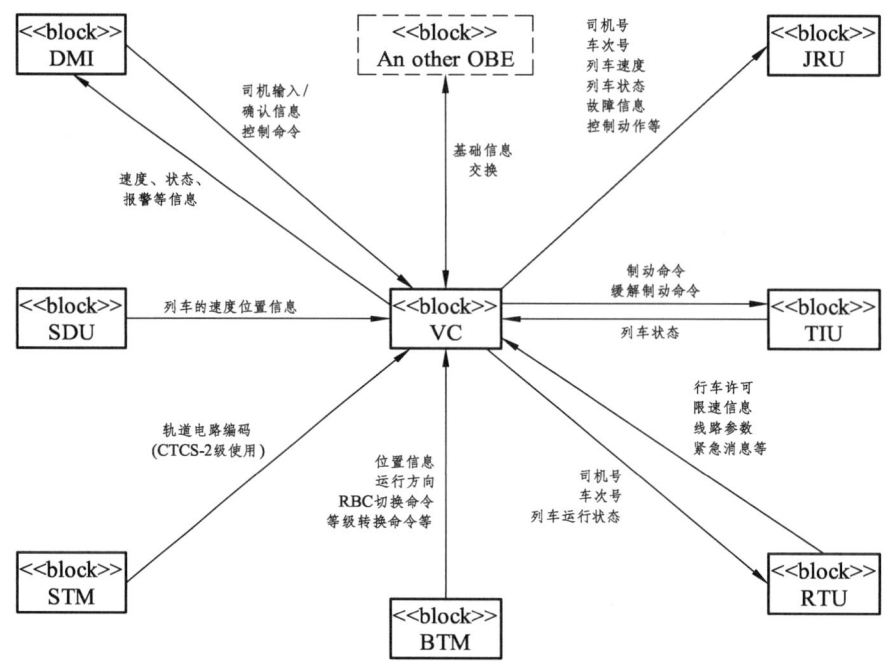

图 2-19 车载设备内部模块图

2.4.3 动态行为建模

本小节针对 RBC 切换场景来建立对应的活动图和顺序图，用于描述 RBC 切换过程的动态行为。其中：运用活动图模型来描述 RBC 交接过程中各种活动的执行流程及与外部环境之间的交互流程；运用序列图模型来描述列控系统中模块（对象）之间动态行为的交互关系，重点反映 RBC 交接场景中各模块（对象）之间传送消息的时间顺序。针对模式转换场景，建立状态图（State Diagram）模型描述列车在特定场景中不同工作模式及工作模式之间的迁移情况。

活动是指做某件事情的状态。活动图表现的是系统从一个活动到另一个活动的控制流，着重描述系统的一个操作（或方法）在实现过程中所完成的工作或用例在场景中的活动。图 2-20 描述了车载设备（OBE）、移交 RBC（RBC1）与接收 RBC（RBC2）之间的活动交互过程，虚线箭头上方的内容代表信息交互的内容。在建模过程中遇到复杂的子活动时，可以用复合活动来建立子活动图。如图 2-20 中活动 a2 就是一个复合活动，可以通过另一张活动图（图 2-21）来详细描述 CTCS-3 级车载设备与 RBC2 建立连接的整个过程。

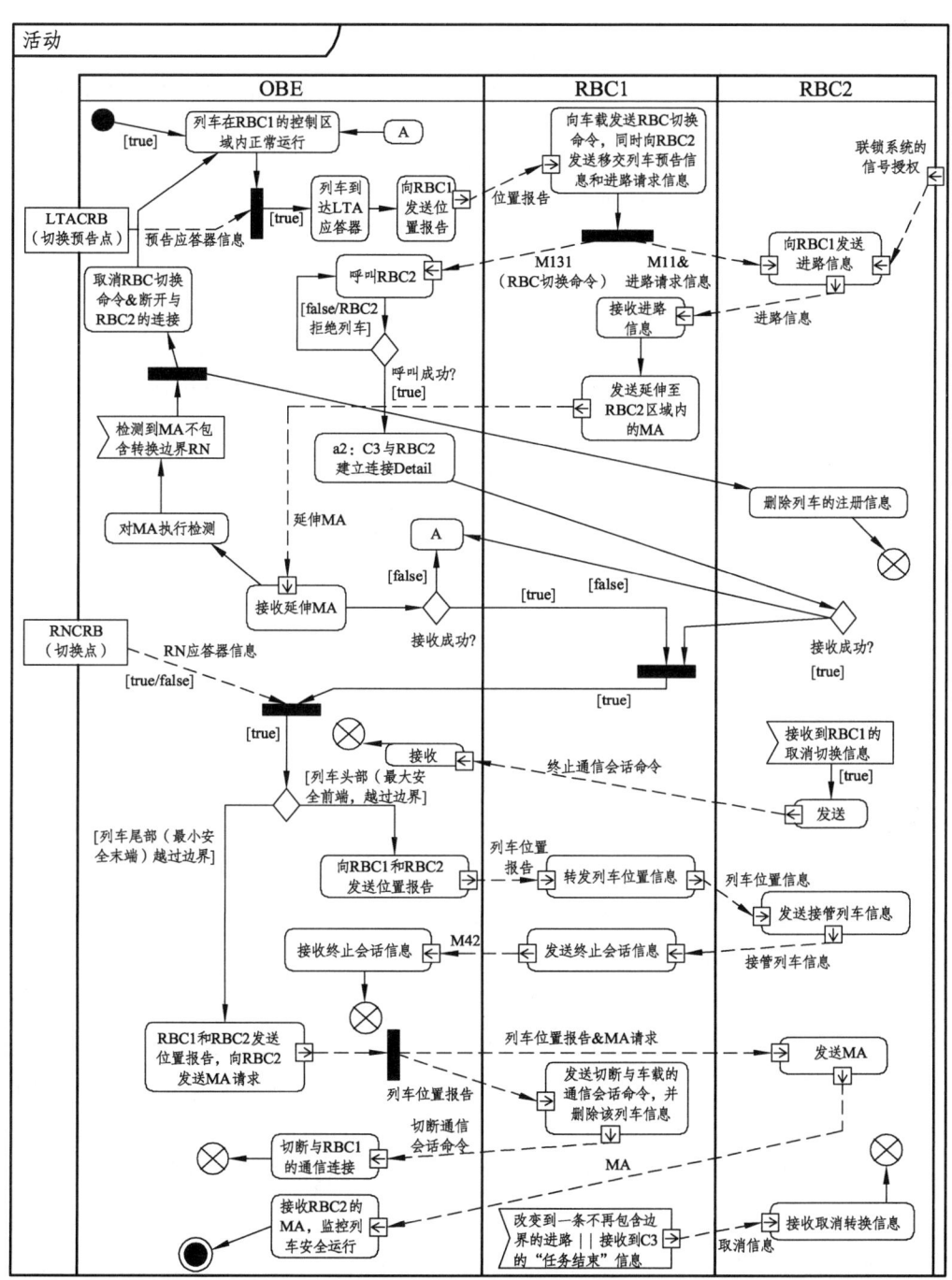

图 2-20　RBC 交接场景活动图

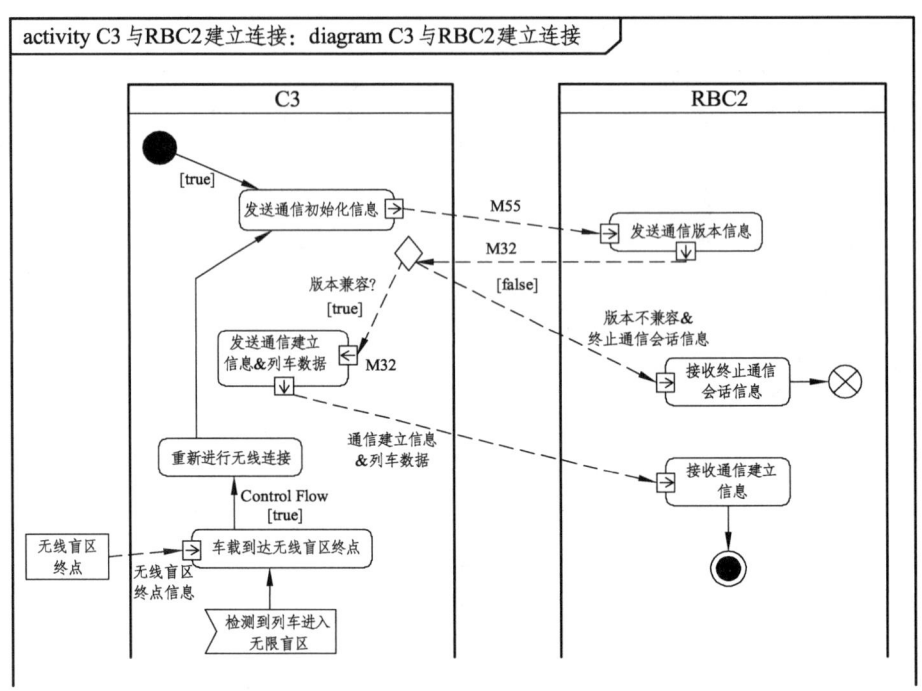

图 2-21 CTCS-3 车载设备与 RBC2 建立连接的详细活动图

顺序图用来描述对象之间的交互和通信流程，包含 4 个模型元素：对象、生命线、执行事件和消息。顺序图反映了在特定的交互过程中对象之间传送消息的时间顺序，即在系统执行过程中某个特定时刻交互的信息和触发的控制过程。图 2-22 描述了对象 RBC1、RBC2、车载 OBE 以及应答器 Balise 之间在 RBC 切换过程中的信息交互。其中，发起对象为应答器，对象之间采用同步消息控制，发送消息由实线表示，回复消息用虚线表示。通过对不同运营场景建立顺序图，能够清晰地描述系统中各模块或对象之间交互的时间顺序。

模式转换是需求规范中的关键部分，模式转换部分的规范描述了 CTCS-3 级列控系统车载设备在不同工作环境下的工作模式及其转换过程。在配置有 CTCS-3 级基础设备的区段，不考虑发生故障的情况下，车载设备共有 9 种工作模式，分别为完全监控模式（Full Supervision，FS）、引导模式（Call On，CO）、调车模式（Shunting，SH）、目视行车模式（On Sight，OS）、隔离模式（Isolation，IS）、休眠模式（Sleeping，SL）、待机模式（Stand By，SB）、冒进防护模式（Trip，TR）和冒进后防护模式（Post Trip，PT）。列车模式转换过程的迁移过程如图 2-23 所示。车载设备的工作模式表示为工作状态，状态迁移条件使用不同的符号进行表示，如 P1t1、P2t20 等。其中，P1、P2 等表示转移条件的优先级，数字越小则迁移优先级越高。t1、t20 等表示迁移条件的名称，条件的具体内容可以参见《CTCS-3级列控系统总体技术创新方案》，在此不再赘述。

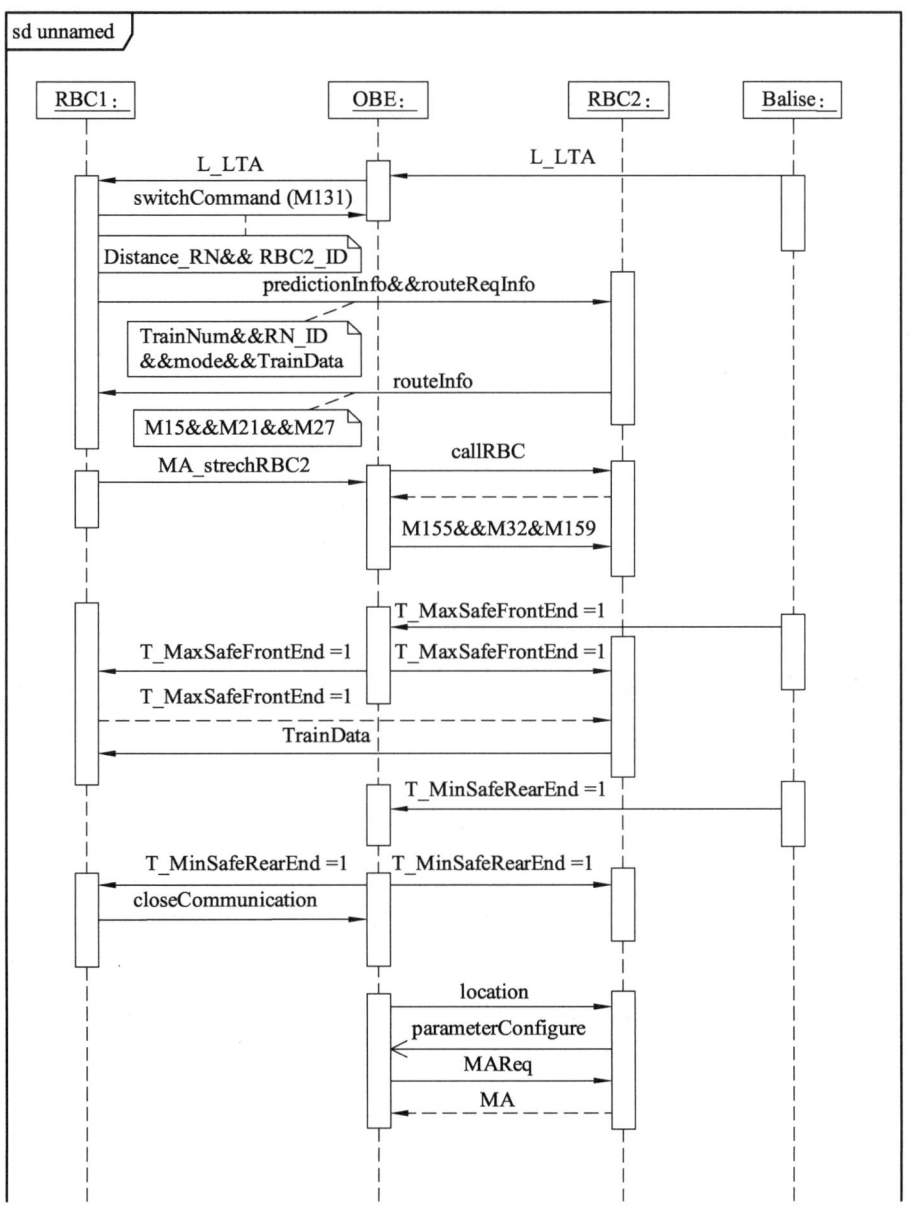

图 2-22　RBC 交接场景顺序图

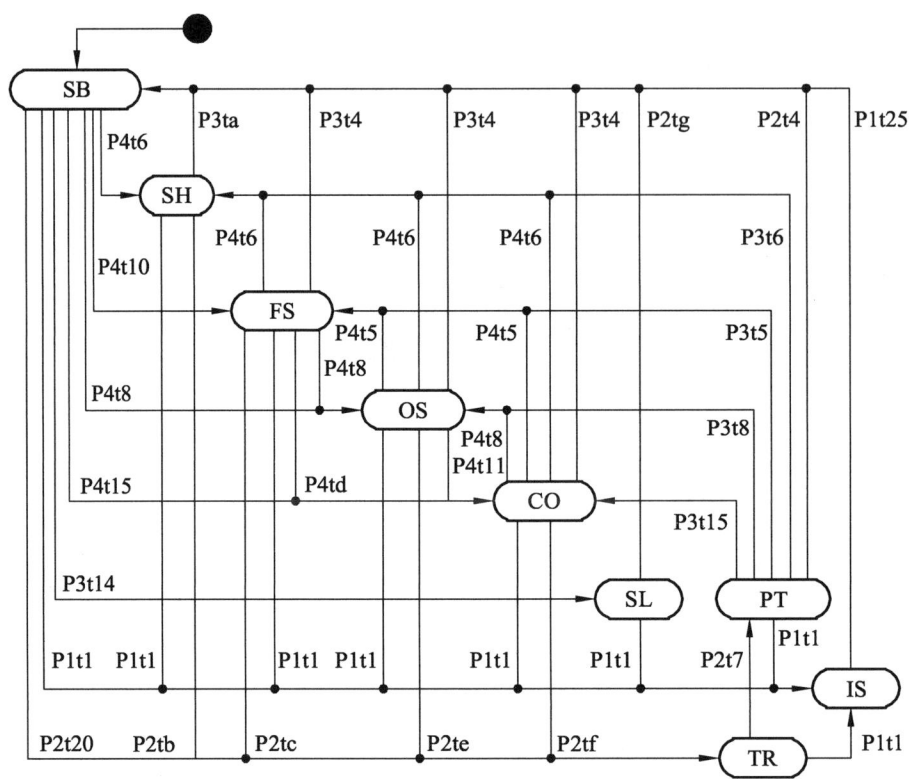

图 2-23 模式转换状态图

运用 2.3 节设计的混成 UML 概要文件对列车速度控制器的混成特性进行建模，经扩展后的混成自动机如图 2-24 所示。本章通过对列控系统需求规范进行需求分析、静态结构分析以及动态结构分析，形成了系统内部结构与外部环境相结合的结构化模型，有助于后续的形式化分析工作。采用 SysML 构建系统的模型，为下一阶段进行系统规范的分析验证提供了依据，有助于捕捉到系统的时序逻辑分析属性，从而更好地对系统进行验证。

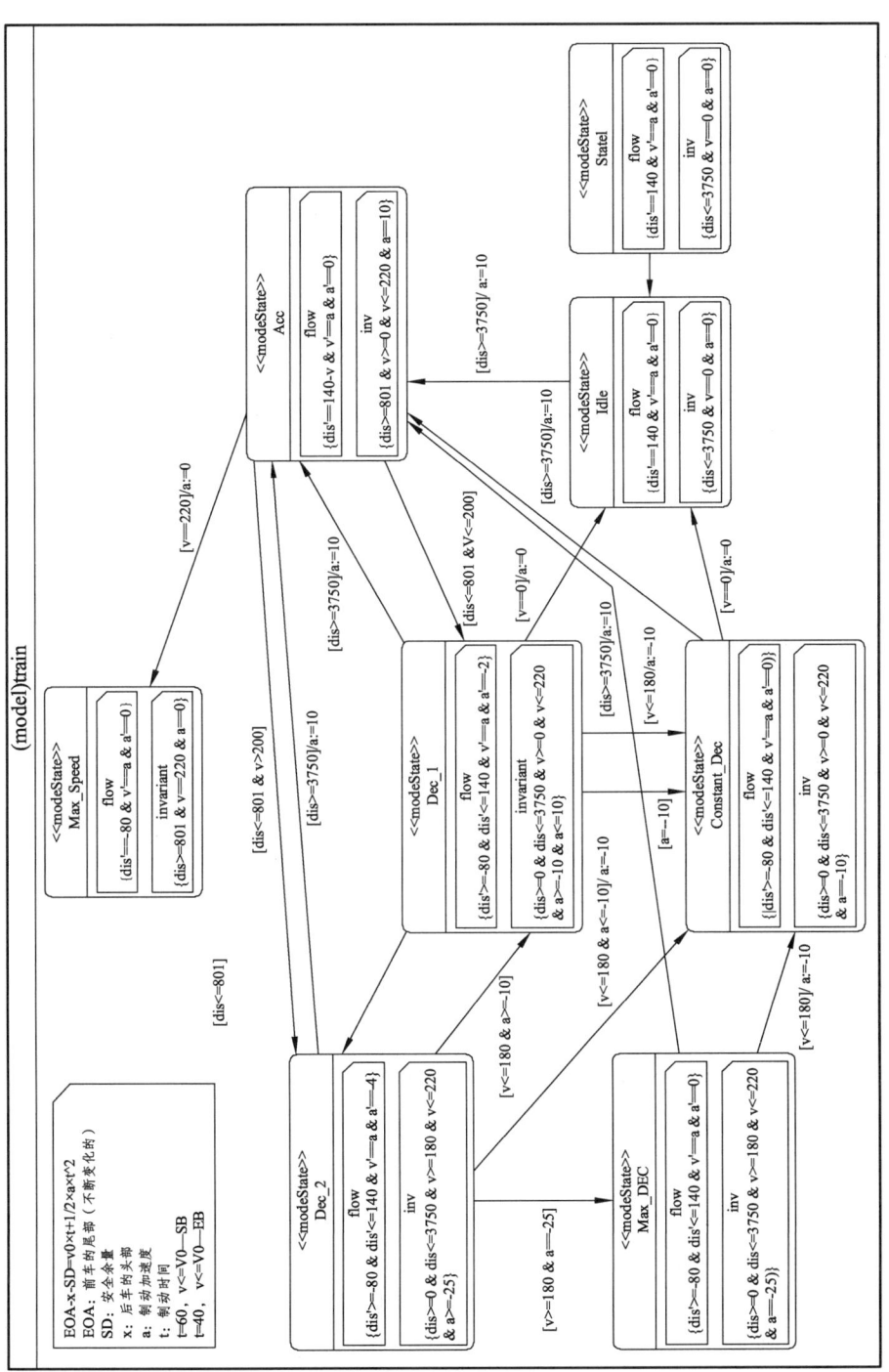

图 2-24 列车速度控制器混成自动机扩展实例

参考文献

[1] Object Management Group. System Modeling Language Specification Version 1.6 [EB/OL]. (2005-04-28)[2015-05-03]. http://www.omg.org/spec/SysML/1.6/PDF.

[2] 蒋彩云，王维平，李群. SysML：一种新的系统建模语言[J]. 系统仿真学，2006，18（6）：1483-1487.

[3] Object Management Group. Unified Modeling Language Specification Version 2.5.1 [EB/OL].（2012-08-15）[2017-12-05]. https://www.omg.org/spec/UML/2.5.1/PDF.

[4] I Ogren. Possible Tailoring of the UML for Systems Engineering Purposes [J]. Systems Engineering, 2000, 3(4): 212-224.

[5] J Axelsson. Model based systems engineering using a continuous-time extension of the united modeling language (UML) [J]. Systems Engineering, 2002, 5(3): 165-179.

[6] T Bahill, J Daniels. Using object-oriented and UML tools for hardware design: a case study [J]. Systems Engineering, 2003, 6(1): 28-48.

[7] C Bock. UML2 activity model support for systems engineering functional flow diagrams [J]. Systems Engineering, 2003, 6(4): 249-265.

[8] 石福丽，黄炎焱，朱一凡，杨峰. 基于 SysML 的无人侦察机需求描述方法研究[J]. 计算机仿真，2007，24（6）：53-56.

[9] 赵立军. 基于 SysML 的需求分析研究[J]. 计算机技术与发展，2011，21（12）：139-141.

[10] Object Management Group. Unified Modeling Language: Superstructure, version 2.0 [EB/OL]. (2009-01-25) [2015-02-02]. http://www.omg.org/docs/formal/09-02-02.pdf.

[11] Object Management Group. UML Testing Profile [EB/OL]. (2012-05-09) [2015-05-30]. http://www.omg.org/spec/UTP/1.1.

[12] Object Management Group. A UML Profile for MARTE: Modeling and Analysis of Real Time Embedded systems [EB/OL]. (2012-09-07) [2015-09-21]. http://www.omg.org/spec/MARTE/1.1.

[13] X Xu, L Wang, H Zhou. A UML profile for framework modeling [J]. Journal of Zhejiang University Science, 2004, 5(1): 92-98.

[14] 赵林，唐涛，刘超，刘金涛，李宪. 基于 UML 扩展机制的列控系统建模方法研究[J]. 铁道学报，2011，33（12）：65-71.

3

基于 PSL 的列控系统需求规范形式化建模与验证

系统需求规范是系统开发的重要依据和规范标准，而列控系统需求规范起初都是依靠铁路领域专家们的经验而制定的，所制定的规范不可避免地存在某些漏洞或者安全隐患；另外，用自然语言刻画的系统需求规范也可能存在歧义。这些潜在的风险将会给系统的设计与开发和系统运行安全带来不利影响。为了有效保证系统需求规范逻辑序列的正确性，本章提出了基于属性规范语言（Property Specification Language，PSL）[1]的列控系统需求规范形式化建模与验证方法，用于查找需求规范中潜在的缺陷，以提高需求规范的质量。本章选取了 RBC 切换场景和等级转换场景，运用所提出的 SysML 建模及其扩展概要文件[2-6]对以上场景进行建模，运用所提出的需求分析方法对形式化模型进行分析验证。首先，通过 SysML 建立列控系统的 SysML 模型，以刻画列车运行过程中的动态控制过程。其次，设计自动化解析程序，通过自动解析 SysML 模型得到 PSL 描述的计算机可执行模型。最后，调用 RATSY[7]验证 PSL 代码是否满足要求，如果不满足要求，则通过反例定位并修改模型。该方法提供了有效查找系统需求规范中逻辑缺陷的方法，对于构建一个精确、一致以及可实现的需求规范具有重要意义。本章将通过案例分析，证明所提出的建模验证分析方法的可行性。

3.1 系统形式化需求的定性分析方法

基于属性驱动的需求分析方法是一个不断迭代的过程，该方法从不同层面对需求进行分析验证，并提供相应的调试手段，为构建一个精确的、一致的以及具有可实现性的形式化需求规范提供了一种重要的分析和验证思路。

图 3-1 描述了基于属性规范语言的需求分析方法的详细流程。设计人员首先由自然语言描述的用户需求或未经验证的需求规范中提取和构建 PSL[8-10]形式化需求片段，然后对形式化片段进行一致性和可实现性检验，以保证需求片段不存在逻辑矛盾并且具有可实现特性。若系统可实现，可通过属性确认或设计意图检验来观察所建的系统是否正确，是否满足预期的行为，从而精化系统并确保所建立系统的正确性；若系统不可实现，验证工具将给出反例，设计者可以通过反例对形式化需求进行调试，直到形式化需求模型具有可实现性为止。而属性语义的仿真将贯穿于整个迭代过程，如果必要，可以在任何时候对属性的语义进行仿真并发现其中的表达缺陷。最后，将整个属性验证过程中发现的问题一一映射到相应的自然语言需求规范并修改，从而提高需求的质量。其主要步骤描述如下：

第一步：将自然语言描述的需求规范转换为 PSL 描述的形式化需求规范。该属性规范是系统的抽象可执行片段，允许在不考虑具体实现细节的情况下，使用该模型片段进行仿真、调试和验证。

第二步：检验该形式化需求模型片段的逻辑是否一致。若逻辑一致，则进行可实现性验证；否则验证工具将给出一条违反逻辑一致性的可执行路径。设计者可通过该反例修正形式化需求模型，直到该模型满足逻辑一致性为止。

第三步：验证该形式化需求模型是否可实现，即是否存在与之相一致的实际系统。模型中的所有变量分为环境（不可控）变量和系统（可控）变量。模型中的所有需求包含假定需求（Assumption）和保证需求（Guarantee）两种类型，分别是对环境变量和系统变量的约束。在模型仿真运行的过程中，首先预设一组环境变量，系统变量根据环境变量的取值和保证需求进行取值。当环境输入变量满足所有假定需求时，存在一组满足所有保证需求的系统变量，则称该形式化需求模型是可实现的。否则，模型为不可实现的，须进行调试并修改该 PSL 模型。

第四步：当形式化模型不可实现时，运用基于博弈（Game）的调试方法来修改不可实现的形式化需求模型。在博弈的过程中，验证工具通过扮演环境的角色来控制环境变量的输入值，用户通过扮演系统的角色来选择满足所有保证需求的系统变量的值。对不可实现的规范，验证工具 RATSY 通过遍历所有可执行路径，删去与可实现无关的需求和变量，来得到与规范可实现性相关的一组需求和变量（称为反例）。反例为一组不可控的环境输入值。系统需求的设计者或验证人员可通过反例对错误进行定位和修改，最终得到可实现的规范。

3 基于 PSL 的列控系统需求规范形式化建模与验证

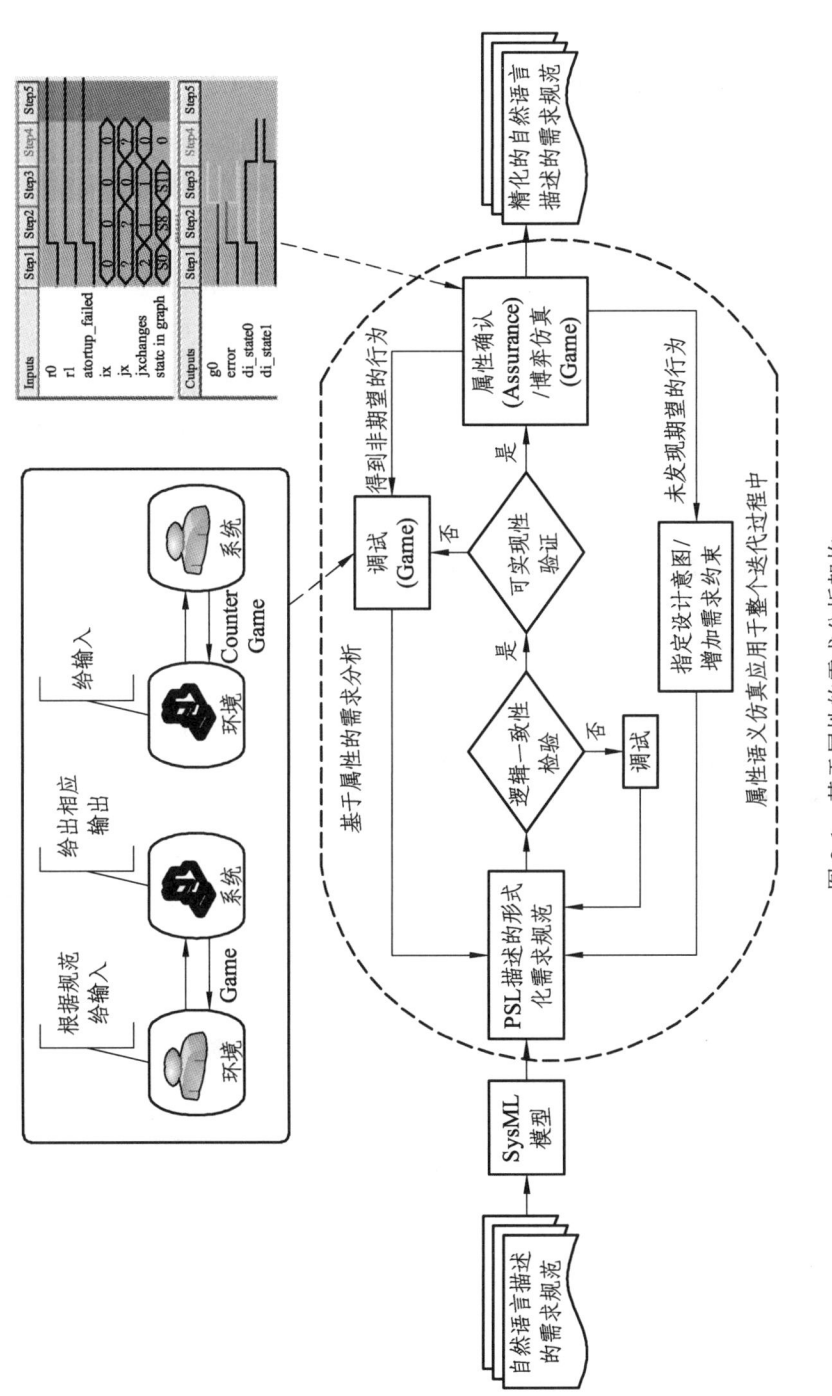

图 3-1 基于属性的需求分析架构

第五步：当需求可实现时，通过属性确认和基于博弈的仿真方法来进一步精化需求。通过属性确认可以检验形式化需求模型的严密性：是否由于约束过强而排除了期望的行为，是否由于约束不够而包含了非期望的行为，达到使需求模型更加精确的目的；通过基于博弈的仿真来对设计意图进行确认，若在仿真的过程中，未发现期望的系统行为，则需要指定设计意图，添加新的需求以满足设计的需要。

为了更好地说明本书中提出的基于 PSL 的需求规则建模与分析方法以及所开发工具的可用性，本章在第 2 章的基础上，从 CTCS-3 级列控系统规范中选取了 RBC 切换场景和模式转换场景，运用第 2 章提出的 SysML 语言以及其扩展概要文件进行建模。本章的部分模型从第 2 章所建立的 SysML 模型中进行选取，然后运用所开发的工具将 SysML 模型自动转换为形式化验证工具 RATSY 能识别的可执行模型，最后运用 RATSY 进行形式化验证分析。

3.2 "RBC 切换"场景规范的建模与分析

3.2.1 "RBC 切换"场景及假设

RBC 切换场景描述了列车车载设备与两个相邻 RBC 之间交互的过程。为了提高 RBC 切换效率，系统需求规范应能保证在列车不减速的情况下，尽可能确保列车安全、可靠快捷地实现 RBC 切换功能。RBC 作为 CTCS-3 级列控系统的地面核心设备，需要不断计算出与列车安全相关的行车许可以及临时限速等信息，这对于列车安全运行来说具有重要意义。而 RBC 切换场景也是 CTCS-3 级列控系统中最具代表性的流程之一。图 3-2 给出了 RBC 切换场景示意图。

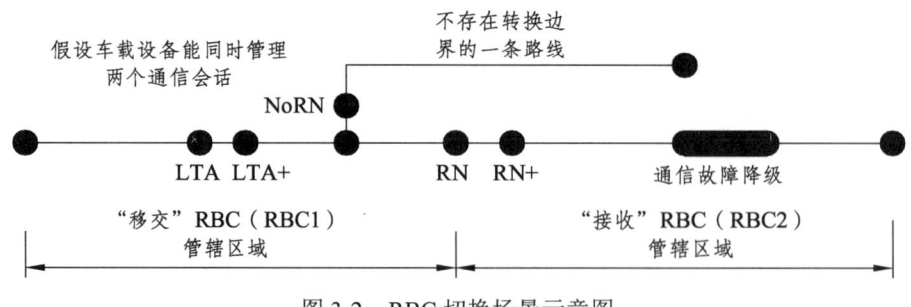

图 3-2　RBC 切换场景示意图

为了说明所提出的属性驱动的需求分析方法的有效性，本节在保证场景基本功能和操作过程不变的前提下，对场景进行如下设定：

（1）在 RBC 切换场景中，其基本功能都是通过车载和 RBC 设备的交互实现的，车载和 RBC 设备也是该场景中两个最主要的设备。因此，在该场景的建模和分析验证过程中，主要考虑车载设备和 RBC，而将其他地面设备的功能都归属于 RBC。

（2）在分析"RBC 切换"的需求规范中，本小节仅考虑两部电台都正常的情况，暂不分析只有一部电台正常工作时 RBC 切换的相关规范。

（3）在"RBC 切换"过程中会考虑因通信故障引起的降级情况。

（4）分析的部分模型会从 SysML 模型中进行抽取，对于和"RBC 切换"无关的信息，将不再作分析。根据模型之间的转换规则进行相应的自动化转换，从而便于进行分析验证。

（5）本章涉及的所有变量均为布尔变量。由于验证工具不能识别括号，因此将变量名进行简化，例如将 sendRBC2（CancelInfo）简化为 sendRBC2_CancelInfo；confirm（ ）简化为 confirm 等。发送的信息被认为是无延时的，例如 RBC1 向 RBC2 发送切换命令和 RBC2 接收到切换命令被定义为一个布尔变量 sendRBC2_switchCommand。

3.2.2 "RBC 切换"场景建模

1. 非形式化分析

将与 RBC 切换有关的规范分为以下三类：

（1）独立于场景的需求。

独立于场景的需求即该需求在每个场景中都需要激活，本案例中该部分需求为需求总图中的列控系统基本功能需求。

（2）依赖于场景的需求。

通过抽取 FSR、SRS、总体技术规范以及 RBC 技术规范中与 RBC 交接场景有关的需求来进行建模。

（3）潜在需求。

潜在需求虽然没有在规范中明确提出，但是这些需求约束隐含在规范中，例如互斥约束等。

2. 形式化/半形式化建模

利用 SysML 对 RBC 场景的建模如图 3-3 所示，每个分类都对应一个需求表，由于表中需求太多，所以相关需求不在需求图中表示，而单独用需求表进行表示。图 3-4～图 3-7 分别代表 SRS 需求表、RBC 技术规范需求表、总体技术规范需求表和互斥约束需求表。其中图右侧的<<FormalConstraint>>为对应的自然语言的形式化表示，<<FormalConstraint>>通过第 2 章设计的 SysML 扩展概要文件扩展而来，后续的形式化需求模型将从<<FormalConstraint>>中的形式化需求进行提取。

3.2.3 ReqTool 的自动化模型转换

利用所开发的工具 ReqTool 将所建立的 SysML 模型自动转换为 RATSY 能够识别的可执行分析模型的过程需要分三步进行：首先，对验证所需的变量和形式化需求约束进行提取；其次，选择其类型；最后，自动生成 RATSY 可执行文件，进入 RATSY 进行验证分析。

1. 变量及形式化需求提取

分别从第 2 章所建的模块定义图中提取带有标记<<PSLProperty>>和<<PSLOperation>>的变量，如图 3-8 所示。然后再从需求图中提取带有标记<<FormalConstraint>>以及<<VerificationProperty>>的约束，这里未将每个带有形式化约束的图一一进行列举，仅以需求总图为例，如图 3-9 所示。

2. 变量及需求类型选择

在变量及相关需求均提取完成后，分别对其类型进行选择，变量类型选择如图 3-10 所示。所提取的变量用带有复选框的列表来表示，复选框被选择的变量类型为系统变量"S"，否则为环境变量"E"。

变量类型选择完成后，进行需求的类型选择。这里的需求分为两种：构建形式化需求模型的需求和待验证的属性需求。构建需求有保证需求和假设需求两种类型，复选框被选择的需求为保证需求"G"，否则为"A"，如图 3-11 所示；待验证的属性需求有断言（Assertion）和可能性（Possibility）两种类型，复选框被选择的需求为保证需求"Assertion"，否则为"Possibility"，如图 3-12 所示。

3. 进入 RATSY 验证

前面几步均完成之后，点击"确定"按钮，将生成的可执行文件保存到用户指定的位置，然后点击"进入 RATSY"按钮，工具将调用 RATSY 进行分析验证。

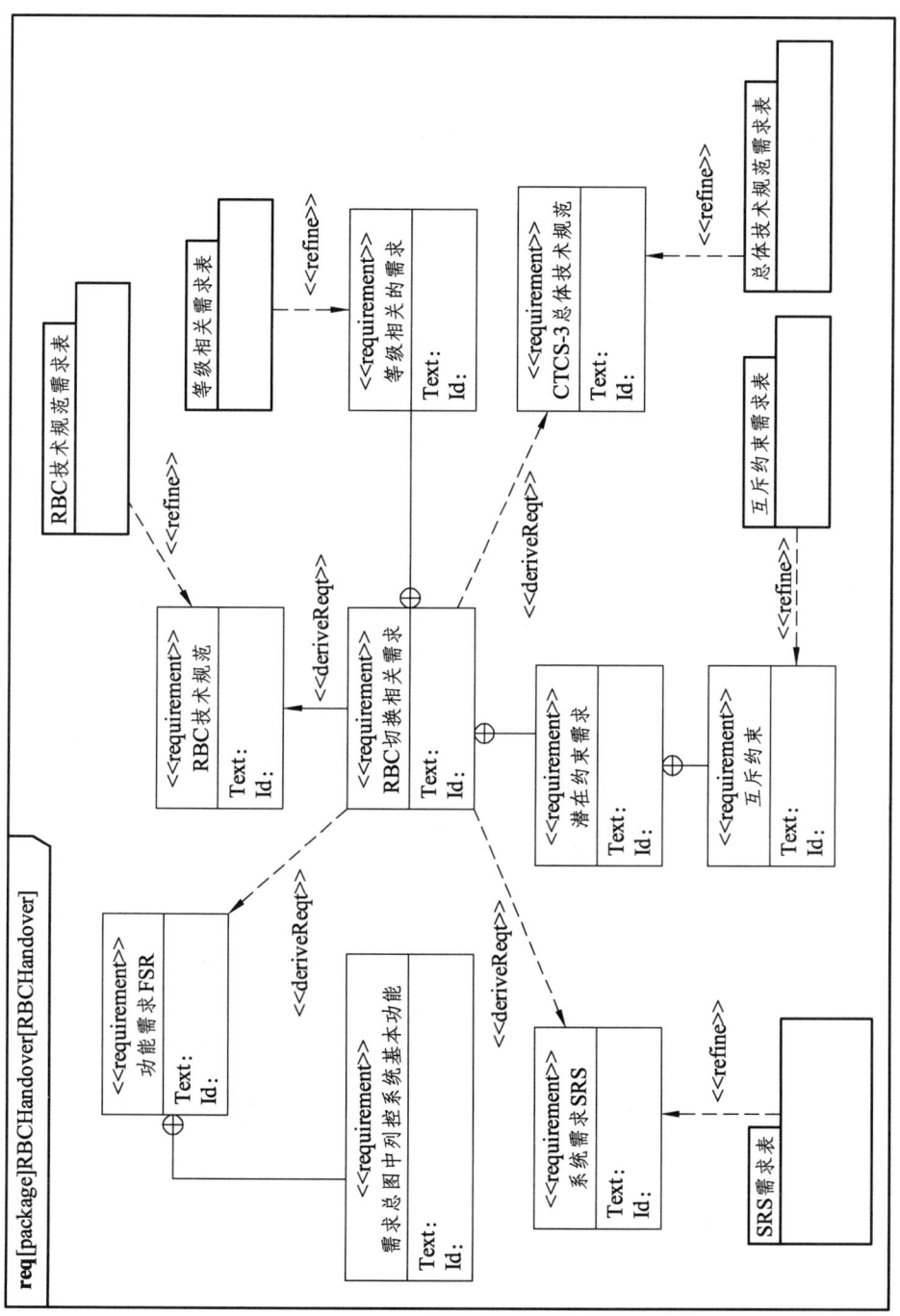

图 3-3 RBC 交接场景需求图

SRS需求表		
id	name	
3.12.1.1.1	R1	不论是两个无线电台都可用，或者是只有一个无线电台可用，列车都应能在无须司机参与的情况下从一个RBC区域行驶到另一个RBC区域
3.12.1.2.1	R2	当移交RBC检测到列车进入另一个RBC区域的进路已经建立时，应：a)向车载设备发送呼叫RBC命令；b)向接收RBC发送列车编号、边界位置、列车数据（可选）
3.12.1.2.2	R3	未收到接收RBC的相应信息时，移交RBC不应给车载设备发送边界前方与进路有关的信息
3.12.1.2.5	R4	当移交RBC收到位置报告且检测到列车最大安全前端已经通过了指定的位置（边界）时，应将边界前方与进路有关的信息转发给接收RBC
3.12.1.2.6	R5	当移交RBC收到位置报告且检测到最小安全后端已经越过了边界时，应向车载设备发送断开连接命令
3.12.1.2.8	R6	当移交RBC检测到必须取消向接收RBC的交接时，它应将该取消信息发送给接收RBC（包括列车编号）。下列情况可能触发取消流程：改变到一条不再包含边界的进路；车载设备发送了一条"任务结束"信息
3.12.1.3.2	R7	如果车载设备能同时处理两个通信会话，则一旦收到RBC切换命令后，应立即与接收RBC建立通信会话
3.12.1.3.3	R8	一旦车载设备与接收RBC建立了通信会话，就应向接收RBC发送列车数据，除非车载设备处于休眠模式
3.12.1.3.5	R9	当列车最大安全前端已通过边界时，车载设备直接向接收RBC发送位置报告，车载设备应使用从接收RBC收到的信息，而只从移交RBC接收断开连接命令
3.12.1.4.4	R10	如果接收RBC从移交RBC收到取消信息，应向车载设备发送终止通信会话的命令（如果通信会话已经建立）

R1 — «FormalConstraint» always(route->next(sendOBE_callRBC&&sendRBC2_TrainNum&&sendRBC2_RNInfo&&sendRBC2_TrainData))

R5 — «FormalConstraint» always(T_MinSafeRearEnd->next(sendOBE_comDisconnect))

R6 — «FormalConstraint» always(sendRBC2_switchCommand&&(L_NoRN||TaskOver)->next(sendRBC2_cancelInfo))

R7 — «FormalConstraint» always(sendRBC2_switchCommand->next(makeCommunication))

R8 — «FormalConstraint» always(makeCommunication&&(!SL)->next(sendRBC2_TrainData))

R9 — «FormalConstraint» always(T_MaxSafeFrontEnd->next(MA2))

R10 — «FormalConstraint» always(makeCommunication&&sendRBC2_cancelInfo->next(!makeCommunication))

图 3-4　SRS 需求表

3 基于 PSL 的列控系统需求规范形式化建模与验证

RBC 技术规范需求表

id	name	text	
列车注册	R1	若车载设备报告的位置不在 RBC 管辖范围，则 RBC 系统应命令车载设备关闭通信会话，通知 CTC 注销该列车的注册信息	<<FormalConstraint>> always(MA2->next(!makeCommunication &&logOffTrain))
列车注销	R2	若 RBC 与列车连接中断超过 T_trainDeregister，则 RBC 应注销该列车并通知 CTC。若 T_train Deregister 内接收到来自同一列车的呼叫，应对列车重新注册	<<FormalConstraint>> always(T_trainDeregister ->next(logOffTrain))
RBC 切换	R3	若列车位置报告中的参考应答器为 RBC 移交边界内的出口预告应答器，则 RBC 应向列车发送 RBC 移交命令信息包【P131】	
RBC 切换	R4	若接受了 RBC 移交命令信息包【P131】的列车不再通过 RBC 移交边界，则移交 RBC 应向列车发送终止与接收 RBC 通信会话的信息包	

图 3-5　RBC 技术规范需求表

总体技术规范需求表

id	name	text	
RBC 切换场景	R1	列车通过 LTA 后，车载设备应向 RBC1 发送位置报告	<<FormalConstraint>> always(LTA->next(sendRBC1_L_LTA))
RBC 切换场景	R2	RBC1 接收到位置报告后，RBC1 向车载设备发送切换命令，同时向 RBC2 发送移交列车预告信息和进路请求信息	<<FormalConstraint>> always(sendRBC1_L_LTA-> next(sendOBE_switchCommand &&sendRBC2_predictionInfo&& sendRBC2_routeReqInfo))
RBC 切换场景	R3	切换命令包括至 RN 的距离、RBC2 的 ID；移交列车预告信息包括车次号、车载设备工作模式、列车数据	
RBC 切换场景	R4	RBC2 接收到 RBC1 的进路请求信息后，应向 RBC1 发送进路信息，其中进路信息包括 MA 以及其他一些数据（在这里忽略其他信息，只考虑 MA）	

图 3-6　总体技术规范需求表

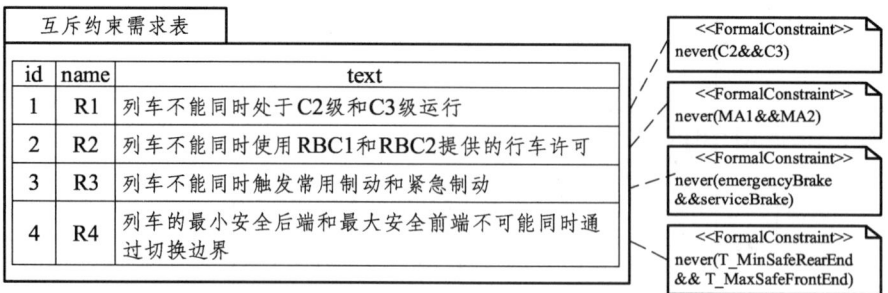

图 3-7　互斥约束需求表

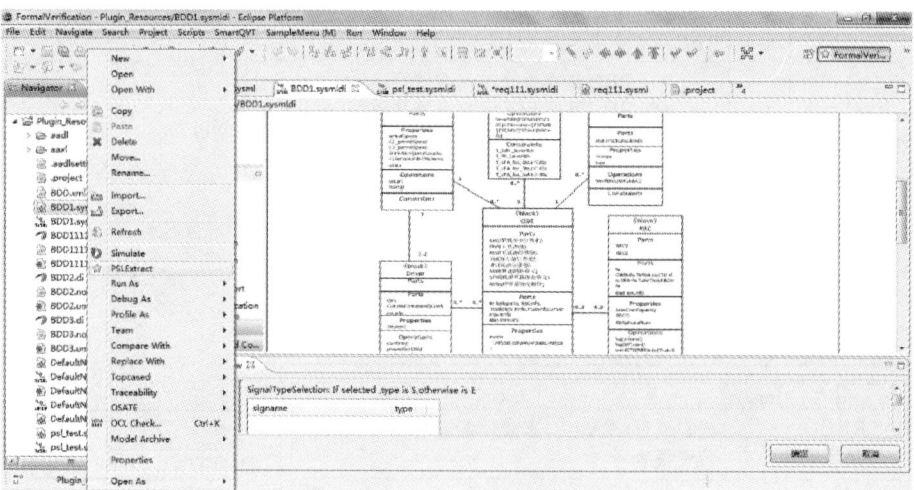

图 3-8　变量提取

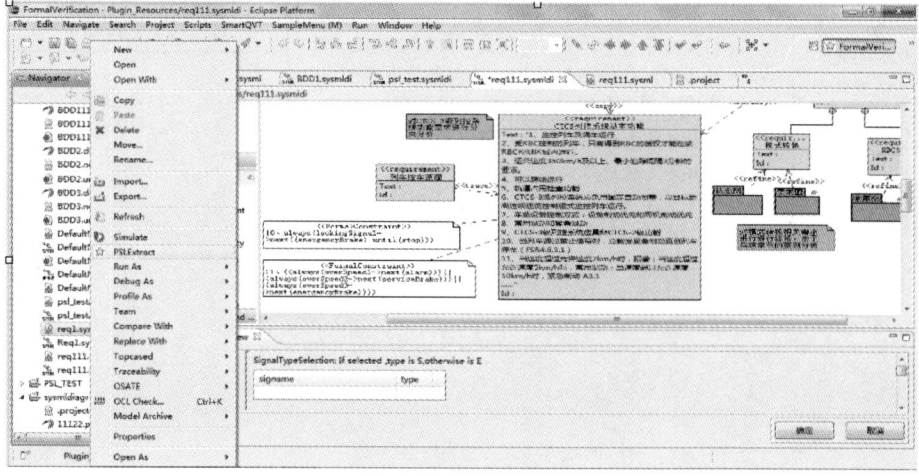

图 3-9　需求约束提取

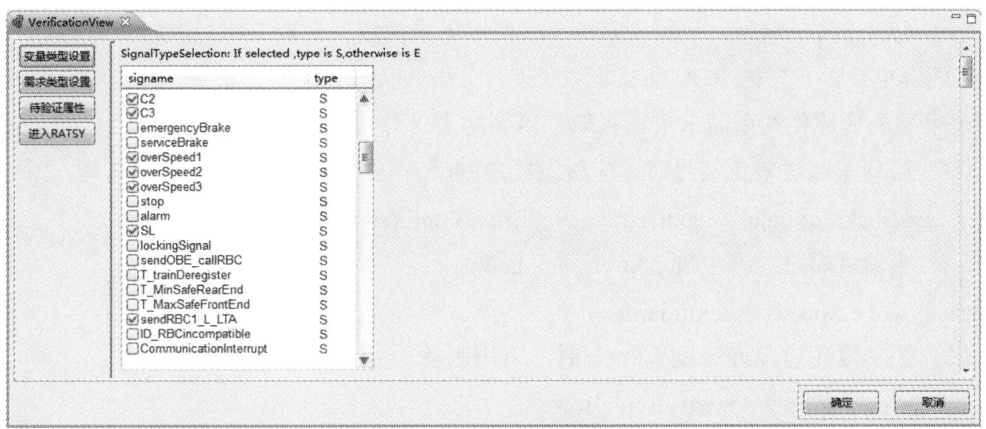

图 3-10　变量类型选择

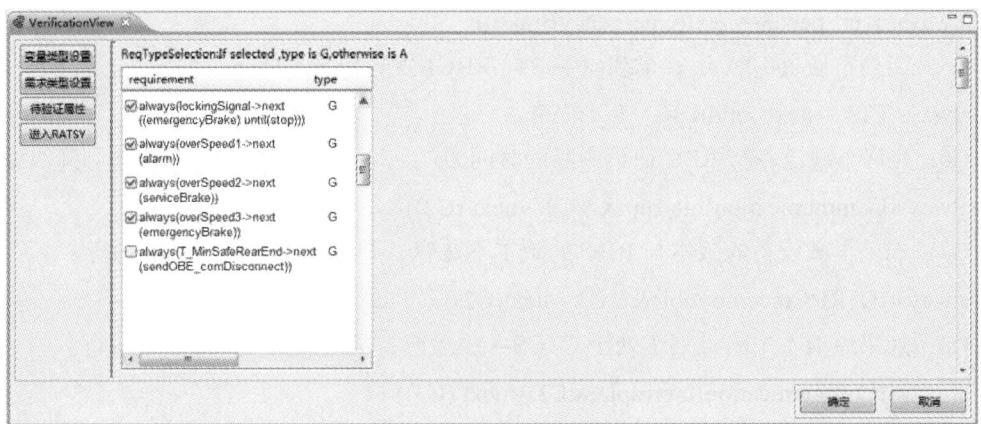

图 3-11　需求类型选择

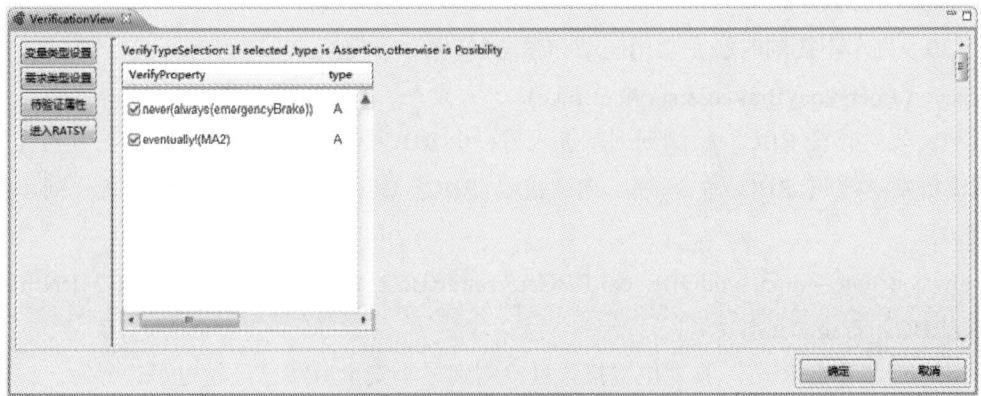

图 3-12　待验证属性类型选择

为了使叙述简单清晰，根据 CTCS-3 级列控需求规范，提取 RBC 切换运营场景的部分片段（两部电台都正常的 RBC 切换场景）进行分析，以车载设备为系统，其他均看作环境。对所建模型的形式化约束需求进行提取，得到的需求分析模型如下：

G1：当列车通过禁止信号时，应触发紧急制动直到列车停车。

always(lockingSignal→next((emergencyBrake) until(stop)))

G2：当速度超过允许速度 2 km/h 时，报警。

always(overSpeed1→next(alarm))

G3：当速度超过允许速度 5 km/h 时，常用制动。

always(overSpeed2→next(serviceBrake)

G4：当速度超过允许速度 10 km/h 时，紧急制动。

always(overSpeed3→next(emergencyBrake))

G5：当列车通过 LTA 后，车载设备应向 RBC1 发送位置报告。

always(LTA→next(sendRBC1_L_LTA))

G6：允许车载设备与 RBC 通信中断的时间为 7~20 s，一旦超过这段时间则降级处理。

always(CommunicationInterrupt&&C3→next (C2))

G7：如果车载设备的版本与 RBC 的版本不兼容，则触发车载设备降级运行。

always(ID_RBCincompatible&&C3→next(C2))

G8：如果通信不中断且列车处于 CTCS-3 级运行，则继续以 CTCS-3 级运行。

always(!CommunicationInterrupt&&C3→next (C3))

G9：列车不能同时处于 C2 级和 C3 级运行（互斥性属性）。

never(C2&&C3)

G10：列车不能同时触发常用制动和紧急制动。

never(emergencyBrake&&serviceBrake)

A1：当"移交 RBC"检测到列车进入另一个 RBC 区域的进路已经建立时，应：a）向车载设备发送呼叫 RBC 命令；b）向"接收 RBC"发送列车编号、边界位置、列车数据（可选）。

always(route→next(sendOBE_callRBC&&sendRBC2_TrainNum&&sendRBC2_RNInfo&& sendRBC2_TrainData))

A2：当"移交 RBC"收到位置报告且检测到最小安全后端已经越过了边界时，应向车载设备发送断开连接命令。

always(T_MinSafeRearEnd→next(sendOBE_comDisconnect))

A3：如果车载设备能同时处理两个通信会话，则一旦收到 RBC 切换命令后，应立即与"接收 RBC"建立通信会话。

always(sendRBC2_switchCommand→next(makeCommunication2))

A4：如果"接收 RBC"从"移交 RBC"收到取消信息命令，则应向车载设备发送终止通信会话的命令（如果通信会话已经建立）。

always(makeCommunication2&&sendRBC2_cancelInfo→next(!makeCommunication2))

A5：若 RBC 与列车连接中断超过列车注册时间，则 RBC 应注销该列车并通知 CTC。若在列车注册时间内接收到来自同一列车的呼叫，应对列车重新注册。

always(T_trainDeregister→next(logOffTrain))

A6：当"移交 RBC"接收到位置报告后，"移交 RBC"向车载设备发送切换命令，同时向"接收 RBC"发送移交列车预告信息和进路请求信息。

always(sendRBC1_L_LTA→next(sendOBE_switchCommand&&sendRBC2_predictionInfo&& sendRBC2_routeReqInfo))

A7：列车的最小安全后端和最大安全前端不可能同时通过切换边界。

never(T_MinSafeRearEnd &&T_MaxSafeFrontEnd)

A8：当"移交 RBC"检测到必须取消向"接收 RBC"的交接时，"移交 RBC"应将该取消信息发送给"接收 RBC"（包括列车编号）。发生下列情况可能导致取消流程触发：改变到一条不再包含边界的进路或车载设备发送了一条"任务结束"信息。

always(sendRBC2_switchCommand&&(L_NoRN||TaskOver)→next(sendRBC2_cancelInfo))

A9：一旦车载设备与"接收 RBC"建立了通信会话，应向"接收 RBC"发送列车数据，除非车载设备处于休眠模式。

always(makeCommunication2 &&(!SL)→next(sendRBC2_TrainData))

A10：列车最大安全前端已通过边界时，车载设备直接向"接收 RBC"发送位置报告，车载设备应使用从"接收 RBC"收到的信息，而只从"移交 RBC"接收断开连接命令。

always(T_MaxSafeFrontEnd→next(MA2))

A11：若车载设备报告的位置不在 RBC 管辖范围内，则 RBC 系统应命令车载设备关闭通信会话，通知 CTC 注销该列车的注册信息。

always(MA2→next(!makeCommunication1&&logOffTrain))

A12：列车不能同时使用"移交 RBC"和"接收 RBC"提供的行车许可。

never(MA1&&MA2)

待验证属性如下：

a1：检查列车是否一直处于紧急制动状态，死锁性验证。

never(always(emergencyBrake))

a2：列车最终是否切换成功。

eventually!(MA2) 可达性验证

RBC 切换描述了在不同 RBC 边界处，实现列车在两个相邻 RBC 间行车许可控制的安全切换过程。通过上述的转化，可初步得到一个形式化的需求分析模型如下：

$PA_{RBCTransition} = \langle \Gamma, \emptyset_A, \emptyset_P \rangle$

其中，

S={ emergencyBrake, serviceBrake, stop, overSpeed1, C2,C3, SL, L_NoRN, overSpeed2,overSpeed3, alarm, TaskOver, sendRBC1_L_LTA }

E={ lockingSignal, route, sendOBE_callRBC, sendRBC2_TrainNum, MA1, MA2, sendRBC2_RNInfo, sendRBC2_TrainData, T_MinSafeRearEnd, LTA , T_MaxSafeFrontEnd,sendOBE_comDisconnect,,sendRBC2_switchCommand, sendRBC2_cancelInfo, makeCommunication1,makeCommunication2, sendOBE_switchCommand,sendRBC2_predictionInfo, sendRBC2_routeReqInfo, CommunicationInterrupt, ID_RBCincompatible, T_trainDeregister }

R_G={G1, G2, G3, G4, G5, G6, G7, G8, G9, G10}

R_A ={A1, A2, A3, A4, A5, A6, A7, A8, A9, A10, A11, A12}

$\emptyset_A$ ={a1,a2}

$\emptyset_P$ ={ }

下面对"RBC 切换"场景需求进行形式化验证分析。其中，形式化需求中的属性变量的含义参见表 3-1。

表 3-1 RBC 切换场景形式化变量的含义

变量名	变量名在规范中的含义
lockingSignal	列车通过禁止信号
emergencyBrake	列车紧急制动
serviceBrake	列车常用制动
stop	列车停车

续表

变量名	变量名在规范中的含义
overSpeed1	列车速度超过允许速度 2 km/h
overSpeed2	列车速度超过允许速度 5 km/h
overSpeed3	列车速度超过允许速度 10 km/h
alarm	报警
route	进入 RBC2 的进路已建立
sendOBE_callRBC	向车载设备发送呼叫 RBC 命令
sendRBC2_TrainNum	向 RBC2 发送列车编号
sendRBC2_RNInfo	向 RBC2 发送边界位置
sendRBC2_TrainData	向 RBC2 发送列车数据
T_MinSafeRearEnd	列车最小安全后端通过切换边界
T_MaxSafeFrontEnd	列车最大安全前端通过切换边界
sendOBE_comDisconnect	向车载设备发送断开连接命令
sendRBC2_switchCommand	向 RBC2 发送切换命令，并成功接收
L_NoRN	列车通向一条不包含边界的进路
TaskOver	切换任务结束
sendRBC2_cancelInfo	向接收 RBC 发送取消切换信息
makeCommunication1	与 RBC1 建立通信会话
makeCommunication2	与 RBC2 建立通信会话
SL	休眠模式
MA1	移交 RBC 提供的行车许可
MA2	接收 RBC 提供的行车许可
logOffTrain	RBC 注销列车信息
LTA	列车通过 LTA
sendRBC1_L_LTA	向 RBC1 发送通过 LTA 的位置报告
sendOBE_switchCommand	向车载设备发送切换命令
sendRBC2_predictionInfo	向 RBC2 发送切换预告信息

续表

变量名	变量名在规范中的含义
sendRBC2_routeReqInfo	向 RBC2 发送进路请求信息
CommunicationInterrupt	车载与 RBC 通信中断时间超过 20 s
ID_RBCincompatible	车载设备与 RBC 的版本不兼容
T_trainDeregister	RBC 与列车连接中断超过注册时间
C3	列车以 CTCS-3 级运行
C2	列车以 CTCS-2 级运行

3.2.4 "RBC 切换"场景的形式化分析与验证

RATSY 从不同角度为用户提供了模型的多种检验和验证方法。它既可以对每条需求的语义进行仿真，确保需求语义的正确性；也为设计者提供了需求模型逻辑一致性检验、可实现性验证以及相关属性检验等多种验证和调试途径，对需求的分析工作具有重大意义。下面针对上一节得到的形式化需求模型进行分析和验证。

1. 对需求模型进行逻辑一致性检验

在得到一个初步的形式化需求模型后，首先要对需求模型内的需求逻辑进行一致性检验。逻辑一致的形式化概念能被直观地解释为"免于矛盾"。检验的目的是验证形式化片段中是否存在逻辑矛盾。一致性检验由专门的形式化验证算法来执行。逻辑一致性检验不仅为验证人员提供 yes/no 的答案，而且会提供不同形式的诊断信息。经检验，图 3-13 中构建的需求模型通过了一致性检验，即需求之间没有显式的逻辑矛盾。

2. 需求模型的可实现性验证和调试

对需求模型的一致性检验通过后，进行可实现性验证。直观地讲，可实现性就是检查是否存在可以实现该需求模型的系统。也就是说，当环境满足需求 A1 ~ A12 时，要存在一个系统满足 G1 ~ G10。验证后的结果如图 3-14 显示，即上面的需求模型是不可实现的。工具根据实现性的概念，自动删除与实现无关的约束和系统变量，保留约束 A1、A2、A4、A5、G7、G8 和 G9，而系统变量仅保留了 C2 和 C3。当验证需求为不可实现时，工具会提供相应的诊断信息（图 3-14 中左侧 Game Log）和反例（图 3-15）来帮助用户发现不可实现的原因。诊断信息中显示造成不可实现的原因可能是 C2 和 C3 的相关属性约束之间存在矛盾或约束错误，而在给出的影响实现性问题的需求约束中，与 C2 及 C3 有关的有 G7、G8 和 G9，说明这三个需求中存在问题。再通过所给的反例来看，CommunicationInterrupt 值为假，ID_RBCincompatible 值为真，C3 值为真，那么通过 G7 和 G8 得到的 C2 和 C3 值均为真，与 G9 发生矛盾。可以发现不可实现的原因为 G8 约束不够，所以将需求 G8 改为：always(!CommunicationInterrupt&&!ID_RBCincompatible&&C3→next(C3))。验证修正后的规范为可实现。通过以上交互式的博弈过程，可使设计者理解规范不可实现的深层原因，从而通过修正规范得到正确的形式化规范。

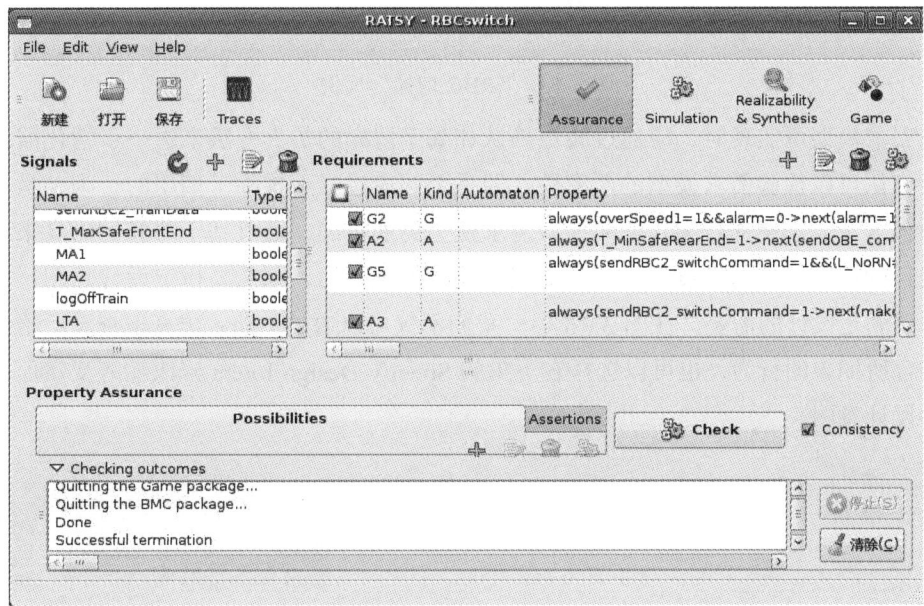

图 3-13 "RBC 切换"形式化需求模型的一致性检验

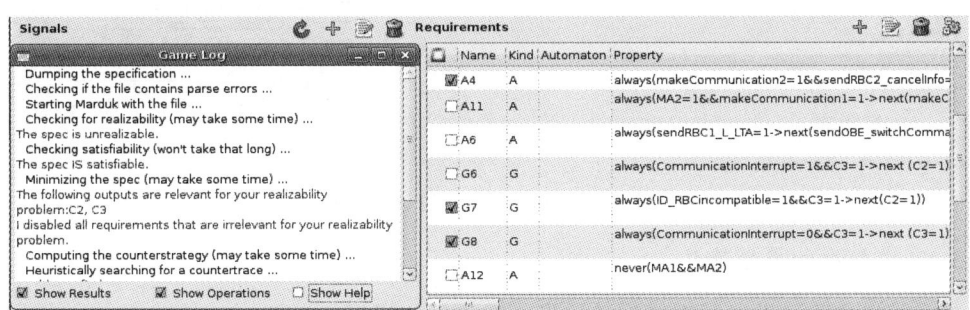

图 3-14 "RBC 切换"Game 诊断信息

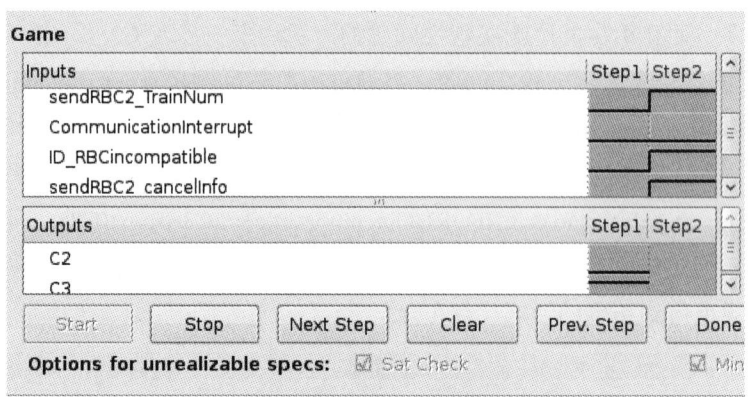

图 3-15 "RBC 切换"反例

当需求模型可实现时，应通过属性确认和基于博弈的仿真方法来进一步精化需求。通过属性确认可以检验需求模型的严密性，即是否约束过强而排除了期望的行为，是否约束不够而包含了非期望的行为，从而使得需求模型更加精确。通过基于博弈的仿真来对设计意图进行确认：若在仿真过程中，未发现期望的系统行为，则需要指定设计意图，添加新的需求以满足设计的需要。在图 3-16 中，我们不仅可以通过 Game 仿真来查看所给的轨迹是否符合所期望的行为，也可以选择右下角的 Specify Design Intent 修改输入变量值来指定自己的设计意图。

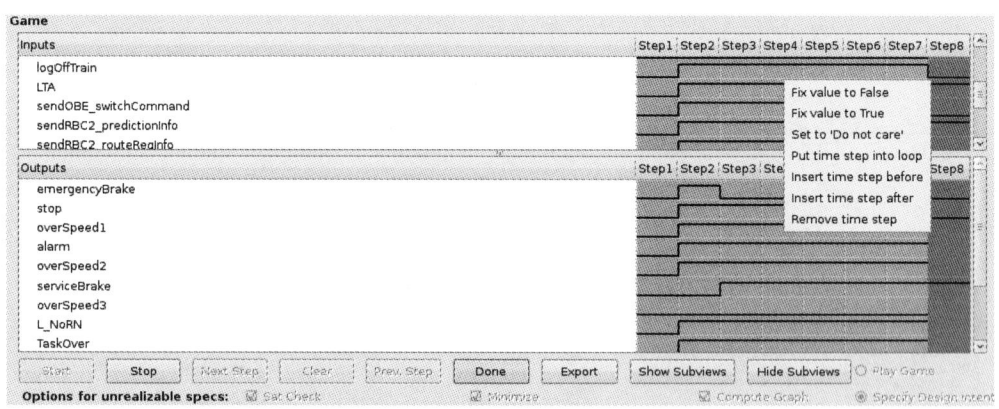

图 3-16 "RBC 切换"设计意图检验

3. 需求模型的属性确认

属性确认是验证需求模型精确性的另一种途径。通过 Assertions 检验需求约束是否不够，通过 Possibilities 检验约束是否过强。由于紧急制动会给列车制动系统造成过度磨损且会给乘客带来不适的感觉，所以列车不能长时间处于紧急制动状态。现对所构建的需求模型进行性质验证，以检验列车是否会长期处于制动状态以及最终列车是否切换成功。其中Assertion中的验证性质为：

a1：检查列车是否一直处于紧急制动状态。

never(always(emergencyBrake))

a2：列车最终是否切换成功。

eventually!(MA2)

验证结果如图3-17所示，图中a1不成立，a2成立。说明需求约束不够，使得列车一直处于紧急制动状态。所以我们将需求G4改为always(overSpeed3→next((emergencyBrake) until(!overSpeed3)))，再对性质a1进行检验即可通过。

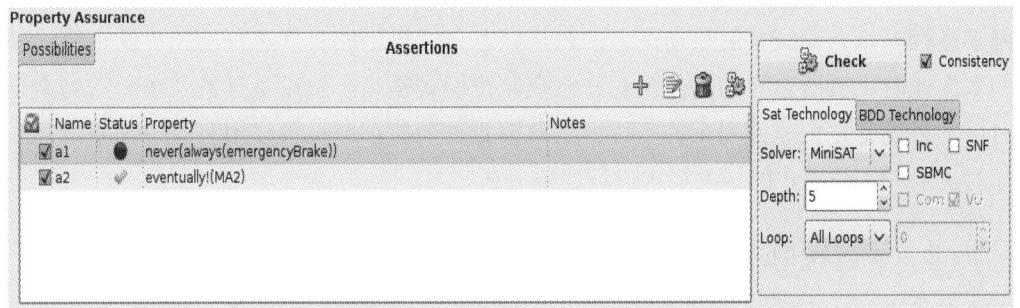

图3-17 "RBC切换"属性确认结果

Assertions所描述的属性需求模型的所有路径必须都满足，而Possibilities的验证意义不同于Assertions。Possibilities中的属性需求模型只要存在一条路径满足即可，从而保证了需求集约束的精确程度，不会因为约束过紧或约束不够而影响所刻画系统的准确性。

运用上面的方法进行不断迭代，发现列控需求规范中的缺陷和漏洞，例如某条需求可能存在约束不够或约束过强的问题，可以有效地解决需求规范的表意模糊和逻辑缺陷问题，并且能够在系统开发的初期对规范中的漏洞进行排查，提高需求的质量。这对于初步编写规范及对原有系统规范进行更新升级的工作具有重要的意义。

3.3 模式转换规范的建模与分析

由于模式转换场景和RBC切换场景的模型自动化转换过程类似，本节将不对模式转换场景的模型自动化转换过程进行说明，而直接对其进行建模分析验证。

3.3.1 车载设备工作模式及假设

模式转换是需求规范中的关键部分，描述了 CTCS-3 级列控系统的车载设备在不同工作环境中工作模式之间的转换。一旦工作环境发生变化，就需要进行相应的模式转换。模式之间转换的正确性是影响列控系统控制水平、运输能力和安全的重要因素之一。

车载设备的工作模式共有休眠、待机、隔离、完全监控、调车、冒进防护、冒进后防护、目视、引导 9 种。车载设备的工作模式在一定的条件下运用，当条件发生变化时，相应的工作模式也要发生变化。有些工作模式可以直接进行转换，而有些工作模式不能直接进行转换，只能间接转换。

为叙述简便，仅选取其中的待机模式（Stand By，SB）、调车模式（Shunting，SH）、完全监控模式（Full Supervision，FS）和隔离模式（Isolation，IS）进行建模分析。待机模式是列车进行自检和测试之后自动进入的默认状态，司机不能对其进行选择；调车模式是进行调车作业时司机所选择的工作模式；完全监控模式是当车载设备具备列车所需的全部数据时由车载设备完全监控列车的运行；隔离模式是列控车载设备停用时的一种隔离状态。下面对这 4 种工作模式的相关需求进行建模分析。

3.3.2 模式转换规范建模

以车载设备工作模式为系统变量、其他条件为环境变量进行建模，并将自然语言描述的需求转换为 PSL 形式化描述，然后进行分析验证。

G1：列控车载设备初始的工作模式为待机模式。

SB && !SH && !FS && !IS

G2：在某一时刻，CTCS-3 级列控系统应只能处于一种工作模式。

(always(SB ↔ !(SH||FS||IS)))&&(always(SH ↔ !(SB||FS||IS)))&&(always(FS ↔ !(SB||SH||IS)))&&(always(IS ↔ !(SB||SH||FS)))

G3：当列控车载设备停用时，须在停车情况下，操作隔离列控车载设备的制动功能，使车载设备进入隔离模式。在该模式下，车载设备不具备安全监控功能。该转换的优先级为 p1 级。

always(Iso_brake&&T_stop→next(IS))

G4：当系统工作于隔离模式，且列车停车、车载设备上电并恢复列控车载设备的制动功能时，车载设备应切换到待机模式。优先级为 p1 级。

always(T_stop&&Recover_brake&&OBE_awake &&IS→next(SB))

G5：当车载设备工作在 CTCS-3 级时，经 RBC 同意，列控车载设备转入调车模式后与 RBC 断开连接，车载进入调车模式。优先级为 p4 级。

always((!(Iso_brake&&T_stop)&&RBC_per_SH&&T_stop&&(SB||FS&&Open_desk))→next(SH))

G6：在车载设备当前工作模式是待机模式时，当车载设备接收到"MA+SSP+坡度"和所需的列车数据且"引导/调车区段的设置信息"不要求特殊模式时，车载设备应自动进入完全监控模式。优先级为 p4 级。

always(!(Iso_brake&&T_stop)&&Tdata _MA_Nospemode &&SB→next(FS))

G7：当车载设备处于调车模式时，司机关闭驾驶台或列车停车退出调车模式，车载设备应切换到待机模式。优先级为 p3 级。

always(!(Iso_brake&&T_stop) &&(!Open_desk || Exit_SH&&T_stop)&&SH→next(SB))

G8：在车载设备处于完全监控模式时，当司机关闭驾驶台，车载设备应切换至待机模式。优先级为 p3 级。

always(!(Iso_brake&&T_stop)&&!Open_desk &&FS→next(SB))

G9：调车模式应只能转换至待机和隔离模式或保持在调车模式。

always(SH→next(SB||IS||SH))

G10：当前处于隔离模式，则车载应只能切换至待机模式或保持隔离模式。

always(IS→next(SB || IS))

G11：系统处于待机模式，当条件 1、6、10 都不满足时，系统应仍处于待机模式，工作模式不发生转换。

always(!(Iso_brake&&T_stop||Tdata_MA_Nospemode||RBC_per_SH&&T_stop)&&SB→next(SB))

G12：系统处于隔离模式，当列车停车、车载设备上电和恢复列控车载设备的制动功能不能同时满足时，车载应保持在隔离模式工作。

always(!(T_stop&&Recover_brake&&OBE_awake) &&IS→next(IS))

A1：初始环境状态为列车停车，车载设备被唤醒。

T_stop && OBE_awake && !Iso_brake

A2：隔离车载制动功能和恢复制动功能是一对互斥的行为。

never(Iso_brake &&Recover_brake)

每个指定模式的转换都指定一个优先等级（用"px"表示，其中 x 表示优先等级的具体数值，数值越小代表优先等级越高），应避免同时出现两个等级转换时冲突的发生。例如，当从模式 SB 转换为 FS 时，转换的优先级为 p4，而从 SB 转换为 IS 时，转换的优先级为 p1，所以如需求 G6 所示，要在转换为 IS 的条件 1 不成立而条件 10 成立的时候才可以转换到 FS 模式，如果条件 1 成立，则优先转换到 IS 模式。同样地，其他的模式转换也要根据优先级做相应的处理。通过上述转化，可初步得到一个形式化的需求规范：

$PA_{RBCTransition} = \langle \Gamma, \emptyset_A, \emptyset_P \rangle$

S ={SB, SH, FS, IS }

E={Iso_brake,T_stop,Open_desk,Tdata_MA_Nospemode,RBC_per_SH,Exit_SH,Recover_brake, OBE_awake }

R_G ={ G1, G2, G3, G4, G5, G6, G7, G8, G9, G10, G11,G12}

R_A = {A1, A2}

$\emptyset_A$ ={ }

$\emptyset_P$ ={ }

下面对模式转换相关需求进行形式化验证分析。其中，形式化需求中的属性变量含义参见表 3-2，相关模式转换条件参见表 3-3。

表 3-2　模式转换中形式化变量的含义

变量名	变量名在规范中的含义
Iso_brake	隔离列控车载设备的制动功能
T_stop	列车停车
Open_desk	开启驾驶台
Tdata _MA_Nospemode	列车数据存储在车载设备和车载设备接收到 MA+SSP+坡度和"引导/调车区段的设置信息"不要求特殊模式
RBC_per_SH	司机请求调车模式后，从 RBC 接收到"允许调车"信息
Exit_SH	司机选择"退出调车模式"
Recover_brake	恢复列控车载设备的制动功能
OBE_awake	车载设备上电

表 3-3　模式转换条件编号

编号	模式转换条件描述
[1]	Iso_brake&& T_stop
[4]	!Open_desk
[6]	RBC_per_SH&&T_stop
[10]	Tdata_MA_Nospemode
[19]	Exit_SH&&T_stop
[25]	T_stop&&Recover_brake&&OBE_awake

3.3.3　模式转换规范的形式化分析与验证

对模式转换相关需求的形式化分析与验证过程与上述 RBC 切换场景相同。首先进行需求模型逻辑一致性检验，然后进行可实现性验证以及相关属性检验。

1. 对需求模型进行逻辑一致性检验

首先检验所构建的形式化需求模型之间的逻辑一致性，检验需求之间是否存在冲突。检验结果如图 3-18 所示，即通过了逻辑一致性检验。

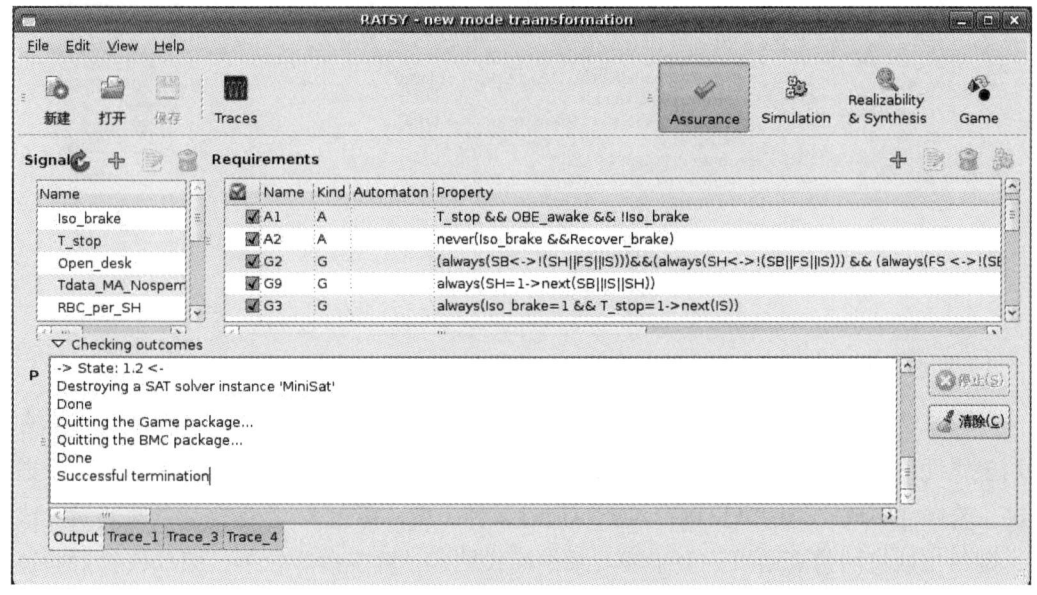

图 3-18　模式转换需求的一致性检验结果

2. 需求模型的可实现性验证和调试

对需求模型的一致性检验通过后，进行可实现性验证。对于形式化的规范，必须保证规范是可实现的。通过验证，上面的规范是不可实现的，如图 3-19 所示。工具根据实现性的概念，自动删除与实现无关的约束和系统变量，仅保留约束 G2、G5、G6 和工作模式 SB、SH、FS。工具通过搜索所有转换路径给出一个反例（图 3-19 中右边的仿真轨迹即为一个反例）。在 step1，系统初始化工作模式为待机模式（SB）。在 step2，E_Brake、Iso_brake 和 T_stop 同时满足，根据 G5 车载设备将切换至调车模式 SH，而根据 G6 车载设备将切换至完全监控模式 FS。但根据 G2 可知工作模式之间互斥，车载设备只能处于其中的一种工作模式。G2、G5 和 G6 三条需求之间存在冲突，考虑到实际情况，当车载设备处于待机模式时，RBC 不能既允许车载设备进入调车模式，又给车载设备发送行车许可 MA。由于对环境变量的约束过于松弛，导致规范为不可实现，因此需加入对环境变量的约束 A3：never（RBC_per_SH && Tdata_MA_Nospemode）。经验证，修正后的规范为可实现。通过交互式的博弈，使设计者理解规范不可实现的深层原因，通过修正规范来得到正确的形式化的规范。

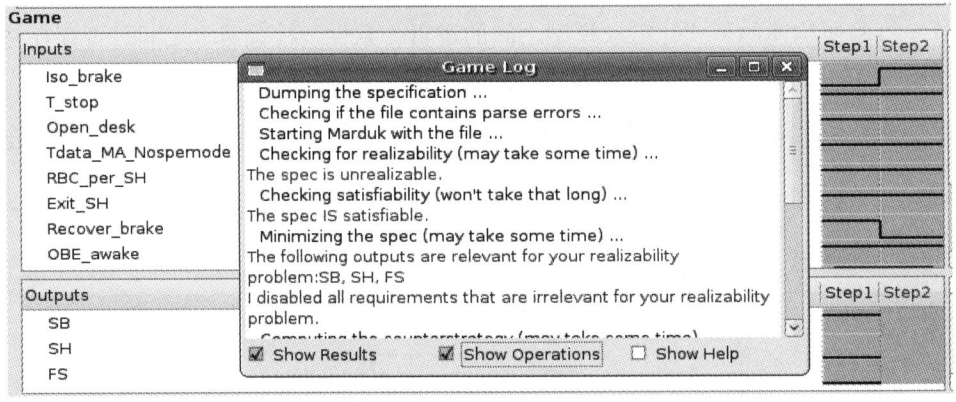

图 3-19 模式转换规范的 Game 诊断信息

3. 需求模型的属性确认

对模式转换相关需求进行属性确认，验证所构建的系统在模式转换过程中是否具有某些期望属性。对于所有的需求都必须成立的属性（用 a 标记），通过断言（Assertion）进行验证，若属性不成立将给出反例；对于可能性属性（用 p 标记），若存在某条轨迹满足该属性，则给出轨迹的仿真结果。由于涉及系统模式较多，验证内容较多，因此仅针对验证过程进行举例介绍。

（1）可达性验证。

例如 p1：eventually!(FS)，该属性表示系统可以从其他状态到达完全监控模式（FS）状态。验证结果为真，存在一条到达完全监控模式的轨迹，完全监控模式（FS）可达。

（2）互斥性验证。

例如 a1：always(never(SB&&SH))，该属性表示模式 SB 与模式 SH 互斥。验证结果为真，表明 SB 模式与 SH 模式具有互斥性。

（3）转移性验证。

例如 p2：eventually!(SB&&next(SH))，表示车载设备可以从待机模式切换至调车模式（SH）状态。验证结果为真，并得到一条满足该属性的轨迹（如图 3-20 所示），其中 step1 为初始化状态，系统从 step2 开始运行，经过一个转换步骤到 SH 模式。因此，系统可由 SB 模式到达 SH 模式，具有转移性。

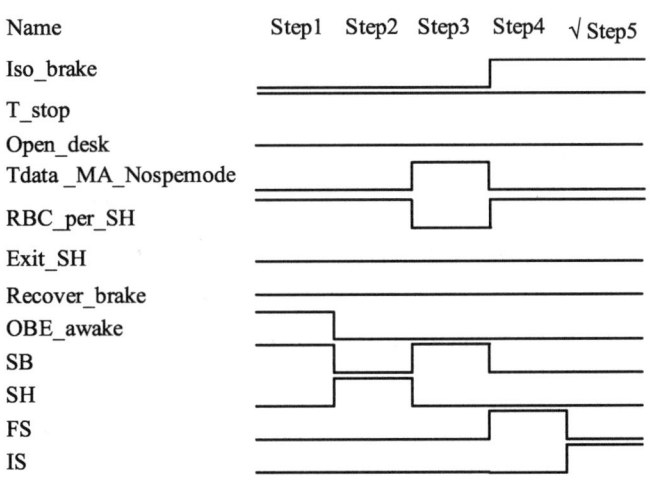

图 3-20　转移性验证仿真轨迹

（4）死锁性验证。

例如 a2：never(eventually!(always(SH)))，该属性表示系统不会在很长一段时间内停留在调车模式状态。验证结果为假（如图 3-21 所示），表明系统可能会长时间处于调车模式，会出现死锁现象，需要添加新的需求约束。车载设备处于调车模式下，列车在停车状态时，司机可再次按压调车键退出调车模式转入 SB 模式。

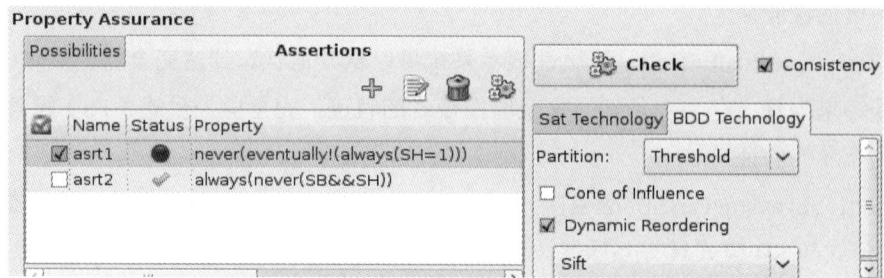

图 3-21　模式转换属性确认结果

参考文献

[1] Accellera. Property specification language reference manual version 1.1[EB/OL]. (2004-06-09)[2008-03-02]. http://www.eda.org/vfv/docs/PSL-v1.1.pdf.

[2] Object Management Group. Unified Modeling Language: Superstructure, version 2.0 [EB/OL]. (2009-08-20) [2009-09-02]. http://www.omg.org/docs/formal/09-02-02.pdf.

[3] Object Management Group. UML Testing Profile [EB/OL]. (2012-05-09) [2012-05-30]. http://www.omg.org/spec/UTP/1.1.

[4] Object Management Group. A UML Profile for MARTE: Modeling and Analysis of Real Time Embedded systems [EB/OL]. (2012-09-07) [2012-09-21]. http://www.omg.org/spec/MARTE/1.1.

[5] X Xu, L Wang, H Zhou. A UML profile for framework modeling[J]. Journal of Zhejiang University Science, 2004, 5(1): 92-98.

[6] 赵林，唐涛，刘超，刘金涛，李宪. 基于 UML 扩展机制的列控系统建模方法研究[J]. 铁道学报，2011，33（12）：65-71.

[7] R Bloem, R Cavada, A Cimatti, et al. RATSY-A new Requirements Analysis Tool with Synthesis[C]//Computer Aided Verification, 22nd International Conference. Berlin: Springer-Verlag, 2010: 425-429.

[8] R Alur. Techniques of Automatic Verification of Real-Time Systems[D]. Palo Alto, California: Stanford University, 1991.

[9] O Maler, D Nickovic, A Pnueli. Checking temporal properties of discrete, timed and continuous behaviors[C]//Pillars of Computer Science. Berlin: Springer, 2008: 475-505.

[10] A Cimatti, M Roveri, A Susi, S Tonetta. From Informal Requirements to Property-Driven Formal Validation[J]. Formal Methods for Industrial Critical Systems, Lecture Notes in Computer Science, 2009, 5596: 166-181.

4
基于混成自动机模型的系统安全分析方法

本章首先介绍了混成自动机的基本语法以及形式化分析和验证的基本原理,其次设计了用于描述混成自动机模型的 HUML 概要文件[1-6]。对于混成自动机的验证[7],传统的分析方法包括有界模型检验[8-11](Bounded Model Checking,BMC,如 HYSAT[12,13]、BACH[14]等)和多面体计算(如 HYTECH[15-17]、PHAVer[18,19]等)。由于多面体计算的方法限制了待验证系统的规模,所以这种类型的验证工具主要应用于小规模的系统验证,而不适用于规模较大的系统。虽然 BMC 执行效率较高,却只考虑到了模型的执行步数,而没有考虑到混成系统可执行路径的运行时间。列控系统属于实时系统,计算有界时间内系统的安全性比单纯验证有限步数内模型的可执行路径更有实际意义。因此,本章首先针对含有不确定控制参数的混成自动机模型进行分析,根据列车具体的控制需求和目标得到不确定控制参数的可行解或安全约束范围。其次,为了解决非线性混成自动机模型的安全性验证问题,借助于 HySAT 能够处理非线性微分方程的特点,提出时间有界的可达性分析方法,研究时间有界的列车在线安全验证算法。该算法包含单条执行路径的搜索算法和多条执行路径的回溯搜索算法。所提出的算法能够计算混成自动机模型在将来某段时间内的所有可执行路径,以实现在线监控列车运行安全性的目的,从而有效降低传统形式化验证算法的应用难度。

4.1 混成自动机概述

混成自动机(Hybrid Automata,HA)[20-23]以有限状态机为基础,由系统状态和状态迁移两部分组成。系统状态(Location)之间通过离散跳转控制状态之间的切换,同时系统状态内部的系统状态变量又是连续变化的。系统状态之间的离散切换过程由迁移(Jump)表示和控制，连续变化过程由系统状态变量在系统状态内部的微分表达式（Flow Condition）和不变约束集（Invariant Condition）描述。状态迁移一般由源状态（Source Location）、迁移卫式（Guard）、置位条件（Reset）和目标状态（Target Location）组成。

4.1.1 混成自动机的定义

1. 定义1 混成自动机 HA 的构成部分

Variables 表示变量的集合。$X = \{x_1, \cdots, x_n\}$ 是一个关于实数变量的有限集合，其中 n 表示自动机状态变量的维数。有限集 $\dot{X} = \{\dot{x}_1, \cdots, \dot{x}_n\}$ 是集合 X 的一阶导数，表示连续变化时变量的变化率。$X' = \{x'_1, \cdots, x'_n\}$ 表示经过离散切换后状态变量的值。

有限的有向多重图为 (*Vertices*, E)，节点 *Vertices* 表示控制模式（Control Modes），边 E 表示控制开关集合（Control Switch Sets）。

init、*inv* 和 *flow* 是节点的三个标记函数，每个控制模式（Control Modes）$v \in V$ 都具有三个函数 *init(v)*、*inv(v)*、*flow(v)*，其中初始条件 *init(v)* 和不变条件 *inv(v)* 为来自集合 X 中的自由变量的函数，流条件 *flow(v)* 为集合 $X \cup \dot{X}$ 中变量的函数。

跳转条件（Jump Conditions）为 jump，边的标记函数为 *jump(e)*，其中 $e \in E$，*jump(e)* 是集合 $X \cup X'$ 中变量的函数。

事件的集合为 Σ，边的标记函数 **event**：$E \rightarrow \Sigma$ 为每一个控制边（Control Switch）赋予一事件。

混成自动机的模型的一般描述如图 4-1 所示。线性混成自动机（Linear Hybrid Automata，LHA）是混成自动机的子集，LHA 除了具有混成自动机的一般定义外，还具有特殊的性质。

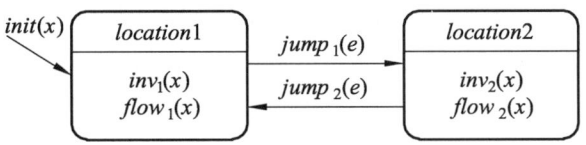

图 4-1 混成自动机模型

2 定义2 线性混成自动机 LHA 的构成部分

变量（Variables）：用实值变量的有限有序集 $X = \{x_1, x_2, \cdots, x_n\}$ 对自动机的连续行为进行建模。$\{a_1, a_2, \cdots, a_n\}$ 为 X 的值，且其为 n 维实值空间 $\mathbf{R}^n$，a 是由变量 x_i 到值 a_i 的映射函数。线性不等式是线性表达式组成的关系式，凸集是有限线性不等式的合取，如 $x_1 \geq 6 \wedge 5x_2 \leq x_3 + 7/3$，非凸集可以用凸集的析取表示。

位置结点（Locations）：控制模式（Control modes）通过位置结点（Locations）建模，自动机的状态（v, s）由一个位置结点 v（Location）和一个对应的估值函数 s（Valuation）组成。运用域（Region）的概念作为状态的集合。

初始条件（Initial Condition）：指定的初始位置结点（Initial Location）和用于定义集合 X 中变量初始值的初始函数 ϕ_0。

不等条件约束（Invariant Conditions）：每个位置结点标记有集合 X 的凸集函数 $inv(v)$，该函数是关于位置结点 v 的不等式。只有当 $inv(v)$ 为 True 时，活动状态处于自动机位置结点 v 内部；当 $inv(v)$ 为 False 时，系统将跳出该状态。所以可以用不等式约束集控制位置结点内部的活动。对于状态（v, s），主要考虑估值函数 s 满足位置结点 v 的不等式函数 $inv(v)$。这种状态称为可达的（Admissible）。

迁移（Transitions）：离散事件通过位置结点（Locations）之间的迁移（Transitions）进行建模。每一迁移由置位集合（Update Set）和跳转条件（Jump Condition）标记。其中置位集合 Y 是集合 X 的子集，跳转条件（Jump Condition）是定义域为 $X \cup \dot{Y}$ 的凸映射 ψ 的函数，其中 $Y = \{y_1, y_2, \cdots, y_n\}$，$Y' = \{y'_1, y'_2, \cdots, y'_n\}$。变量 x_i 表示迁移之前的值，y'_i 表示发生迁移之后的值，只有集合 Y 中含有的变量能够通过迁移进行置位。将可达状态 (v, s) 和 (v', s') 之间发生的迁移，表示为 $(v, s) \xrightarrow{\iota} (v', s')$。只有在以下两种情况同时成立时，迁移才会发生：

（1）$\psi[X, Y' := s, s'[Y]]$ 为真（$s[Y]$ 表示集合 Y 中变量的约束）。

（2）对于所有变量 $x_i \in X, Y$，$s_i = s'_i$ 成立，即只有 Y 集合中的变量能被置位。

由非凸函数表示的跳转条件（Jump Conditions）可以通过分解的迁移进行建模。如果状态 (v', s') 可以由状态 (v, s) 通过迁移到达，可达状态可定义为二元迁移关系：$(v, s) \xrightarrow{\sigma} (v', s')$。假定对于瞬时迁移（Urgent Transition）u，如果 $(v, s) \xrightarrow{u} (v', s')$，则对于满足 $inv(v)$ 的所有值 s_0，存在 s'_0 使得 $(v, s_0) \xrightarrow{u} (v', s'_0)$ 成立。迁移是否有同步标签是可选择的，同步标签用于混成自动机的复合。

流条件（Flow Conditions）运用 $\dot{x}$ 表示变量 $x \in X$ 的变化率，且 $\dot{X} = \{\dot{x}_1, \cdots, \dot{x}_n\}$。每一个位置节点（Locations）具有 $flow(v)$ 标记函数，称为位置节点 v 的流条件。对给定位置节点，流条件对变量的变化率进行约束。

定义时间连续关系（Time-step Relation）$\xrightarrow{\tau}$，如果① $v = v'$，② 存在实数 $\delta \geq 0$，③ 存在函数 $f : [0, \delta] \to \mathbb{R}^n$ 同时满足时，连续状态的变化关系表示为 $(v, s) \xrightarrow{\tau} (v', s')$。其中对于条件③需要同时满足：a. $f(0) = s$，b. $f(\delta) = s'$，c. 对于所有的时间 $t \in [0, \delta]$，$f(t)$ 满足

$inv(v)$,且 d. 对于所有的时间 $t \in (0, \delta)$,$\left(\dfrac{\mathrm{d}f_1(t)}{\mathrm{d}t}, \dfrac{\mathrm{d}f_2(t)}{\mathrm{d}t}, \cdots, \dfrac{\mathrm{d}f_n(t)}{\mathrm{d}t} \right)$ 满足 $flow(v)$。

4.1.2 混成系统的可达性及安全性验证

在混成系统的分析过程中,计算混成系统的可达集[24]是验证问题的核心所在。在任何瞬时时刻,混成自动机的状态 (v, s) 由位置节点 v 和该位置节点所满足的约束集 s 共同组成。当自动机的位置节点集合为 V 而且是 n 维变量时,定义状态空间为 $V \times \mathbf{R}^n$。

域集 W 是系统状态的集合。对于域集 W,定义 $post(W)$ 为域集 W 的后继状态集,也即 $post(W)$ 表示通过迁移或时间的变化从 W 出发可达的所有状态。前向可达域集定义为有限集 $post^*(W) = \bigcup_{i \geqslant 0} post^i(W)$,该可达集是从域集 W 开始,经过有限步后的所有可达集。同样,定义 $pre(W)$ 为域集 W 的前继状态集,后向可达域集定义为有限集 $pre^*(W) = \bigcup_{i \geqslant 0} pre^i(W)$。

在实际应用中,系统的安全验证问题都可以看作可达性计算问题。通常,系统包含一个特殊的监控过程,可通过该过程检测系统是否进入危险状态,从而判定控制策略的执行是否会违反系统安全性需求。根据系统的安全性需求,需要定义系统的危险状态集为 Y,同时定义系统的初始状态集为 I,状态 (v, s) 为 I 中的某一初始状态(v 表示系统的初始位置节点,s 满足系统的初始约束集),根据前向可达集计算,当 $post^*(I) \cap Y = \varnothing$ 时,系统满足安全性需求,否则,系统不满足安全性需求。后向可达集算法如图 4-2 所示,其中 $Post_c(R)$ 表示连续演化集合,$Post_d(R)$ 表示离散转移集合。根据后向可达集计算,当 $pre^*(Y) \cap I = \varnothing$ 时,系统满足安全性需求,否则,不满足安全性需求。

Initiation

$R := Init$

$R' := \varnothing$

While $R \neq R'$ **do**

begin

$R' := R$

$R_c := Post_c(R)$

$R_d := Post_d(R)$

$R := R \cup R_c \cup R_d$

end

$Reach := R$

图 4-2 混成系统后向可达集算法

4.2 基于混成自动机模型的不确定控制参数分析方法

列车运行控制系统属于典型的安全苛求系统,确保系统的安全性是系统设计和开发过程中最重要的工作之一。为了解决混成自动机模型中含有不确定参数的验证问题,提出基于混成自动机模型的不确定控制参数分析方法[25-27],该方法的基本流程如图4-3所示。具体的分析步骤如下所述:

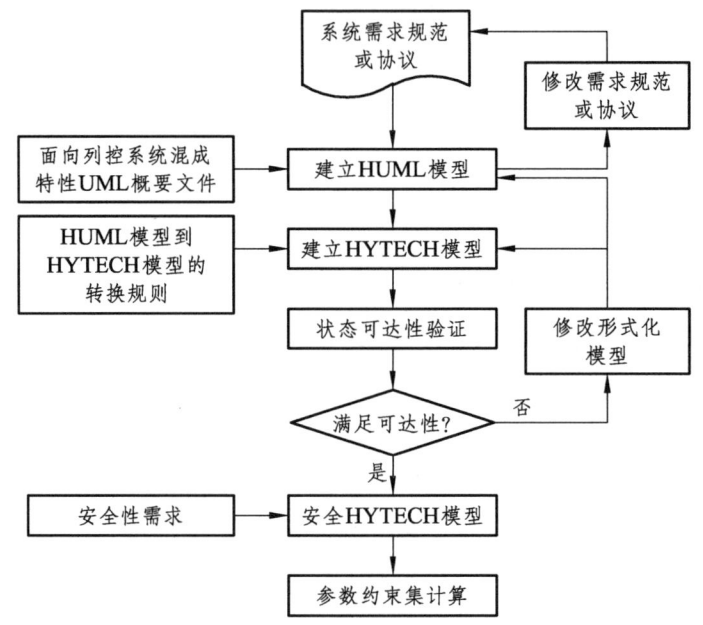

图4-3 基于混成自动机模型的不确定参数分析方法基本流程

第一步,根据系统的需求规范或者协议文件,通过合理抽象并运用混成UML概要文件,建立系统的线性混成自动机模型(HUML模型)。所建立的抽象模型可能含有未知参数变量,模型转换过程必须满足转换的一致性。定义由HUML模型到HYTECH模型的转换规则。

第二步,根据HUML模型到HYTECH模型的转换规则,将HUML模型转换为HYTECH抽象可执行模型。定义模型的初始状态,并对HYTECH模型进行可达性分析,以判定该模型的所有状态(不包括危险状态)是否具有可达性属性。当模型不满足状态可达性时,需要对模型进行修改,直到满足可达性为止。当满足可达性后,可以进入下一步的分析。

第三步,将系统的安全性需求定义为Final_region,则新模型中包含了与安全性相关的指标。对新建立的HYTECH模型进行可达性分析,计算系统所含不确定控制参数需要满足的约束不等式集合。当参数取值满足该约束集时，模型将满足安全性需求，否则不满足安全性需求，需修改对应的控制模型，修正模型控制参数的取值，直到得到满意的控制参数为止。

4.2.1 由 HUML 模型到 HYTECH 模型的转换规则

根据 HYTECH 模型的结构定义[16]，将扩展后建立的 HUML 模型转换为 HYTECH 形式化模型，其主要包括的内容如图 4-4 所示。

```
----define the system variable
var
        x, v, a, …: analog;
    t,…: clock;
    delta, D_acc, D_rele, D_sb, …: parameter;
----system description
automaton controller
synclabs: ;
initially idle;
loc idle: while x<=D_acc & x=xl-xf & … & t<=delta wait { dxf=0, dvf=0, …}
    when x>=D_sb & vf=220 do {af'=0, t'=0} goto max_speed;
        …
    loc max_speed: …
loc crash: while True wait {}
end
----analysis commands
var
init_reg, final_reg, reached, reached_final: region;
init_reg := loc[controller]=idle & x>800 & … & 200<=D_eb & D_eb<=D_sb & D_sb<=D_rele &
        D_rele<=D_acc & D_acc<=3000 & delta=3;
final_reg := x>=7000 | x<=400 & vf>0 | loc[controller]=crash;
reached := reach forward from init_reg endreach;
reached_final := reached & final_reg;
```

图 4-4 转换后的 HYTECH 模型片段

HYTECH 模型由一个或多个自动机模块（Automaton）和系统分析操作指令两部分组成。

1. 自动机模块

HYTECH 模型中的自动机模块对应 HUML 的扩展类（<<Agent>>）和扩展状态机中的状态（<<mode state>>），包含系统的静态属性及动态行为描述。每个自动机包含一个或者多个状态（Loc），以及所有离散状态之间的迁移（Transition）。每个 Location 包含对应离散状态的 invariant condition 和 flow condition 描述。完整的自动机模块由变量声明（Var）、标签定义（Synclabs）、状态描述（Loc）以及迁移过程（Transition）的定义等几部分内容组成。

（1）系统变量声明。

离散状态（Loc）的连续变量类型有模拟型（Analog）、时钟型（Clock）、计时型（Stopwatch）等，其中 Clock 的变化率为 1，Stopwatch 的变化率或为 0 或 1，Analog 类型变量的变化率没有限制。离散控制变量对应 discrete 类型变量，其变化率为 0。待确定的参数值为 parameter 类型的变量，其变化率为 0 且不能进行赋值。常量的声明由 define 语句进行定义。

（2）标签定义。

标签定义以关键字 Synclabs 作为标记。标签的定义主要是用于同步各自动机的共享事件，尤其在并发分布式系统中具有重要的作用。标签与 HUML 模型中的迁移触发事件相对应。

（3）状态描述。

状态以关键字 loc 作为标记。在离散状态 loc 中，flow condition 对应于 wait 关键词所标记的内容，用于描述状态 loc 所包含变量的变化率，一般是由区间或常量表示。invariant condition 对应于 while 关键词标记的内容，描述状态所含变量须满足的不等式约束集。

（4）迁移过程的定义。

迁移过程的具体定义以关键字 when 开始。每一迁移对应于一条 when…do…goto 语句。loc 关键词标记对应迁移的源状态（Source Location），when 关键词后对应迁移的迁移卫式（Guard），do 关键词后对应迁移的置位表达式（Reset），goto 关键词后对应迁移的目标状态（Target Location）。当守卫条件无约束时，guard 为 True。发生迁移后变量的值保持不变，则 Reset 可以表示为 $v'=v$（v' 表示变量 v 的下一状态，v 表示变量 v 的当前状态）。当发生迁移后，变量的值不确定表示为 $x'=x$。

2. 系统分析操作指令模块

分析操作指令部分包括 region 变量的声明（包括 initial_region 和 final_region）、系统的组成结构以及根据待分析模型的不同声明形成不同的分析操作指令。在进行安全分析时，

final_region 一般为危险状态集，用于描述系统最终所处的状态，对应于系统的安全性需求的形式化描述；Initial_region 定义了组成系统的自动机组合和各自动机中的变量所满足的初始状态集，对应于 HUML 所包含的扩展类（Agent）和各自动机的初始状态集（Initial Constraint）。

4.2.2 混成自动机模型中不确定参数的安全约束集分析原理

HYTECH 模型通过计算系统的可达集来分析系统模型的未知参数。可达集的计算分为前向可达集计算和后向可达集计算两种。"reach forward from〈reg_exp〉endreach"用于表示前向可达集计算的操作指令，其中 reg_exp 表示系统的初始状态集合。当 final_region 与可达集的交集为空时，表示形式化模型满足系统的安全性需求；否则，形式化模型不满足安全性需求。"reach backward from〈reg_exp〉endreach"表示后向可达集计算指令，其中 reg_exp 一般为 final_reg，在安全分析中，final_reg 一般表示危险状态集合。通过不断向前迭代的方式，当 final_reg 的可达集与 initial_reg 的交集为空时，表示形式化模型满足系统的安全性需求；否则，不满足安全性需求。

4.3 基于混成自动机模型的列车运行状态在线监控算法

为了验证包含有非线性的流条件或不等式约束的混成自动机模型，利用 HySAT 能够处理非线性微分方程的特点，本章提出时间有界可达性的验证方法。该方法借助于 HySAT 能够处理非线性方程的特点，在给定的系统运行间隔的情况下，对系统的所有可执行的路径进行深度优先遍历，最后得到在有限时间内的所有可达路径，并根据所得到的所有执行路径，验证有界时间内混成系统的安全性。

时间有界在线安全监控方法的基本流程如图 4-5 所示，具体分析步骤如下：

（1）运用 UML 建立混成自动机模型。在所建立的混成自动机模型中，状态的不变集和流条件可以是非线性函数表达的约束条件。

（2）将上一步建立的 HUML 混成自动机模型转换为 HySAT 能够进行分析处理的混成自动机模型。主要是对混成自动机的迁移条件进行适当的改变，将由不等式表示的迁移卫式（Guard）转换为由等式表示的迁移条件。

（3）根据转换得到的混成自动机模型，将自动机模型转换为各离散状态的 HySAT 模型，每个状态的 HySAT 模型是一个独立的.hys 文件。

（4）在给定系统运行时间的基础上，运用本章将提出的仿真算法计算系统的所有可能的执行路径。

（5）根据计算得到的所有执行路径，分析判断所建立的模型是否满足系统需求或约束的规定。如果有不满足要求的路径或状态出现，则需要修改系统的参数或控制模型，继续进行上述分析过程；如果满足则结束。

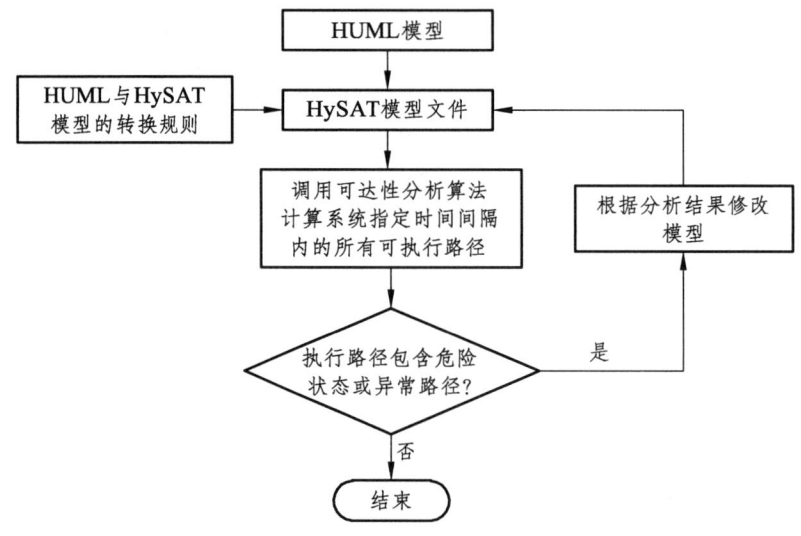

图 4-5　时间有界在线安全监控方法的基本流程

4.3.1　基于混成自动机模型的时间有界在线监控算法

为了实现对列车运行状态的在线监控，本小节提出了基于混成自动机模型的在线监控算法。该验证算法共包括两部分内容：单条可执行路径的搜索算法和所有可执行路径的回溯搜索算法。为了解决状态空间爆炸问题，以提高形式化验证的计算速度，通过搜索有界时间内混成自动机模型所有可执行路径的方法来保证列车运行的安全性。算法的详细流程分别通过 Algorithm 4-1 和 Algorithm 4-2 进行描述。

为了能够有效地判断系统迁移的可达性，本书使用了 HySAT 提供的两种模型，以实现有界时间内系统可达性分析和验证的目的。实现的算法流程如图 4-6 所示，其中 $dt_{max}=\min\{dt\_ei\}$ 表示该状态的最大驻留时间，dt_ei 表示迁移 ei 发生时该状态对应的驻留时间。

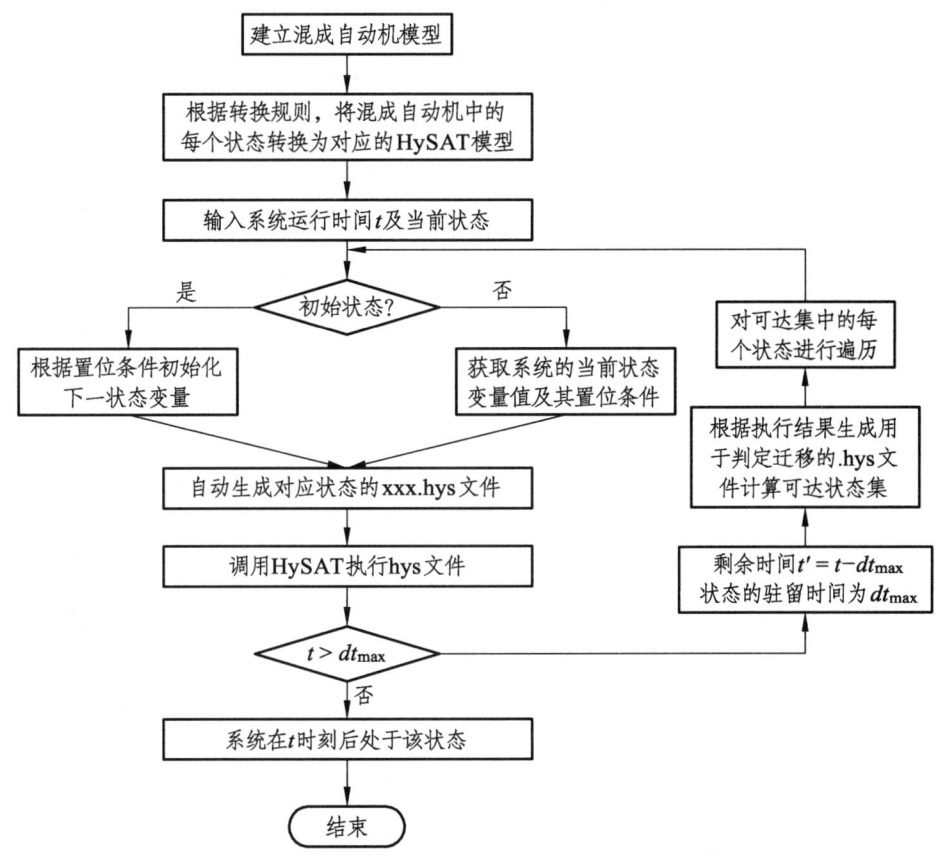

图 4-6　混成自动机（线性或非线性）的可达性验证流程

仿真算法的基本步骤如下：

第一步，获取系统运行总时间 t、模型运行的剩余时间 t_remain 和当前模型所处的状态 state。

第二步，根据所生成的当前状态文件，将当前状态对应的所有迁移分别写入".hys"文件中，计算各迁移对应的内部驻留时间集合 $\{dt\_loc\_i\}$（该状态发生迁移时，dt 的取值）和各变量值的集合 VarValueSet（该集合中不含有 dt 变量的值），存储各个驻留时间并计算其最小值 dt_min（$dt\_min=\min\{dt\_loc\_i\}$，i 表示迁移的标号）。当模型中不引入故障时，dt_min 所对应的迁移即为系统可能的迁移。如果 $t\_remain>dt\_min$（t_remain 表示系统剩余的执行时间），则表明系统在 dt_min 后将跳转到其他状态，如果 $t \leqslant dt_{max}$，则表明系统在 t 时段后将处于该状态。

第三步，根据发生迁移时对应状态的时间变量的取值（VarValueSet 集合）生成迁移的可达验证模型，将迁移条件中的时间约束写入"EXPR"模块。调用 HySAT 验证工具，根据返回结果中"Return"的描述，验证该迁移是否会发生。

第四步，在第三步的返回结果为 true 的情况下，计算驻留时间 dt_loc_i 等于 dt_min 的迁移对应的目标状态，并存储这些状态到可达集 ReachableSet 中，同时更新对应状态的剩余执行时间 t_remain=t−dt_min，存储该状态的驻留时间 dt_min。

第五步，分别读取 ReachableSet 对应的".hys"文件，重复第二步操作，直到剩余执行时间 $t \leqslant dt\_min$，结束遍历过程，否则继续遍历。

第六步，输出系统的所有执行路径。

为了搜索有限时间内模型的所有可执行路径，首先运用深度优先遍历算法计算有限时间内的单条可执行路径（见 Algorithm 4-1）；然后，运用回溯算法求解有限时间段内的其他所有可执行路径（见 Algorithm 4-2）。

Algorithm 4-1. Single executable path search algorithm.

Input:
　　The location set of LHA model, $loc_i : \langle v_i, flow_i, inv_i, initials_i, t_i, Trans_{ij} \rangle$;
　　The initial location set, $V0$;
　　The transition set of LHA model,
　　$Trans_{ij} : \langle loc_i, sloc_i, guard_{ij}, resets_{ij}, dt_{ij}, result_{ij}, isReachable_{ij} \rangle$;

Output:
　　One executable path of LHA model, $pathA = \{loc_1, loc_2, loc_3, \cdots\}$.

1: $GetModelPath(loc_i)$
2: **for** each location $v_i \in V0$ **do**
3: 　put loc_i into $pathA$;
4: 　$TraverseOnePath(loc_i)$;
5: **end for**
6: $TraverseOnePath(loc_i)$
7: **for** each transition $Trans_{ij}$ of the current location v_i **do**
8: **if** the transition $Trans_{ij}$ is reachable **then**
9: 　$isReachable_{ij} \leftarrow true$;

10: put the residence time of transition into $pathA$；
11: put other variable value of transition into $result_{ij}$；
12: **else**
13: $isReachable_{ij} \leftarrow false$；
14: **end if**
15: **end for**
16: $dt_{min} \leftarrow \min\{dt_{ij}\}$；
17: **for** each transition $Trans_{ij}$ of the current location v_i **do**
18: **if** $Trans_{ij}.dt_{ij} = dt_{min}$ & $Trans_{ij}.isReachable_{ij} = true$ **then**
19: **if** $t_i > dt_{min}$ **then**
20: $loc_i \leftarrow sloc_j$； $t_i \leftarrow (t_i - dt_{min})$； $initials_i \leftarrow \{result_{ij}$ & $resets_{ij}\}$；
21: put the $sloc_j$ into $pathA$；
22: $TraverseOnePath(loc_i)$; break;
23: **else if** $t_i = dt_{min}$ **then**
24: $loc_i \leftarrow sloc_j$； $t_i \leftarrow (t_i - dt_{min})$； $initials_i \leftarrow \{result_{ij}$ & $resets_{ij}\}$；
25: put the $sloc_j$ into $pathA$；
26: **else**
27: break;
28: **end if**
29: **else**
30: error；
31: **end if**
32: **end for**
33: **return** $pathA$．

在该算法中，loc_i<v_i, $initials_i$/$reset_i$, t_i, $Trans_i$>表示系统的位置结点，其中 $reset_i$ 为初始位置结点的值，$initials_i$ 为非初始位置结点的取值。位置结点包括有状态 v_i、变量的初始状态值 $initials_i$、进入该状态时模型的剩余运行时间 t_i 以及 v_i 对应的迁移集合 $Trans_i$。$Trans_{ij}$ <loc_i, $sloc_i$, $guard_i$, dt_i, $results$, $isReachable$>表示迁移，loc_i 表示迁移的源状态，$sloc_i$ 表示迁移的目标状态，$guard_i$ 表示迁移卫式，dt_i 表示由状态 loc_i 触发该迁移时所需的时间，$results$

表示该迁移发生跳转时各变量的值集合，isReachable 为 boolean 值，用于标记该迁移是否可达。

混成自动机的回溯搜索算法，取深度优先遍历算法所得路径的倒数第二个节点，判断该节点是否有后继状态 sloc。如果有后继状态，则计算该状态到后继状态的时间 dt_i。该 dt_i 与 Trans.dt 进行比较，如果 dt_i>Trans.dt，则该路径结束遍历，用 continue 语句结束，继续寻找其他后继结点。如果 dt_i=Trans.dt，则该路径继续遍历，直到遍历时间结束，即结束遍历，回溯到该结点的前继结点继续遍历，以此类推，直到所有的路径遍历结束为止。回溯算法具体步骤如 Algorithm 4-2 所述。

Algorithm 4-2. Backtracking search algorithm.

1: $Backtracking(pathA)$

2: **if** $pathA.num == 0$ **then**

3: end;

4: **else if** $pathA.num == 1$ **then**

5: put $pathA$ into $pathSet$;

6: **else**

7: **for** $(i=1; i \leqslant pathA.num-1; i++)$ **do**

8: $Traverse(loc_i)$;

9: $pathB \leftarrow$ delete the $[path.num-i, path.num]$ elements of $pathA$;

10: $Backtracking(pathA)$;

11: **end for**

12: **end if**

13: $Traverse(loc_i)$

14: **for** each transition $Trans_{ij}$ of loc_i **do**

15: **if** the transition $Trans_{ij}$ is reachable **then**

16: **if** $dt_i == Trans_{ij}.dt_{min}$ **then**

17: put the $sloc_j$ into $pathB$;

18: $loc_i \leftarrow sloc_j$; $t_i \leftarrow (t_i - dt_{min})$; $initials_i \leftarrow \{result_{ij} \& resets_{ij}\}$;

19: **if** $t_i > 0$ **then**

20: $Traverse(loc_i)$;

21: **else if** $t_i = 0$ **then**

22: put the $sloc_j$ into $pathB$;

23: $loc_i \leftarrow sloc_j$; $t_i \leftarrow (t_i - dt_{\min})$; $initials_i \leftarrow \{result_{ij} \& resets_{ij}\}$;

24: put $pathB$ into $pathSet$;

25: **else**

26: put $pathB$ into $pathSet$;

27: **end if**

28: **else**

29: continue;

30: **end if**

31: **else**

32: continue;

33: **end if**

34: **end for**

35: **return** $pathSet$.

在该算法中，包含有函数 $BackTracking(pathA, num)$ 和 $Traverse(loc_i)$，其中，$pathA$ 为由单条路径搜索算法遍历得到的一条可执行路径，num 为路径集合 $pathA$ 所含的状态个数。$Traverse(loc_i)$ 函数主要实现对某一特定状态 loc_i 进行穷尽搜索，采用递归算法遍历得到模型的所有可执行路径。

4.3.2 由 HUML 到 HySAT 模型的转换规则

将 HUML 模型转换为 HySAT 所能处理的模型，该模型与混成自动机的状态相对应，每一个状态对应一个 HySAT 模型文件。HySAT 模型有两种，一种是状态和对应迁移的描述模型，另一种是迁移的验证模型。由 HUML 模型到 HySAT 模型的转换规则如下。

（1）HySAT 模型组成：包含变量声明、变量初始化、状态内部的迁移关系以及状态的目标约束（迁移的非时间类临界约束表达式）4 个部分。

① 变量声明模块。

该模块由关键字"DECL"标记，声明系统状态内部所包含的变量或常量。对于变量，需确定各变量的取值区间。对于常量的声明，运用关键字"define"定义。

② 变量初始化模块。

该模块由关键字"INIT"标记，负责初始化状态变量。初始状态的取值由复位条件确定，其他状态的取值由前继状态的运行结果和复位条件一起确定。

③ 状态内部的迁移关系表达模块。

该模块由关键字"TRANS"标记，通过加入该状态的驻留时间 dt，将状态的微分表达式和约束表达式转换为由迁移关系表示的表达式。例如，"$\dot{x}=k$"可以表示为"$x'=x+k*dt$"。对于非线性约束集"$th=e^{x_1}+1$ 和 $\dot{x}_1=1$"，可以转化为迁移表达式：$dth=e^{x_1}+1$、$th'=th+dth*dt$ 和 $x_1'=x_1+1*dt$ 的组合。

④ 状态的目标约束。

该模块由关键字"TARGET"标记，定义对应状态的边界约束条件。将离散状态对应迁移的迁移卫式中非时间约束的临界表达式写入该标记下面。

（2）判断对应迁移是否可达的模型：由变量声明和约束集定义两部分组成。

① 变量声明模块。

该模块由关键字"DECL"标记，声明系统状态包含的变量或常量。对于变量，需确定各变量的取值区间；常量则由"define"关键字进行定义。

② 约束集模块。

该模块由关键字"EXPR"标记，描述当状态发生迁移时，时钟变量所需满足的表达式。在运行时，写入相应迁移的时钟约束表达式。

4.4 案例分析

传统的列车控制系统主要是基于固定闭塞的列车控制系统。由于该控制系统未考虑列车的不同运行速度和制动性能，闭塞区间的长度在确定后会在相当长一段时期内保持不变，因此，对于客流较密集的区段，这将极大地影响轨道的利用效率。移动闭塞取消了固定闭塞区间的划分，闭塞区间间隔随着列车的运行动态变化，这样能极大地提高轨道的利用效率。移动闭塞控制系统主要包括以下几个关键要素：列车定位（Train Position）、安全距离（Safety Distance）和目标点（Target Point）。其中，安全距离是列车实施最大常用制动的附加距离，它用来保证列车在最坏的情况下不会发生碰撞。目标点是列车当前时刻能够运行到的最远点，相当于列车的移动授权。移动闭塞追踪的简化模型如图4-7所示，横坐标表示列车运行的位置，纵坐标表示后行列车在各位置点所对应的速度，SBI表示最大常用制动曲线，EBI表示紧急制动曲线，SD表示安全距离，EOA_SB和EOA_EB分别表示常用制动曲线和紧急制动曲线的终点，REL表示列车的缓解速度曲线，SBD表示列车开始实施制动时的位置点。

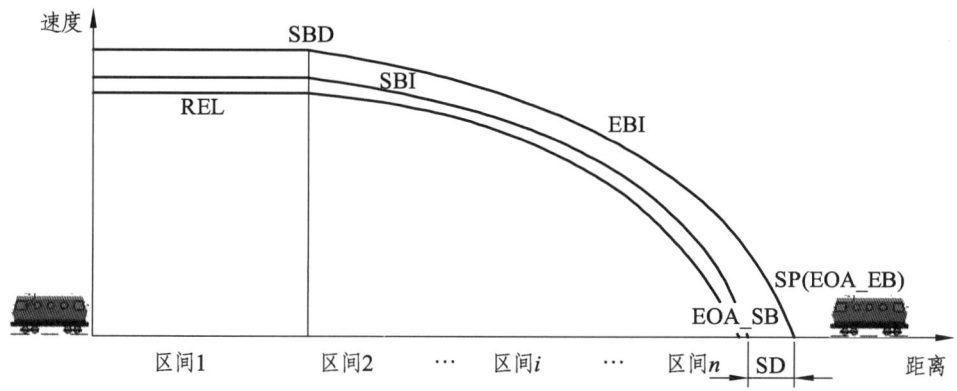

图4-7 移动闭塞控制系统的列车追踪模型

在实际的移动闭塞控制模式下，某一区段中会有多辆列车同时运行，为简便起见，该模型仅考虑两辆列车单向追踪的场景。根据移动闭塞系统工作原理，建立后行列车的距离控制器的线性混成自动机模型，如图4-8所示。由于该模型中包含有未知的距离控制参数，因此属于抽象的混成自动机模型。同时，假定两列车之间的安全防护距离为400 m。相邻列车的追踪间隔由建立的混成自动机控制，从而保证两车不会发生追尾事故。该控制器连续与无线闭塞中心保持通信，接收列车的位置和速度信息，并通过计算得到两车的追踪距离。后行列车的最大速度为V_{max}（220 km/h）。运用Δ表示从RBC接收到的2个移动授权信息之间的时间间隔，因此，不再考虑移动闭塞系统中不同模块之间的交互过程。

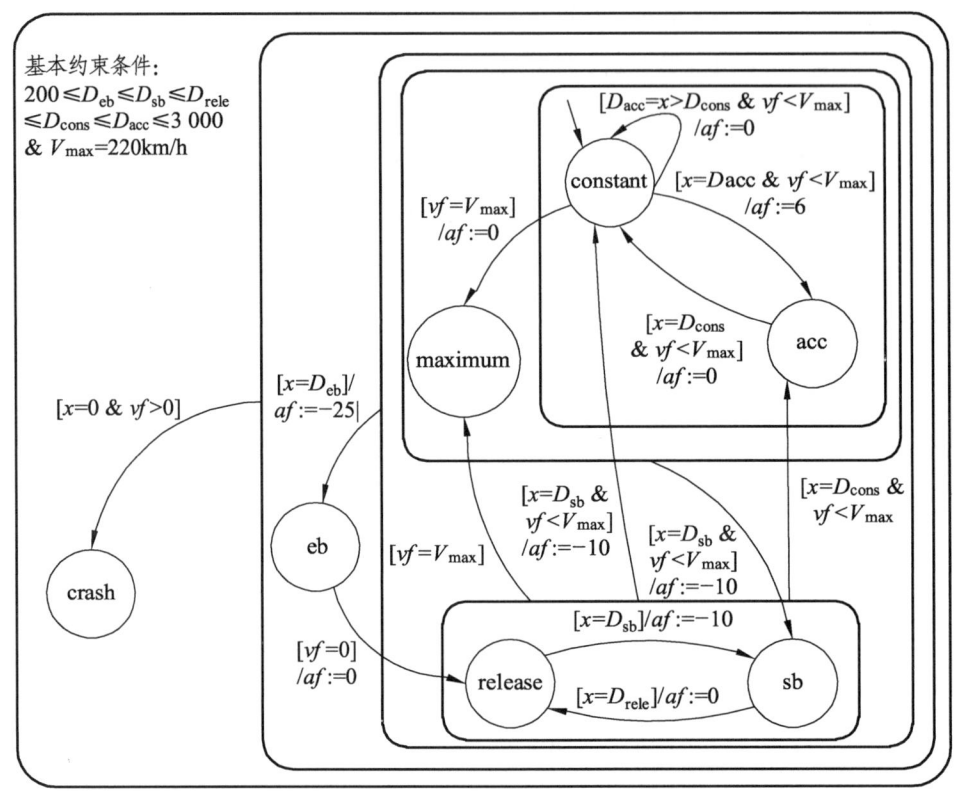

图 4-8　后行列车控制器的层次混成自动机模型

从图 4-8 中可以看出，混成自动机模型共包含有 7 个状态：constant、acc、maximum、eb、sb、release 和 crash，各状态对应的意义如表 4-1 所示。在该模型中，x 表示两相邻列车之间的距离间隔。xf、vf 和 af 分别表示后行列车的机车位置、速度和加速度值。xl、vl 和 al 分别表示前行列车的尾部位置、速度和加速度值。参数 D_{cons}、D_{eb}、D_{sb}、D_{rele} 和 D_{acc} 表示进入各控制模式的对应控制参数，即当列车间隔达到对应的值时，将会触发状态相应的迁移。在迁移过程中，位置（xf 和 xl）和速度（vf 和 vl）的值不能被重置，根据所进入的状态，加速度（af）将置为各控制模式对应的参数值。除 crash（危险状态）之外，模型中其他状态都满足的不等式约束为："$(x = xl - xf) \wedge (xf \geqslant 0) \wedge (xl \geqslant 0) \wedge (vl = 140) \wedge (al = 0) \wedge (\varDelta = 3)$"。所满足的流条件为："$(dx = dxl - dxf) \wedge (dxl = 39) \wedge (dvl = 0) \wedge (dal = 0)$"。其中，$dx$ 表示 x 变量的导数，各状态对应的特定的不等式约束和流条件分别如式（4-1）和式（4-2）所示。

$$inv(v) = \begin{cases} (0 \leqslant x \leqslant D_{acc}) \wedge (0 \leqslant vf \leqslant 220) \wedge (af = 0), & v = \text{constant} \\ (x > D_{acc}) \wedge (0 \leqslant vf \leqslant 220) \wedge (af = 6), & v = \text{acc} \\ (x > D_{sb}) \wedge (vf = 220) \wedge (af = 0), & v = \text{maximum} \\ (0 \leqslant x \leqslant D_{eb}) \wedge (0 \leqslant vf \leqslant 220) \wedge (af = -25), & v = \text{eb} \\ (D_{eb} \leqslant x \leqslant D_{rele}) \wedge (0 \leqslant vf \leqslant 220) \wedge (af = -10), & v = \text{sb} \\ (D_{sb} \leqslant x \leqslant D_{acc}) \wedge (0 \leqslant vf \leqslant 220) \wedge (af = 0), & v = \text{release} \\ (x \leqslant 0) \wedge (0 \leqslant vf \leqslant 220), & v = \text{crash} \end{cases} \quad (4\text{-}1)$$

$$flow(v) = \begin{cases} (0 \leqslant dxf \leqslant 61) \wedge (dvf = 0) \wedge (daf = 0), & v = \text{constant} \\ (0 \leqslant dxf \leqslant 61) \wedge (dvf = 6) \wedge (daf = 0), & v = \text{acc} \\ (dxf = 61) \wedge (dvf = 0) \wedge (daf = 0), & v = \text{maximum} \\ (0 \leqslant dxf \leqslant 61) \wedge (dvf = -25) \wedge (daf = 0), & v = \text{eb} \\ (0 \leqslant dxf \leqslant 61) \wedge (dvf = -10) \wedge (daf = 0), & v = \text{sb} \\ (0 \leqslant dxf \leqslant 61) \wedge (dvf = 0) \wedge (daf = 0), & v = \text{release} \\ (0 \leqslant dxf \leqslant 61) \wedge (dvf = 0) \wedge (daf = 0), & v = \text{crash} \end{cases} \quad (4\text{-}2)$$

首先，根据半形式化模型到可执行形式化模型的转换规则，将 HUML 模型转换为 HYTECH 模型。为了保证混成自动机 HYTECH 模型本身的正确性，须验证该模型所有状态（除 crash 状态之外）的可达性。如果模型中存在不可达状态，则需修改该混成自动机控制模型，直到所有状态（除 crash 状态之外）都可达。然后，定义系统的目标集合，并运用形式化验证工具 HYTECH 验证该混成自动机模型，以求解模型中所有不确定控制参数对应的安全约束集合。

表 4-1 参数线性混成自动机模型中对应的状态标号及其含义

状态标号	状态含义
constant	后行列车以恒定速度运行或停车
acc	列车处于加速状态且加速度恒定
maximum	列车以最大速度运行
eb	列车触发紧急制动
sb	列车触发常用制动
release	列车缓解常用制动
crash	列车追尾

当追踪列车初始时刻处于 constant 状态且列车间的追踪间隔为[800，3 000] m 时，定义系统的初始域为 initial_region={$(Loc[sys] = \text{constant}) \& (x \geq 800) \& (x \leq 3\,000)$}。追踪列车的加速和制动性能计算如式（4-1）和式（4-2）所示。该混成自动机控制模型中的控制参数所满足的约束可根据实际系统确定。在该案例中，规定不确定性参数的基本约束为"$200 \leq D_{eb} \leq D_{sb} \leq D_{rele} \leq D_{cons} \leq D_{acc} \leq 3\,000$"。对于初始域 initial_region 及以上不确定参数的约束条件，计算得到该模型的可达集为 StateSet={constant, acc, maximum, sb, eb, release}。各可达状态对应的可达集（RS_i，i 表示对应的状态）如下：

$RS_{\text{constant}} = \{(x \leq xl) \& (x > 800)\}$；

$RS_{acc^1} = \{(x \leq xl) \& (3x \leq 70vf + 3D_{acc}) \& (D_{acc} \leq x) \& (70vf + 3D_{acc}$
$\leq 3xl + 12\,600) \& (D_{acc} > 800)\}$；

$RS_{acc^2} = \{(D_{eb} \leq D_{sb}) \& (70vf + 8D_{acc} \leq 3xl + 5D_{sb} + 15\,400) \& (D_{acc} \leq x) \& (x \leq xl) \&$
$(3x \leq 70vf + 3D_{acc}) \& (D_{sb} > 800)\}$；

$RS_{\text{maximum}^1} = \{(D_{sb} \leq x) \& (7x + 4xl > 8\,800) \& (x \leq xl) \& (x \leq D_{acc}) \& (D_{acc} > 800)\}$；

$RS_{\text{maximum}^2} = \{(3x \leq 3D_{acc} + 15\,400) \& (D_{sb} \leq x) \& (x \leq xl) \& (3xl \geq 3D_{acc} + 2\,800) \&$
$(21x + 12xl \geq 33D_{acc} + 11\,200) \& (D_{acc} > 800)\}$；

$RS_{\text{maximum}^3} = \{(53D_{rele} \leq 21x + 12xl + 20D_{sb}) \& (D_{sb} \leq x) \& (x \leq xl) \& (3x \leq 3D_{rele} + 15\,400) \&$
$(8D_{rele} \leq 3xl + 5D_{sb}) \& (D_{sb} > 800)\}$；

$RS_{sb} = \{(x \leq xl) \& (x \leq D_{rele}) \& (x + 14vf \leq D_{sb} + 3\,080) \& (D_{eb} < x) \& (D_{sb} > 800) \&$
$(8vf < x + 960) \& (7x + 4xl > 8\,800)\}$；

$RS_{eb} = \{(0 < x) \& (x \leq xl) \& (D_{eb} > 800) \& (7x + 4xl > 8\,800)\}$；

$RS_{\text{relese}} = \{(x \leq xl) \& (x \leq D_{acc}) \& (D_{eb} > 800) \& (D_{rele} < x)\}$。

为简洁起见，可达状态集中略去了各状态变量的初始约束条件，仅列出由状态变量和不确定参数表示的系统可达状态集。当 StateSet 中包含有列车追尾等危险状态时，须修正模型的控制参数，直到 StateSet 不含任何危险状态为止。由可达集 StateSet 结果可知：除 crash 状态外的所有状态都可达，该系统在正常状况下可以满足系统安全的基本要求。acc 和 maximum 状态分别含有两个和三个可达状态集，constant、sb 和 release 状态仅含有一个可达状态集。只有在控制模型满足系统的基本安全性需求时，才能分析相应性能需求的未知参数的约束集。

当系统的初始状态集和安全需求集确定后，追踪模型中未知的距离控制参数可以运用所提出的参数方法进行分析。追踪列车的状态变量在各运行状态下的不等式约束和流条件分别如式（4-1）和式（4-2）所示。初始域（Initial_reg，IR）表示系统对应的初始状态与系统状态变量约束集的集合。目标集（Final_reg，Y）表示系统的禁止状态及状态变量约束集的集合。例如，"$Loc[sys]=$ crash"表示相邻的列车发生碰撞，"$x<400$"表示相邻列车的间隔小于 400 m，"$x>7\,000$"表相邻列车的间隔大于 7 000 m。其中，"$x\geqslant 400$"是为了保证列车的安全需求，"$x\leqslant 7\,000$"是为了保证轨道的使用效率。控制参数的约束集（Constraint Set，CS）的意义是：当系统初始状态满足初始域时，为了保证系统不处于目标集，所有未知控制参数必须满足的约束集。也即，当控制参数满足约束集 CS 时，不仅可以保证系统的安全性需求，同时能够保证轨道的使用效率。

在该案例中，目标集定义为：相邻列车之间的追踪间隔始终大于 400 m 小于 7 000 m 且列车不会发生追尾，即 $Y=\{(x>7000)\vee(x<400)\vee(Loc[sys]=\text{crash})\}$。以下分析内容为不同初始状态和安全性指标下，不确定控制参数须满足的约束集，其中 IR_i 表示系统的第 i 个初始状态，CS_{IR_i} 表示目标集为 Y 时，初始域为 IR_i 所对应的控制参数的约束集。列车追踪模型对应的形式化模型描述如下：

（1）Initial region union set：$IR = IR_1 \cup IR_2 \cup IR_3 \cup IR_4$

$IR_1 = \{(Loc[sys]=\text{constant}) \& (x \geqslant 800) \& (x \leqslant 3\,000) \& (vf = 0)\}$

$IR_2 = \{(Loc[sys]=\text{maximum}) \& (x \geqslant 800) \& (x \leqslant 3\,000) \& (vf = 220)\}$

$IR_3 = \{(Loc[sys]=\text{acc}) \& (x \geqslant 3\,000) \& (x \leqslant 6\,000) \& (vf = 180)\}$

$IR_4 = \{(Loc[sys]=\text{acc}) \& (x \geqslant 3\,000) \& (x \leqslant 6\,000) \& (vf = 200)\}$

（2）Safety requirements：$S = \{(x \leqslant 7\,000) \& (x \geqslant 400) \& (Loc[sys] \neq \text{crash})\}$.

（3）Forbidden state set：$Y = \overline{S} = \{(x > 7\,000) \vee (x < 400) \vee (Loc[sys] = \text{crash})\}$.

（4）Parameter constraint sets：$CS = CS_{IR_1} \cap CS_{IR_2} \cap CS_{IR_3} \cap CS_{IR_4}$

$CS_{IR_1} = \{(D_{sb} \geqslant 400 \vee D_{acc} \leqslant 800) \& (D_{acc} \leqslant 800 \vee D_{eb} \geqslant 400 \vee D_{acc} > 884) \& (D_{eb} \leqslant 800)\}$

$CS_{IR_2} = \{D_{sb} \geqslant 400\}$

$CS_{IR_3} = \{(D_{sb} \geqslant 400) \& (3D_{rele} < 8\,500 \vee D_{rele} > 3\,000)\}$

$CS_{IR_4} = \{(D_{sb} \geqslant 400) \& (3D_{rele} < 8\,780 \vee D_{rele} > 3\,000)\}$

其中：IR_1 表示追踪列车初始时处于停车状态，与前行列车的间隔为[800，3 000] m；IR_2 表示追踪列车初始时以最大速度运行，与前行列车的间隔为[800，3 000] m；IR_3 表示追踪列车初始时处于加速状态，运行速度为 180 km/h，与前行列车的间隔为[3 000，6 000] m；IR_4 表示追踪列车初始时处于加速状态，运行速度为 180 km/h，与前行列车的间隔为[3 000，

6 000] m；$CS_{IR_1} \sim CS_{IR_4}$ 分别为 $IR_1 \sim IR_5$ 是不确定控制参数的约束集。综上所述，当系统的初始状态集 $IR = \bigcup_{i=1}^{4} IR_i$ 时，为了保证系统的安全和运行效率需求 $S = \{(x \leqslant 7\,000) \& (x \geqslant 400) \& (Loc[sys] \neq crash)\}$，控制参数须满足的约束集合为 $CS = \bigcap_{i=1}^{4} CS_{IR_i}$。

在系统设计的初始阶段，根据系统需求规范所建立的模型往往存在不确定性，在这种情况下，如何根据有限的系统信息得到控制模型中不确定参数的大致范围，对系统的后续设计显得尤为重要。由以上的分析过程可知，所提出的分析方法是一个迭代的验证过程。该过程可以贯穿于控制系统的整个设计过程中，随着系统控制过程的不断细化，将逐步得到更精确的控制模型。

对于具有不同性能的列车满足相同安全需求 S 时，可根据具体的列车性能得到相应的控制参数约束集，从而实现控制模型的重用。定义系统的初始域为 $IR = \{(Loc[sys] = constant) \& (x \geqslant 800) \& (x \leqslant 3\,000) \& (vf = 0)\}$，目标集仍为 $Y = \bar{S} = \{(x > 7\,000) \vee (x < 400) \vee (Loc[sys] = crash)\}$。以下选取 3 种不同性能的列车进行分析。当追踪列车的性能参数为 $P_1 = \{a_{eb} = -15, a_{acc} = 4, a_{sb} = -8\}$ 时，控制参数约束集为：$CS_{IR \wedge Y | P_1} = \{(D_{sb} \geqslant 400 \vee D_{acc} << 800) \& (D_{acc} < 800 \vee D_{eb} \geqslant 400 \vee D_{acc} > 1\,005)\}$。当追踪列车的性能为 $P_2 = \{a_{eb} = -20, a_{acc} = 8, a_{sb} = -10\}$ 时，控制参数约束集为：$CS_{IR \wedge Y | P_2} = \{(D_{sb} \geqslant 400 \vee D_{acc} < 800) \& (D_{acc} < 800 \vee D_{eb} \geqslant 400 \vee D_{acc} > 884)\}$。当追踪列车的性能为 $P_3 = \{a_{eb} = -12, a_{acc} = 6, a_{sb} = -8\}$ 时，控制参数约束集为：$CS_{IR \wedge Y | P_3} = \{(D_{sb} \geqslant 400 \vee D_{acc} < 800) \& (D_{acc} < 800 \vee D_{eb} \geqslant 400 \vee D_{acc} > 1\,005) \& (3D_{rele} > 3D_{rele} < 2\,400)\}$。

下面将通过随机选择约束集中控制参数的组合并计算相邻列车之间的追踪间隔范围来验证所得到的控制参数约束集的正确性。从控制参数约束集 $CS_{IR \wedge Y | P_1}$ 中随机选择一组控制参数 $\{D_{eb} = 400, D_{sb} = 600, D_{rele} = 700, D_{cons} = 1\,000, D_{acc} = 1\,500\}$，则含有不确定参数的控制模型转换为实例化控制模型。初始域定义为：$IR = \{(Loc[sys] = constant) \& (x \geqslant 800) \& (x \leqslant 3\,000) \& (vf < xl) \& (vf = 0) \& (af = 0)\}$。通过引入标量参数 max_distance 和 min_distance，定义目标集为 $Y = \{(x > \text{max\_distance}) \vee (x < \text{min\_distance}) \vee (Loc[sys] = crash)\}$。验证过程与前面模型相同，且在验证过程中，max_distance 和 min_distance 只作为符号常量，并不会发生变化。运用验证工具 HYTECH 得到最大追踪间隔和最小追踪间隔满足"max_distance $\leqslant$ 3 945 $\vee$ min_distance $\geqslant$ 600"。由此可知，在该控制参数组合下，相邻列车的追踪间隔为（600，3 945] m。如表 4-2 所示，其他不同性能下对应的追踪间隔分别为（600，3 230] m 和（600，5 745] m。

表 4-2　不同列车性能条件下列车追踪间隔的边界值

紧急制动、常用制动及加速性能/[km/(h·s)]	列车之间的间隔区间/m
$\{a_{eb}=-15, a_{acc}=4, a_{sb}=-8\}$	(600, 3 945]
$\{a_{eb}=-20, a_{acc}=8, a_{sb}=-10\}$	(600, 3 230]
$\{a_{eb}=-12, a_{acc}=6, a_{sb}=-8\}$	(600, 5 745]

图 4-8 的混成自动机模型对应的树结构如图 4-9 所示。运用本章设计的搜索算法，可将形式化模型的验证问题转换为有限时间内模型执行路径的搜索问题，从而实现在线监控列车的运行状态。由于该过程只计算有限时间内的可执行路径，因此，系统形式化验证难度将会大幅降低，使得列车运行状态的在线监控变得可实现。

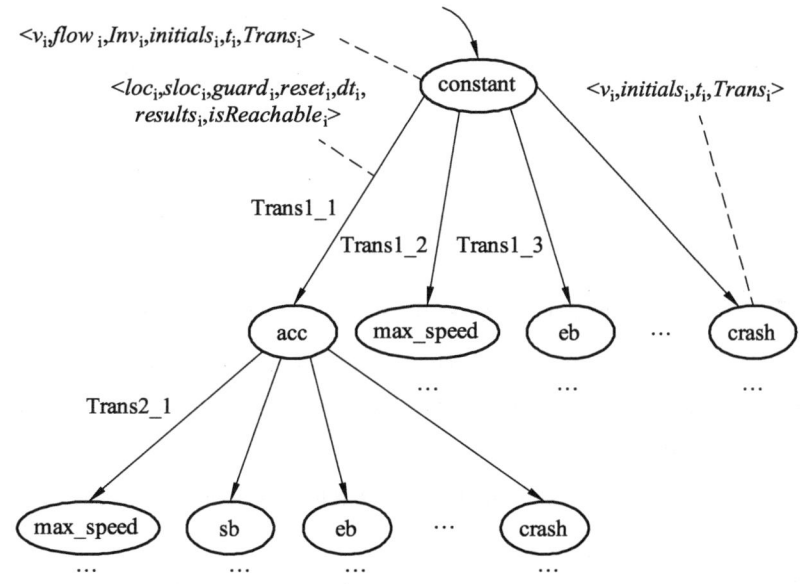

图 4-9　列车追踪模型的树结构图

根据前面计算得到的控制参数约束集 $CS = \bigcap_{i=1}^{4} CS_{IR_i}$，从该集合中随机选择控制参数为："$\{D_{eb}=400, D_{sb}=600, D_{rele}=850, D_{cons}=1200, D_{acc}=1800\}$"。追踪列车当前的运行状态为 $CS_{ft}(1) = \{Loc[sys] = \text{constant} \& (vf=0) \& (af=0) \& (x=1500) \& (xf=0)\}$，运用搜索算法可得到执行时间在 $RT_{ft}(1) = 150$ s 以内时，列车对应的可执行路径为：$Path_{CP|RT_{ft}(1)|CS_{ft}(1)}$：constant → acc → constant → sb → release → constant。由于执行路径不包含 crash 状态，因此可以判断列车在当前运行条件下 150 s 内系统是安全的。在其他运行条件下，有限时间内的可执行路

径如下所示。通过计算有限执行时间内的可行路径，可以大幅降低传统形式化验证的难度，同时提高形式化算法在工程实际中的应用程度。

（1） $CS_{ft}(1) = \{Loc[sys] = \text{constant} \ \& \ (vf = 0) \ \& \ (af = 0) \ \& \ (x = 1\,500) \ \& \ (xf = 0)\}$；

$RT_{ft}(1) = 150$ s；

$Path_{CP|RT_{ft}(1)|CS_{ft}(1)}$：constant → acc → constant → sb → release → constant.

（2） $CS_{ft}(2) = \{Loc[sys] = \text{constant} \ \& \ (vf = 80) \ \& \ (af = 0) \ \& \ (x = 800) \ \& \ (xf = 0)\}$；

$RT_{ft}(2) = 200$ s；

$Path_{CP|RT_{ft}(2)|CS_{ft}(2)}$：constant → acc → maximum → sb.

（3） $CS_{ft}(3) = \{Loc[sys] = \text{constant} \ \& \ (vf = 160) \ \& \ (af = 0) \ \& \ (x = 1\,500) \ \& \ (xf = 0)\}$；

$RT_{ft}(3) = 210$ s；

$Path_{CP|RT_{ft}(3)|CS_{ft}(3)}$：constant → sb → release → constant → acc.

（4） $CS_{ft}(4) = \{Loc[sys] = \text{constant} \ \& \ (vf = 180) \ \& \ (af = 0) \ \& \ (x = 1\,200) \ \& \ (xf = 0)\}$；

$RT_{ft}(4) = 180$ s；

$Path_{CP|RT_{ft}(4)|CS_{ft}(4)}$：constant → release → constant → acc → maximum → sb → release.

（5） $CS_{ft}(5) = \{Loc[sys] = \text{constant} \ \& \ (vf = 60) \ \& \ (af = 0) \ \& \ (x = 500) \ \& \ (xf = 0)\}$；

$RT_{ft}(5) = 220$ s；

$Path_{CP|RT_{ft}(5)|CS_{ft}(5)}$：constant → sb → release → constant → acc → constant → eb → release → constant → acc → constant → sb.

（6） $CS_{ft}(6) = \{Loc[sys] = \text{acc} \ \& \ (vf = 160) \ \& \ (af = 6) \ \& \ (x = 2\,000) \ \& \ (xf = 0)\}$；

$RT_{ft}(6) = 200$ s；

$Path_{CP|RT_{ft}(6)|CS_{ft}(6)}$：acc → maximum → sb → release → constant → acc → maximum → sb → release.

（7） $CS_{ft}(7) = \{Loc[sys] = \text{acc} \ \& \ (vf = 200) \ \& \ (af = 6) \ \& \ (x = 1\,800) \ \& \ (xf = 0)\}$；

$RT_{ft}(7) = 200$ s；

$Path_{CP|RT_{ft}(5)|CS_{ft}(5)}$：acc → maximum → sb → release → constant → acc → maximum → sb → release.

参考文献

[1] Object Management Group. Unifed Modeling Language: Superstructure, version 2.0 [EB/OL].(2009-08-20) [2009-09-02]. http: //www.omg.org/docs/formaI/09-02-02.pdf.

[2] Object Management Group. UML Testing Profile [EB/OL]. (2012-05-09) [2012-05-30]. http://www.omg.org/spec/UTP/1.1.

[3] Object Management Group. A UML Profile for MARTE: Modeling and Analysis of Real Time Embedded systems [EB/OL]. (2012-09-07) [2012-09-12]. http://www.omg.org/spec/MARTE/1.1.

[4] X Xu, L Wang, H Zhou. A UML profile for framework modeling[J]. Journal of Zhejiang University Science, 2004, 5(1): 92-98.

[5] 赵林，唐涛，刘超，等. 基于 UML 扩展机制的列控系统建模方法研究[J]. 铁道学报，2011，33（12）：65-71.

[6] K. Berkenkötter, S. Bisanz, U. Hannemann, J. Peleska. The HybridUML Profile for UML 2.0 [J]. International Journal on Software Tools for Technology Transfer, 2006, 8(2): 167-176.

[7] R Alur, C Courcoubetis, T A Henzinger, et al. Hybrid automata: An algorithmic approach to the specification and verification of hybrid systems[C]// Hybrid systems. Berlin: Springer, 1992: 209-229.

[8] G. Audemard, A. Cimatti, A. Kornilowicz and R. Sebastiani. Bounded model checking for timed systems[C]// International Conference on Formal Techniques for Networked and Distributed Systems. Springer, Berlin, Heidelberg, 2002: 243-259.

[9] N. Dershowitz, Z. Hanna and J. Katz. Bounded model checking with QBF [C]. International Conference on Theory and Applications of Satisfiability Testing. Springer, Berlin, Heidelberg, 2005: 408-414.

[10] M. Fränzle, C. Herde. Efficient proof engines for bounded model checking of hybrid systems [J]. Electronic Notes in Theoretical Computer Science, 2005, 133: 119-137.

[11] N. Amla, R. Kurshan, K. L. McMillan, R. Medel. Experimental Analysis of Different Techniques for Bounded Model Checking [C]. International Conference on Tools and Algorithms for the Construction and Analysis of Systems. Springer, Berlin, Heidelberg, 2003: 34-48.

[12] M. Fränzle, C. Herde. HySAT: An efficient proof engine for bounded model checking of

hybrid systems [J]. Formal Methods in System Design, 2007, 30(3): 179-198.

[13] M. Fränzle, C. Herde, S. Ratschan, T. Schubert, and T. Teige. Efficient solving of large non-linear arithmetic constraint systems with complex boolean structure [J]. Journal on Satisfiability, Boolean Modeling and Computation, 2007, 1: 209-236.

[14] 卜磊，李游，王林章，李宣东. BACH：线性混成系统有界可达性模型检验工具[J]. 软件学报，2011，22（4）：640-658.

[15] T. A. Henzinger, P. H. Ho, H. Wong-Toi. A user guide to HYTECH [C]. International Workshop on Tools and Algorithms for the Construction and Analysis of Systems. Springer, Berlin, Heidelberg, 1995, 1019: 41-71.

[16] T. A. Henzinger, P. H. Ho, and H. Wong-Toi. HYTECH: the next generation [C]. Proceedings 16th IEEE Real-Time Systems Symposium. IEEE, 1995: 56-65.

[17] T.A. Henzinger, P.W. Kopke, A. Puri, and P. Varaiya. What's decidable about hybrid automata [D]. New York: Cornell University, 1995.

[18] G Frehse. PHAVer: Algorithmic Verification of Hybrid Systems past HYTECH [J]. International Journal on Software Tools for Technology Transfer, 2008, 10(3): 263-279.

[19] G. Frehse. PHAVer: Algorithmic verification of hybrid systems past HYTECH [J]. Lecture Notes in Computer Science, 2005, 3414: 258-273.

[20] A. Platzer. Differential Dynamic Logic for Hybrid Systems [J]. Journal of Automated Reasoning, 2008, 41(2):143-189.

[21] R. Alur, T. Henzinger. The Algorithmic Analysis of Hybrid Systems [J]. Theoretical Computer Science, 1995, 138(1): 3-34.

[22] T. Henzinger. The Theory of Hybrid Automata [C]. Verification of digital and hybrid systems. Springer, Berlin, Heidelberg, 2000: 265-292.

[23] F Balduzzi, A Giua, G Menga. First-order hybrid Petri nets: a model for optimization and control [J]. IEEE transactions on robotics and automation, 2000, 16(4): 382-399.

[24] J B Dugan, S J Bavuso, M A Boyd. Dynamic fault-tree models for fault-tolerant computer systems [J]. IEEE Transactions on Reliability, 1992, 41(3): 363-377.

[25] 赵晓宇，程瑞军，程雨，马小平. 基于 HUML 的列控系统形式化建模与参数分析方法[J]. 铁道学报，2016，38（11）：80-87.

[26] 程瑞军. 基于混成自动机的列车运行安全及可靠性分析方法[D]. 北京: 北京交通大学, 2020.

[27] R Cheng, J Zhou, D Chen, Y Song. Model-based verification method for solving the parameter uncertainty in the train control system [J]. Reliability Engineering & System Safety, 2016, 145:169-182.

5 基于概率混成自动机模型的列车运行安全监控方法

当前的列车控制系统通过采用 C2 级和 C3 级冗余系统来保证控制系统的可靠性,同时列车采用固定闭塞或准移动闭塞两种控制方式。当通信系统出现故障导致车-地之间的通信无法通过无线消息实现交互时,列车将通过 C2 级控制系统或人控的方式保证行车安全。然而,对于自动化级别更高的控制系统,如无人值守的车站或无人驾驶列车的控制,必须实时监控列车定位精度和通信系统的可靠性指标等随机参数,并依据相关设备的性能指标动态调整列车之间的运行间隔。在铁路领域,传统的安全分析方法主要针对确定性系统,而很少对包含有随机参数的形式化模型进行研究。对于更高等级的自动驾驶系统,必须保证安全苛求系统具有高可靠性。因此,须动态监控影响列车运行安全的随机因素,并依据设备性能动态调整列车的控制距离,保证列车的运行安全。针对随机系统的量化安全分析将是未来列车控制系统重要的发展方向和挑战。

列车运行控制系统属于典型的混成系统,一般由多个模块组成。通常情况下,各模块的结构相异且存在相互作用[1-5]。为了有效评估混成系统中随机控制参数对列车运行状态的量化安全级别的影响,本章提出了基于概率混成自动机模型的列车运行状态量化安全评级方法,用于在线评估列车当前运行状态下的量化安全级别,以达到对列车运行状态安全预警的目的。首先,为了考虑系统中的随机控制参数对安全级别的影响程度,引入量化安全级的定义;同时,运用概率混成自动机模型描述系统中的随机参数。其次,依据混成自动机之间的复合规则,建立常规混成自动机与概率混成自动机之间的组合模型。再次,运用概率混成自动机模型可达集验证算法对组合模型进行大量的仿真验证,得到随机参数的概率分布情况,并计算对应量化安全级别下的不确定随机参数的可行域。最后,根据随机参数的可行域和列车运行过程中随机参数的实际估计值，评估列车当前运行状态的量化安全级别，实现列车运行状态的在线监控。当列车量化安全级别下降时，可通过采取调整控制系统中其他参数的策略来保证列车能够在当前的量化安全级别之下工作。

5.1 概率混成自动机及自动机之间的复合规则

概率混成自动机[6-11]仍属于自动机的范畴，具有与混成自动机相同的组成元素，区别在于跳转条件的标记函数 $jump(e)$。概率混成自动机不仅具有确定性的迁移条件，还可以描述不确定性的切换操作。对于确定性的跳转条件，$e(v,v')$ 表示源模式 v 仅有一个目标模式 v'，只要 e 被触发，系统就会从模式 v 跳转到模式 v'。对于不确定性跳转条件，源模式以不同的概率对应多个事件 e_i $(1<i\leqslant n)$，当 e_i 被触发时，源模式 v 将跳转至相应的目标模式 v'_i。对应的控制跳转可表示为：$e(v,v'_1|v'_2|\cdots|v'_n) = p_1:e_1(v,v'_1) + p_2:e_2(v,v'_2) + \cdots + p_n:e_n(v,v'_n)$，且 $\sum_{i=1}^{n} p_i = 1$。

传统安全分析方法的验证结果用于判定系统安全和系统不安全两种情况。然而，由于混成系统中存在不确定性，通过计算可达集的可达概率来评估系统的安全等级更具实际意义。半定量化风险评估原则是面向任务的安全等级评估方法。为了避免与安全完整性等级（Safety Integrity Level，SIL）[12,13]的概念混淆，根据该原则引入概率可达等级（Probabilistic Reachability Level，PRL）的概念来表示对应量化安全等级（Quantitative Safety Level，QSL）的概率阈值。如图 5-1 所示，故障率可定义为 $\lambda = N/T$，其中 N 表示 T 时间段内发生故障的次数。此外，同一量化安全级别 QSL 又通过概率可达等级 PRL 来区分。对应 PRL 的可达概率值作为对应等级的容许可达概率（Permitted Reachable Probability），表示为 PRP_{PRL}。

重要的系统一般包含多个相互交互的组成部分。运用混成自动机对各组成部分进行建模，且组成部分之间通过共享变量和共享事件进行同步。通过各自动机之间的并行复合（Parallel composition）对系统模型进行完整的描述。

将混成自动机 A_1 表示为 $(X_1,Y_1,V_1,inv_1,flow_1,init_1,E_1,jump_1,\sum_1,event_1)$，类似地定义 $A_2 = (X_2,Y_2,V_2,inv_2,flow_2,init_2,E_2,jump_2,\sum_2,event_2)$，由 $A_1 \times A_2$ 表示自动机 A_1 和 A_2 的复合积。如果 $event_1(e_1) = event_2(e_2)$，则 e_1 和 e_2 需要同步，其中 e_1 属于 A_1，e_2 属于 A_2；如果 $event_1(e_1) \neq event_2(e_2)$，则 e_1 和 e_2 将交错发生且事件 e_1 对 A_2 不可见，事件 e_2 对 A_1 不可见。

已知 Y_1 和 Y_2 是不相交的集合，自动机 A_1 和 A_2 的复合积可表示为 $A_1 \times A_2 = (X_1 \cup X_2, Y_1 \cup Y_2, V_1 \times V_2, inv, flow, init, E, jump, \sum_1 \cup \sum_2, event)$。自动机的复合包括状态（Control Modes）

之间的复合和边（Control Switches）的复合，分别表述如下。

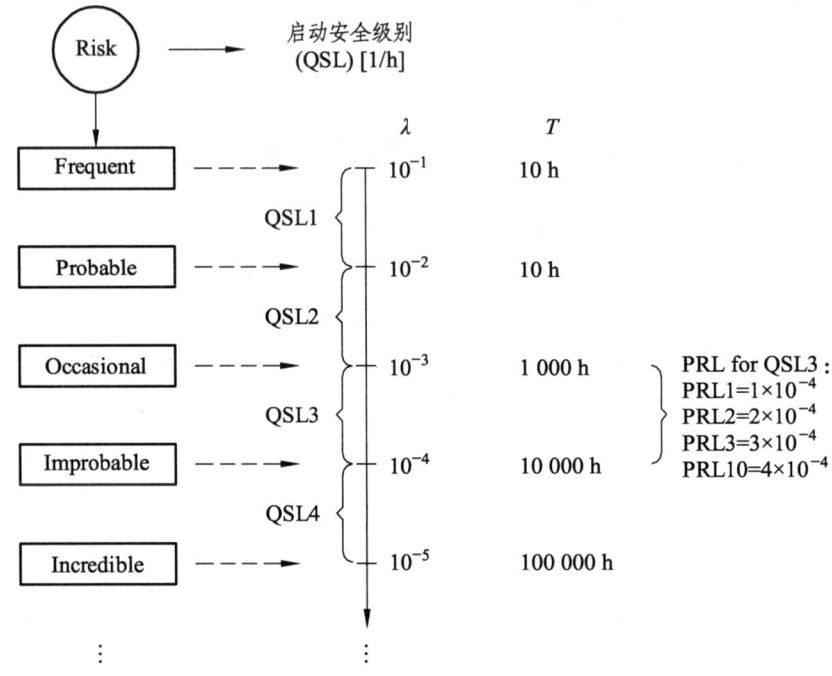

图 5-1　半-量化的风险评估原理

对于状态之间的复合，$V_1 \times V_2$ 中的复合状态 (v_1, v_2) 的不变条件约束满足 $inv(v_1, v_2) = inv_1(v_1) \wedge inv_2(v_2)$，复合状态 (v_1, v_2) 的流条件约束满足 $flow(v_1, v_2) = flow_1(v_1) \wedge flow_2(v_2)$，复合状态 (v_1, v_2) 的初始条件约束满足 $init(v_1, v_2) = init_1(v_1) \wedge init_2(v_2)$。

对于边的复合，集合 E 包含有边 $e = [(v_1, v_2), (v_1', v_2')]$，具体包括如下几种情况：

（1）$e_1 = (v_1, v_1') \in E_1, v_2' = v_2,$ 且 $event_1(e_1) \notin \Sigma_1$。

（2）$e_2 = (v_2, v_2') \in E_2, v_1' = v_1,$ 且 $event_2(e_2) \notin \Sigma_2$。

（3）$e_1 = (v_1, v_1') \in E_1, e_2 = (v_2, v_2') \in E_2,$ 且 $event_1(e_1) = event_2(e_2)$。

对于第（1）种情况，$event(e) = event_1(e_1)$ 且 $jump(e) = jump_1(e_1) \wedge \wedge_{y \in Y_2} y' = y$。

对于第（2）种情况，$event(e) = event_2(e_2)$ 且 $jump(e) = jump_2(e_2) \wedge \wedge_{y \in Y_1} y' = y$。

对于第（3）种情况，$event(e) = event_1(e_1) = event_2(e_2)$ 且 $jump(e) = jump_1(e_1) \wedge jump_2(e_2)$。

5.2　列车运行状态的安全监控框架

如图 5-2 所示，列车运行的安全监控框架包括控制参数分析模块、动态性能评估模块、量化安全分析模块和在线安全监控模块。控制参数分析模型用于生成不确定控制参数的约束集，该模块的详细分析步骤可参考 4.2 节的相关内容。动态性能评估模块用于评估移动授权信息的可靠性指标。对于量化安全分析模块和在线安全监控模块，详细的分析过程如下。

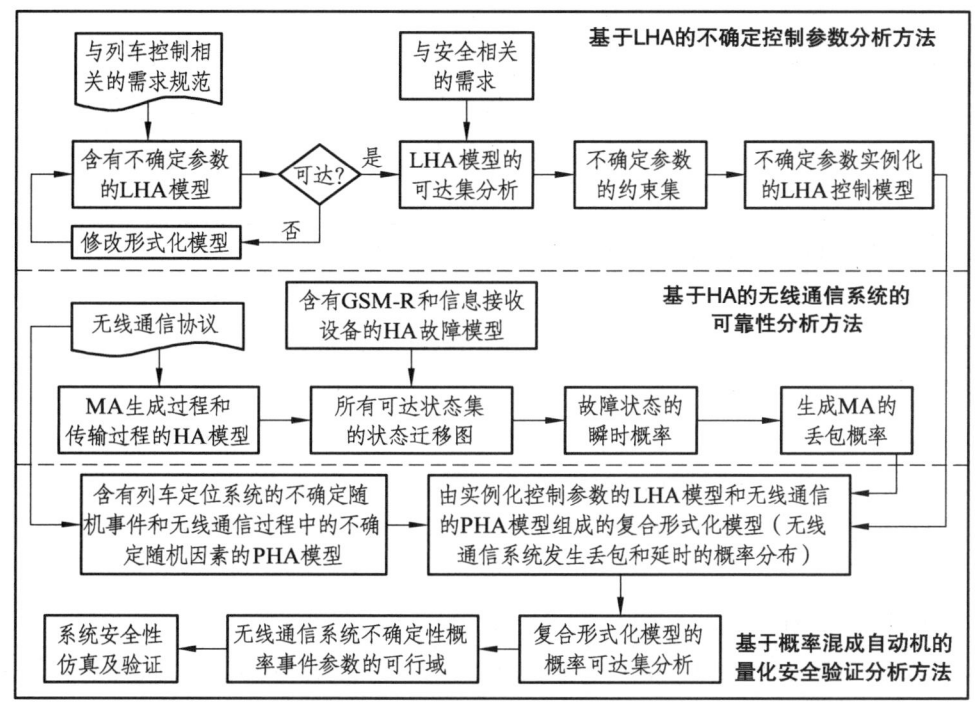

图 5-2　基于混成自动机和概率混成自动机模型的列车运行安全监控框架

第一步，通过考虑列车定位精度及无线通信系统可靠性性能的评估结果，建立移动闭塞控制系统下列车移动授权的更新模型。由于通信系统存在不确定性，移动授权的更新过程通过概率混成自动机模型建立，且模型包含不确定的系统性能参数。

第二步，根据混成自动机之间的复合规则，建立列车追踪模型与移动授权更新模型的组合状态迁移图。其中，列车追踪模型是经参数分析模块处理后的实例化模型，即追踪模型中的距离控制参数为常量。经复合后的组合状态迁移图仍包含不确定的系统性能参数。

第三步，通过实例化移动授权的性能指标，将由第二步得到的组合状态迁移图转换为具体的形式化模型。对实例化后的状态迁移图进行可达集计算，统计不同性能值与目标集的可达概率之间的分布关系。该过程需要选择足够的性能参数值进行仿真分析，导致概率混成自动机模型的验证过程会消耗大量时间，所以可达概率的分布数据将通过离线的方式计算。

第四步，运用算法 5-1[14]计算有界时间内对应量化安全级别下的性能参数的约束集。其中，算法 5-1 以第三步可达概率的分布数据为输入，经过 LSSVM 拟合模型，输出对应 PRL 的约束曲线。具体的执行步骤如算法 5-1 所述。

第五步，由于动态性能评估模块可以实时监测 MA 的可靠性性能，依据第四步得到的对应量化安全级别下的性能参数的约束集，评估列车当前运行状态下的量化安全级别。在列车安全级别下降的情况下，可通过调整其他性能指标来保证列车维持在比较高的量化安全级别。

Algorithm 5-1 The Safety Constraint Computation Algorithm.

Input:

The computation results of composite transition model of train tracking control: $\{x_i, y_i\}$, $i=1,2,\cdots,N$; where x_i represents the enough sample data of stochastic events' parameters, y_i is computed by verifying the composite transition graph and represents the maximum reachable probability of forbidden state;

The PRP for corresponding PRL: PRP_{PRL}.

Output:

The feasible sets for the corresponding PRL.

1: Obtain the LSSVM model by fitting the obtained verified data set $\{x_i, y_i\}$, $i=1,2,\cdots,N$, where $x_i = \{para_1^i, para_2^i, \cdots, para_n^i,\}$. The LSSVM model is described by Eq.(5-1).

$$y_i = f(x_i) = \omega^T \varphi(x_i) + b. \tag{5-1}$$

where $\varphi(x_i)$ maps x_i to a vector in a feature space **M** and ω is a vector in **M**. The ω^* and b^* in Eq.(5-3) are achieved by solving the following optimization problem represented by(5-2a)and (5-2b):

$$\min_{\omega,b,e} J(\omega,e) = \frac{1}{2}\omega^T\omega + \frac{1}{2}\gamma\sum_{i=1}^{N} e_i^2 \tag{5-2a}$$

$$\text{s.t. } y_i = \omega^T\varphi(x_i) + b + e_i, \quad \forall i=1,2,\cdots,N. \tag{5-2b}$$

2: **for** i=1 to N **do**

3: Estimate the corresponding probability $Prob_{es}^i$ (5-3)of all sampling data by using the obtained LSSVM model.

$$Prob_{es}^i = \boldsymbol{\omega}^{*\mathrm{T}}\varphi(\boldsymbol{x}_i) + b^*. \tag{5-3}$$

4: Compute the fitting error $error_{es1}^i$ (5.4) between the true probability y_i obtained by verification model and the estimated probability $Prob_{es}^i$ calculated based on the previous optimal LSSVM model.

$$error_{es1}^i = Prob_{es}^i - y_i, \quad i = 1, 2, \cdots, N. \tag{5-4}$$

5: Compute the error $error_{es2}^i$ (5-5) between the estimated probability $Prob_{es}^i$ and the corresponding quantitative safety index represented by PRP_{PRL}.

$$error_{es2}^i = Prob_{es}^i - PRP_{PRL}, \quad i = 1, 2, \cdots, N. \tag{5-5}$$

6: **if** $\left|error_{es1}^i\right| \geqslant \varepsilon_1$ and $\left|error_{es2}^i\right| \geqslant \varepsilon_2$ **then**

7: Delete data $\{\boldsymbol{x}_i, y_i\}$ and update N to obtain the new data set $\{n\boldsymbol{x}_k, ny_k\}$, $k = 1, 2, \cdots, N$.

8: **end if**

9: Based on the new data set ($\{n\boldsymbol{x}_k, ny_k\}$, $k = 1, 2, \cdots, N$.), compute the feasible sets of stochastic parameters by polynomial fitting approach;

10: **end for**

11: **return** The feasible sets for the corresponding *PRL*.

5.3 案例分析

5.3.1 案例一

列车运行控制系统由车载设备和地面设备组成。基于 GSM-R 网络的无线通信主要用于实现列车和地面设备之间的双向通信。为了保证列车的安全，RBC 通过无线通信设备将列车的移动授权（Movement Authority，MA）及时发送给列车。在生成 MA 的过程中，RBC 与其他设备之间交互的信息流如图 5-3 所示，其中，TDS 表示列车驱动系统（Train Driving System），OBE 表示列车车载设备（On-Board Equipment），TCC 表示列控中心（Train Control Center），TSRS 表示临时限速服务器（Temporary Speed Restriction Server），Balise 表示应答器，Driver 表示驾驶员。

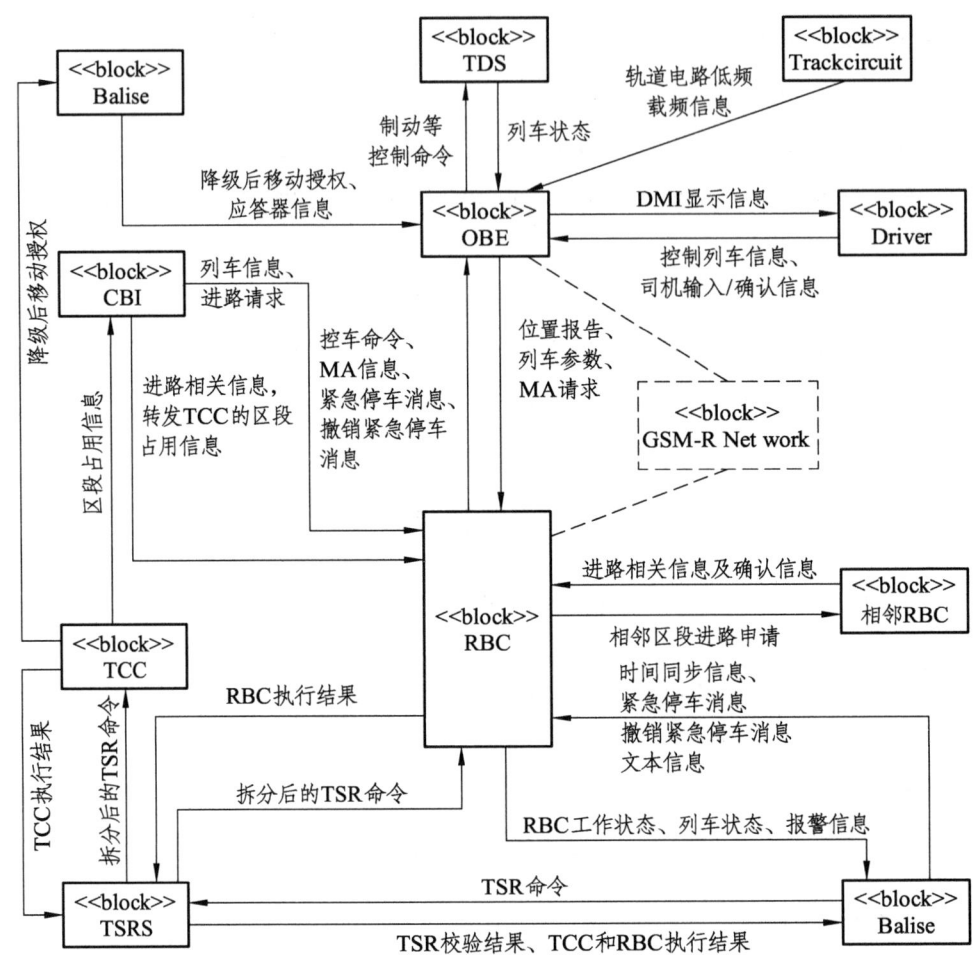

图 5-3　移动授权生成过程的内部模块图

在收到 MA 信息后，列车车载设备将根据 MA 信息生成列车驾驶曲线，然后，司机依据驾驶曲线驾驶列车，保证列车的行车安全。由于列控系统属于实时系统，MA 信息的时效性对保证列车运行过程的安全至关重要。本节首先分析了生成 MA 信息的最大周期，即两个连续的 MA 消息之间的最大时间间隔；然后，为了解决模型参数的不确定性问题，考虑到无线消息在传输过程中会因丢包问题引起移动授权的延时，重点研究了列车位置报告周期、无线消息的丢包个数与 MA 消息的生成周期之间的关系。

为了方便讨论，案例分析只考虑两辆追踪列车之间的交互过程。为了易于区分，两辆追踪列车分别定义为前行列车（Leading Train，LT）和后行列车（Following Train，FT），这样处理之后，能够减少系统经复合后离散状态的个数，更利于研究 MA 信息的生成周期问题。图 5-4 为 MA 生成过程的顺序图。在生成 MA 时，列车应首先与 GSM-R 网络建立通信链接。链接建立后，RBC 接收两追踪列车的速度位置报告，并根据速度位置报告计算 MA 信息并发送给列车。

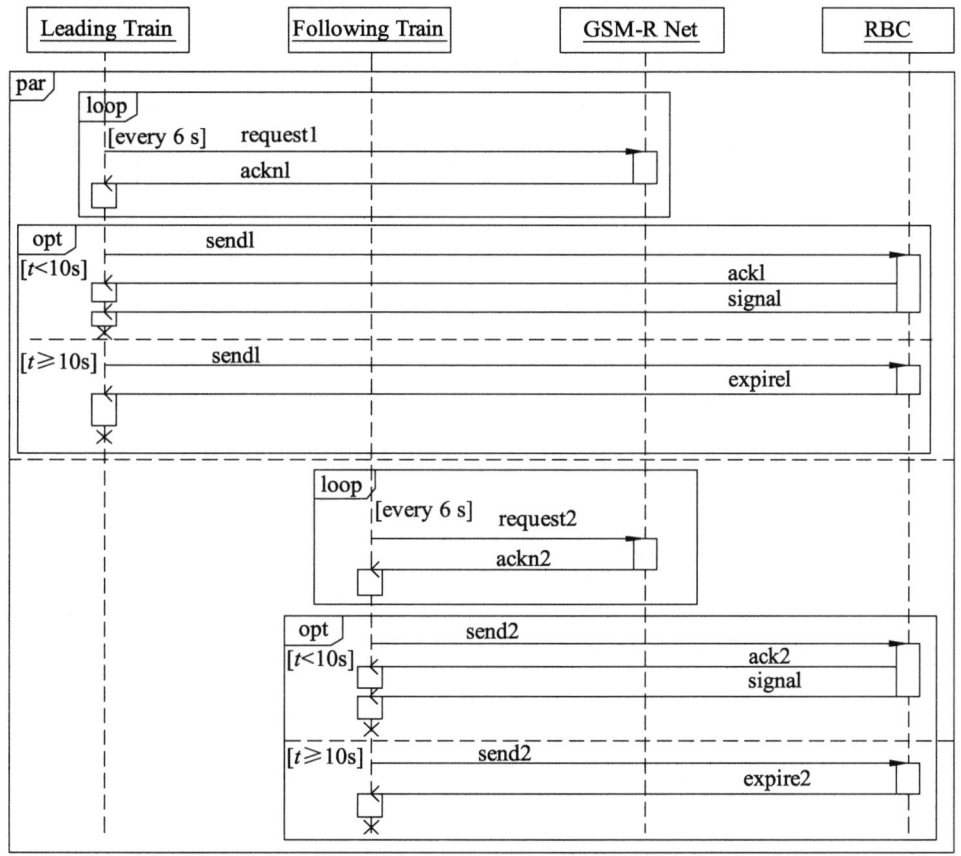

图 5-4　移动授权生成过程的顺序图

根据 MA 的生成过程，建立前行列车、后行列车、GSM-R 网络和 RBC 的线性混成自动机模型，分别如图 5-5 ~ 图 5-8 所示。图 5-5 中，前行列车包含 4 个状态：空闲（idle）、通信（comm）、等待同步（wait）和发送 MA 消息（send）。前行列车以 idle 为初始状态，初始置位条件为"$y_1:=0$"。idle 状态内部的"$y_1 \leqslant 6$"表示前行列车在发起通信链接会话之前需要有足够的时间对列车的完整性和一致性进行检测。request1 的迁移条件"$y_1 \geqslant 6$"表示列车每隔 6 s 就会向 GSM-R 网络发送一次速度位置报告。当前行列车触发 request1 事件后,列车进入 comm 状态。在 comm 状态,一旦接收到 GSM-R 网络发出的同步事件 ackn1,前行列车便进入 wait 状态。同步事件 ackn1 表示 GSM-R 网络已经确认前行列车建立通信链接的请求。前行列车在 wait 状态滞留超过 4 s,该过程通过进入 wait 状态的置位条件"$y_1:=1$"和 wait 状态内部的"$y_1 \leqslant 4$"控制。标记为 send1 的迁移属于瞬时迁移,并由 ASAP(As Soon As Possible)表示。ASAP 表示只要 RBC 准备好同步接收前行列车的速度位置报告,前行列车就进入 send 状态,该过程不会消耗任何时间。在将速度位置报告发送给 RBC 后,前行列车将处于 send 状态直到收到 RBC 设备的确认信息为止,该操作过程通过同步 ack1 事件控制。此后,前行列车将进入 idle 状态,直到下一次向 GSM-R 发送链接请求为止。

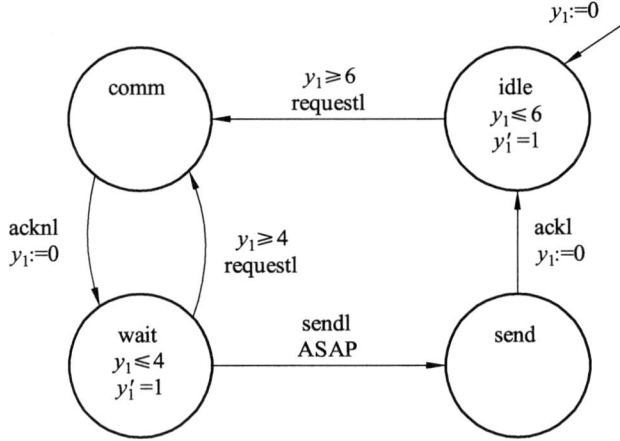

图 5-5 前行列车通信过程的线性混成自动机模型

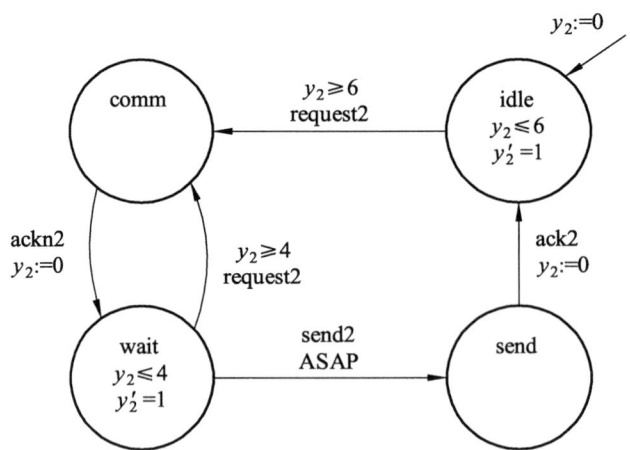

图 5-6 后行列车通信过程的线性混成自动机模型

在图 5-6 中，除了变量和同步事件的符号不同外，后行列车通信过程的 LHA 模型结构与前行列车相同。GSM-R 网络通过同步事件 request1（或 request2）和 ackn1（或 ackn2）与列车进行交互。其中，request1（或 request2）表示列车发起通信会话请求，ackn1（或 ackn2）表示通信链接建立成功。在图 5-7 中，GSM-R 网络包括 6 个状态：无通信请求（idle）、只有前行列车请求建立通信连接（lt）、只有后行列车请求建立通信连接（ft）、两追踪列车都请求建立通信连接（lt&ft）和两个中间状态（to_idle1 和 to_idle2）。其中，to_idle1 和 to_idle2 实现从 lt&ft 状态到 idle 状态的迁移。该自动机通过两个计时变量 x_1 和 x_2 分别模拟前行列车和后行列车在通信过程中所需的时间。对于 x_i，假如列车 i 与 GSM-R 网络建立链接，则 x_i 的变化率为 1，否则为 0。在 lt&ft 状态，经过足够的时间后，GSM-R 网络将发出确认信息，该过程通过 ackn1（或 ackn2）事件进行同步。

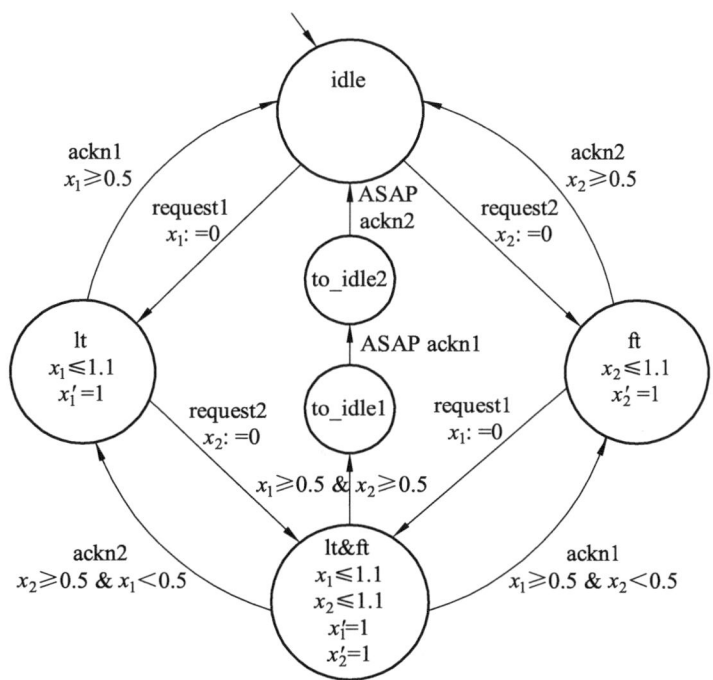

图 5-7 GSM-R 网络通信过程的线性混成自动机模型

在图 5-8 中，RBC 包括 8 个状态：空闲（idle）、接收前行列车的位置报告（rec_lt）、等待后行列车的位置报告（wait_ft）、收到前行列车的位置报告后接收后行列车的位置报告（wait_lt_ft）、接收后行列车的位置报告（rec_ft）、等待前行列车的位置报告（wait_lt）、收到后行列车的位置报告后接收前行列车的位置报告（wait_ft_lt）和计算后行列车移动授权

（compute）并使用时钟变量 z 控制其与列车之间的通信交互过程。初始时，RBC 处于 idle 状态，等待列车发送位置报告，该过程通过 send 事件进行同步。当收到 send 信号时，RBC 进入 rec_lt 或 rec_ft 状态，接收相应列车的位置报告。当收到列车的位置报告后，RBC 向列车发送确认信息 ack1（或 ack2），同时进入到 wait_ft（wait_lt）状态。状态 wait_ft（wait_lt）允许有 10 s 的延时，如果超过 10 s 后，RBC 仍未收到另一列车的位置报告，则 RBC 将丢弃所收到的列车位置报告并进入 idle 状态，继续等待列车发送位置报告。该过程通过同步事件 expire2（或 expire1）和"$z \geq 10$"控制实现。如果第二列列车能在规定时间内发送位置报告（send 事件及时发生）并及时进行确认，RBC 将进入 compute 状态计算后行列车的移动授权。在 compute 状态，MA 的计算时间的区间为[1.6，2]。当 signal 事件触发时，RBC 将 MA 发送给两追踪列车并将时钟置位为 0（$c:=0$）。

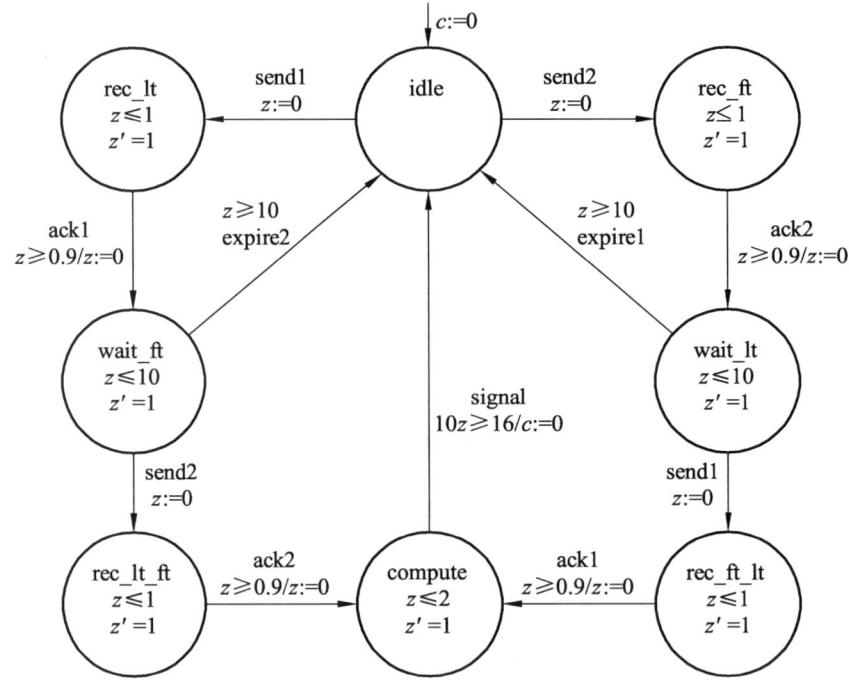

图 5-8　RBC 通信过程的线性混成自动机模型（正常情况下）

假设两追踪列车的位置报告周期（Position Report Circle，PRC）相同，MA 的生成周期（MA generation circle）通过可达集验证算法进行计算。计算结果如表 5-1 所示，与之对应的三阶拟合函数为：$f(x) = 0.0163x^3 - 0.2769x^2 + 2.4882x + 0.3571$，如图 5-9 所示。在图 5-9

中，当两追踪列车的 PRC 相同时，PRC 与 MGC 的关系近似为线性关系，减小 PRC 能够缩短 MGC。

当两追踪列车具有不同的 PRC 时，部分验证数据如表 5-2 所示。通过神经网络对验证数据进行拟合，PRC 与 MGC 的关系如图 5-10 所示。由图 5-10 可知，只有当两追踪列车的 PRC 同时缩短时，MGC 才能缩短，也即缩短其中任何一辆列车的 PRC 并不能使 MGC 缩短。

表 5-1　PRC 与 MGC 之间的关系（两追踪列车的位置报告周期相同）

PRC/s	3.5	4	4.5	5	5.5	6	6.5	7	7.5	8
MGC/s	6.4	6.9	7.4	7.9	8.4	8.9	9.4	9.6	10.4	10.9

表 5-2　PRC 与 MGC 之间的关系（两追踪列车的位置报告周期不同）　　单位：s

PRC1	PRC2	MGC	PRC1	PRC2	MGC	PRC1	PRC2	MGC
3.5	4	6.6	4.5	5	7.6	5.5	7	9.5
3.5	4.5	7	4.5	5.5	8	5.5	7.5	10
3.5	5	7.5	4.5	6	8.5	5.5	8	10.5
3.5	5.5	8	4.5	6.5	9	6	4.5	8.5
3.5	6	8.5	4.5	7	9.5	6	6.5	9.1
3.5	6.5	9	4.5	7.5	10	6	7	9.5
3.5	7	9.5	4.5	8	10.5	6	7.5	10
3.5	7.5	10.1	5	4.5	7.6	6	8	10.5
3.5	8	10.9	5	5.5	8.1	6.5	6.5	9.4
4	4.5	7.1	5	6	8.5	6.5	7	9.6
4	5	7.5	5	6.5	9	6.5	7.5	10
4	5.5	8	5	7	9.5	6.5	8	10.5
4	6	8.5	5	7.5	10	7	7.5	10.1
4	6.5	9	5	8	10.5	7	8	10.5
4	7	9.5	5.5	4.5	8	7.5	7.5	10.4
4	7.5	10	5.5	6	8.6	7.5	8	10.6
4	8	10.5	5.5	6.5	9	8	8	10.9

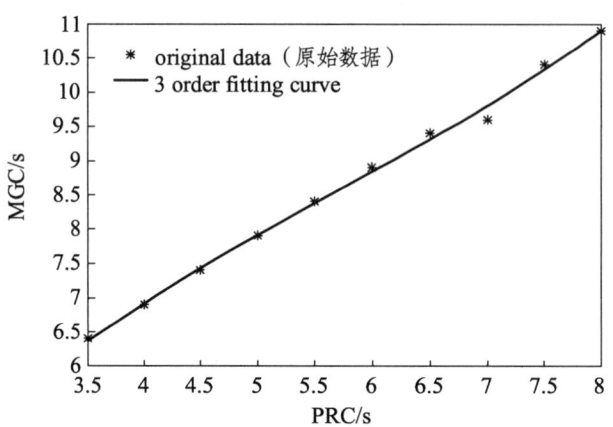

图 5-9　列车位置报告发送周期与 MA 生成周期之间的关系

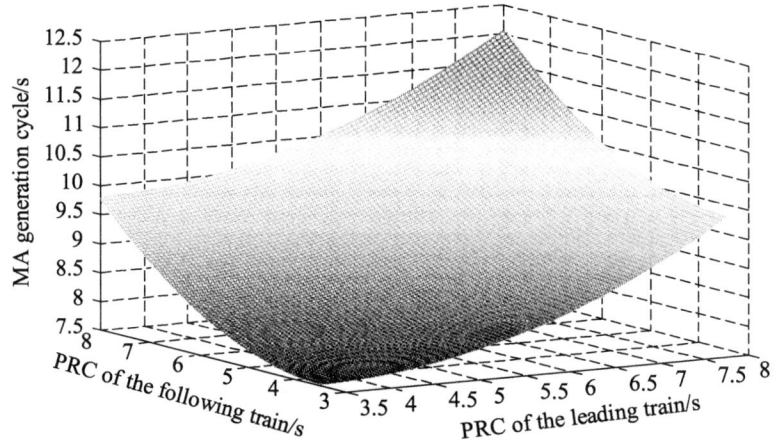

图 5-10　两追踪列车位置报告发送周期与 MA 生成周期之间的关系

考虑到丢包会引起列车发送位置报告出现延时，RBC 的通信交互过程的 LHA 模型如图 5-11 所示。当丢包第一次发生时，通信会延时 1 s。然后，每发生一次丢包，延时将递增 0.6 s。与图 5-8 相比，RBC 对应的 LHA 模型增加了 4 个延时状态：Loss1_lt、Loss1_ft、Loss2_lt 和 Loss2_ft。LHA 模型中的不确定参数（k_a、k_b、k_c、k_d）表示相应传输过程中发生丢包的次数。当列车的位置报告生成周期为 6 s，各延时节点对应不同的丢包个数时，MA 生成周期如表 5-3 所示。

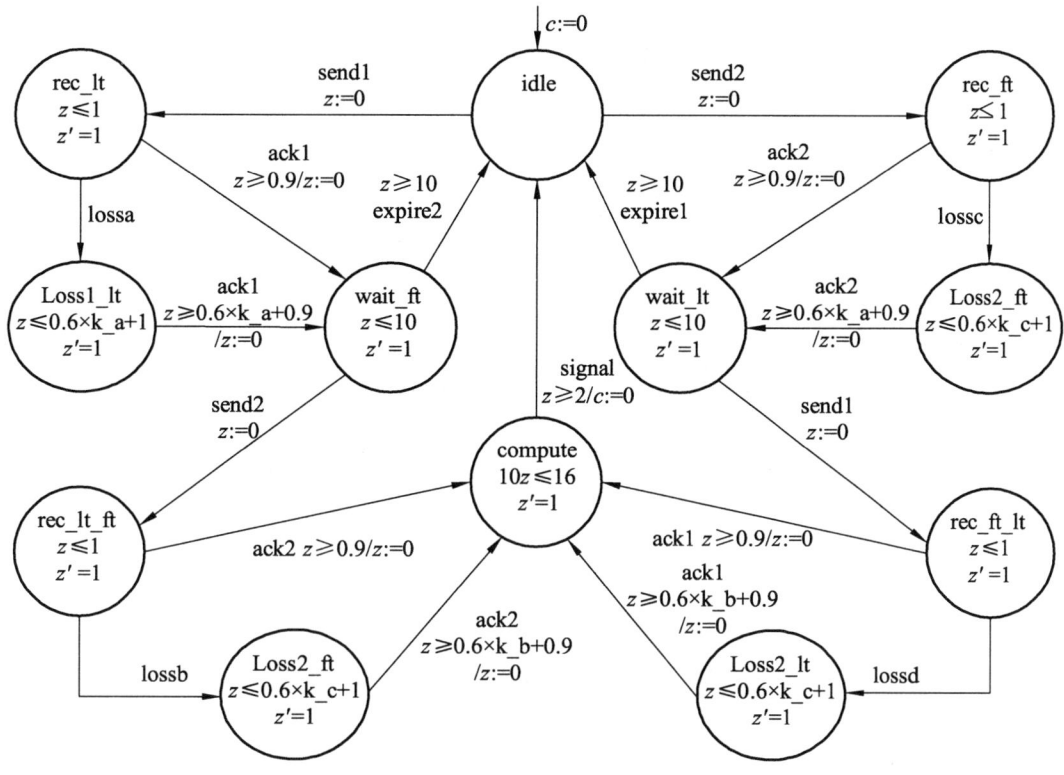

图 5-11　RBC 通信过程的 LHA 模型

表 5-3　丢包个数、PRC 与 MGC 之间的关系

k_a	k_b	k_c	k_d	PRC/s	MGC/s
0	0	0	0	6	8.9
1	0	0	0	6	10.5
1	1	1	1	6	12.1
1	3	2	1	6	13.5
2	4	3	3	6	14.2
5	2	1	5	6	15.8

由于形式化验证会消耗大量的时间，因此可通过离线的验证方式获得 MGC 与输入变量（列车位置报告生成周期和对应传输过程的丢包个数）之间的映射关系。然后，通过在线监测列车与 RBC 之间通信的丢包个数，可以很快地预测出 MGC，这对工程实践具有重要的

意义。所以，LHA 模型能用于监测列车与 RBC 之间的异常通信过程。基于本章所提出的形式化分析方法，项目设计者能更加深入地理解系统内各参数之间的关系。在保证系统安全的情况下，工程师可以选择更优的设备集成方案，以降低系统集成成本。

5.3.2 案例二

为了分析列车运行过程中的安全性，首先运用混成自动建立列车追踪模型，如图 5-12 所示。模型的状态和控制变量的含义如表 5-4 所示。

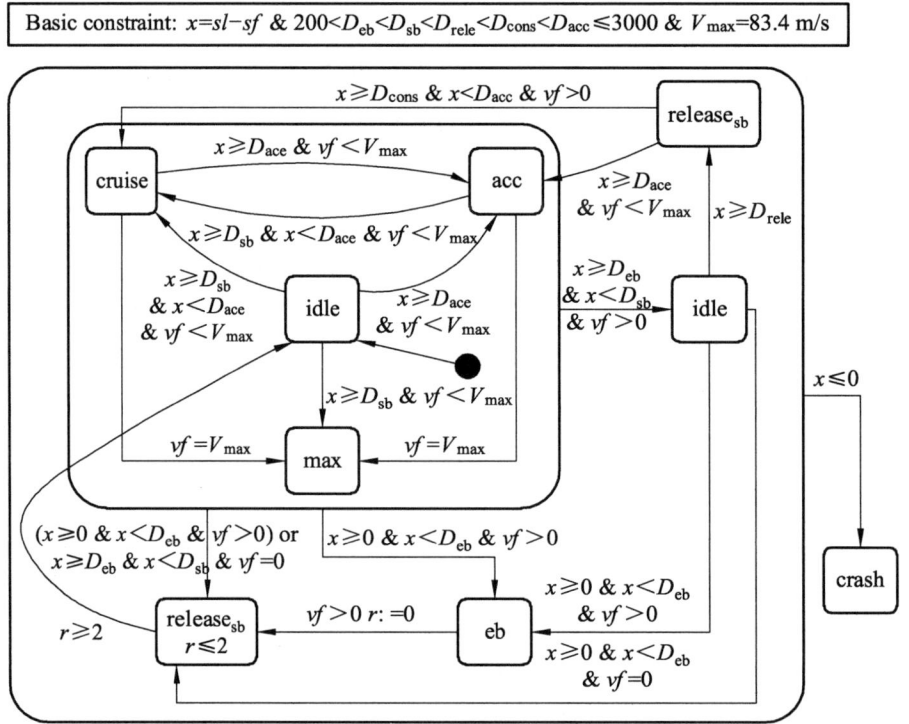

图 5-12 基于参数线性混成自动机的后行列车的距离控制器模型

表 5-4 参数线性混成自动机模型中对应的状态标号及其含义

状态标号	状态含义
idle	后行列车的初始状态
cruise	列车处于巡航或停车状态
acc	列车处于加速状态（加速度恒定）

续表

状态标号	状态含义
max	列车以最大速度运行
sb	列车触发常用制动
eb	列车触发紧急制动
release$_{sb}$	常用制动缓解
release$_{eb}$	紧急制动缓解
crash	列车追尾
D_{eb}	触发紧急制动的最短间隔
D_{sb}	触发常用制动的最短间隔
D_{rele}	常用制动缓解的最短间隔
D_{cons}	列车巡航运行的最短间隔
D_{acc}	列车巡航运行的最大间隔

建立移动闭塞控制系统下 MA 更新过程的概率混成自动机模型，如图 5-13 所示。模型中变量的含义如表 5-5 所示。该 PHA 模型包括测量列车位置（measure）、收到列车的位置报告并生成 MA 信息（send）和 MA 信息延时 d_k 单位时间（delay）3 个状态，且初始状态为 measure 状态。RBC 每隔 5 s 更新一次列车的位置报告，该过程由 measure 状态的输入置位条件"$c:=0$"、不等式约束"$c:\leqslant 5$"和流条件"$\dot{c}:=1$"描述。在该时间段内，前车主要对列车的完整性进行检测，并生成列车的位置报告。RBC 收到前车的位置报告后，进入 send 状态，更新前车的位置并生成后车的 MA 信息。运用正态分布函数 $m \sim N(s_l, \sigma)$ 表示前车的列车定位测量值。s_l 和 σ 分别表示前车的定位位置和定位的方差。由于无线通信具有不确定性，该模型中考虑两种异常情况：由于 RBC 故障或车载接收设备故障引起 MA 信息无效（由迁移 failure 表示），由丢包引起的 MA 信息传输延时（由迁移 delay 表示）。如果由于通信设备故障，导致 MA 信息无法生成或超过 d_k 单位的时间，则认为 MA 信息无效。为了保证列车的安全，需要保持前一个周期的 MA 信息不变，即 auth 不变。如果延时在允许的范围内或不发生延时，则更新相应的 MA 信息 $auth:=m-l-sd$。当模型处于 send 状态时，在迁移条件 $c\geqslant 1$ 满足的情况下，迁移 failure、delay 和 normal 分别以概率 $p+qb$、$1-p-q$ 和 qa 迁移到相应的后继状态。其中，p 表示 MA 信息无效的概率，q 表示 MA 出现延时的概率，$q=qa+qb$，qa 和 qb 分别表示延时不大于 1 s 和大于 1 s 的概率。

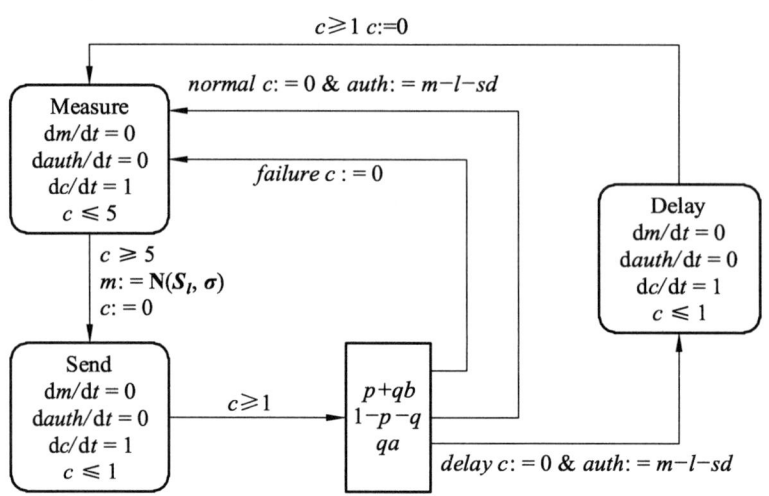

图 5-13　基于概率混成自动机的移动闭塞控制模型

表 5-5　概率混成自动机模型中对应的标号及其含义

变量标号	变量的含义
$auth$	后行列车的移动授权（MA）
c	局部时钟
m	前行列车位置的测量值
s_l	前行列车位置的实际值
sd	前行列车的长度
l	列车触发紧急制动
p	因通信设备故障引起 MA 无效的概率
q	MA 信息出现延时的概率
qa	MA 信息延时不大于 1s 的概率
qb	MA 信息延时大于 1s 的概率

在列车运行过程中，列车通信系统和定位系统的性能是不断变化的，因此，模型中的相关参数也是动态变化的，而且这些参数都是可通过传感器动态监测或运用 HA 模型预测得到的。此外，由于 PHA 能够用多种连续分布函数建模，所以列车定位误差的概率分布可以根据实际的统计数据确定。考虑到正态分布函数 $m \sim N(s_l, \sigma)$ 是表示测量位置最常用的描述函数，因此，本章使用 $m \sim N(s_l, \sigma)$ 描述列车的位置测量值。

移动闭塞控制系统主要包括以下关键要素：列车位置（Train Position）、安全距离（Safety Distance）和目标点（Target Point）。其中，安全距离是列车实施最大常用制动的附加距离，它用来保证列车在最坏的情况下不会发生碰撞。目标点是列车当前时刻能够运行到的最远位置点，相当于列车的移动授权。列车定位的精度对保证列车的安全起着重要作用。在实际的控制系统中，通信设备往往存在延时的问题，列车的定位测量过程中也存在定位误差。为了研究通信和定位设备对列车运行过程安全性的影响作用，除了设定安全距离之外，还引入了分段点 k 表示冗余安全距离，这主要是为了缩短列车的追踪间隔，保证轨道的使用效率。如图 5-14 所示，如果列车的定位位置与实际位置的误差不大于 k（$m-s_l \leqslant k$），则认为列车是安全的，k 可由设计者确定；否则认为列车是不安全的（$m > s_l + k$）。列车安全的概率通过公式（5-6）计算，列车不安全的概率通过公式（5-7）计算，其中，$\Phi(\cdot)$ 表示标准正态分布函数 N（0，1）。

$$p\{m \leqslant s_l + k\} = p\{m - s_l \leqslant k\} = p\left\{\frac{m-s_l}{\sigma} \leqslant \frac{k}{\sigma}\right\} = \Phi\left(\frac{k}{\sigma}\right) \quad （5\text{-}6）$$

$$p\{m > s_l + k\} = 1 - p\{m - s_l \leqslant k\} = 1 - p\left\{\frac{m-s_l}{\sigma} \leqslant \frac{k}{\sigma}\right\} = 1 - \Phi\left(\frac{k}{\sigma}\right) \quad （5\text{-}7）$$

在图 5-14 中，横轴表示列车的运行位置，纵轴表示后行列车的允许速度。sd 表示动态速度曲线的安全距离。EOA_SB 和 EOA_EB 分别表示常用制动曲线和紧急制动曲线的 MA 终点。RELC 表示列车的缓解速度曲线，SBD 为列车实施制动的位置点。引入的分界点 k 表示列车的实际运行位置与测量值之间的安全冗余距离。列车位置测量误差小于或等于 k 时的概率为"$p\{m \leqslant s_l + k\}$"，位置测量误差大于 k 时的概率为"$p\{m > s_l + k\}$"。安全距离 sd 一般由 ATP 系统直接提供，sd 与 k 之间相互独立。当列车的量化安全级别降低时，可以通过调整 k 使列车保持相应的量化安全级别。换句话说，前行列车的前端与紧急制动曲线终点 EOA_EB 的距离可表示为"$sd + s_l + k$"，列车的量化安全级别可通过调整安全冗余距离 k 得到调整。在该案例中，前车的位置测量值服从正态分布 $m \sim$ N（s_l, σ）。本章提出的方法用于评估安全冗余距离 k 对系统量化安全指标的影响，并且当安全指标恶化时，可通过调整 k 来保证相应的量化安全级别不变。该方法能够提高移动闭塞控制系统的自适应能力。

根据混成自动机之间的复合规则，由列车追踪的线性混成自动机模型和移动闭塞控制过程的概率混成自动机模型组成的复合模型如图 5-15 所示。该复合模型含有 25 个可达状态，

S_0 和 S_{24} 分别表示初始状态和危险状态。所有可达复合状态的意义和迁移条件的定义分别如表 5-6 和表 5-7 所示。

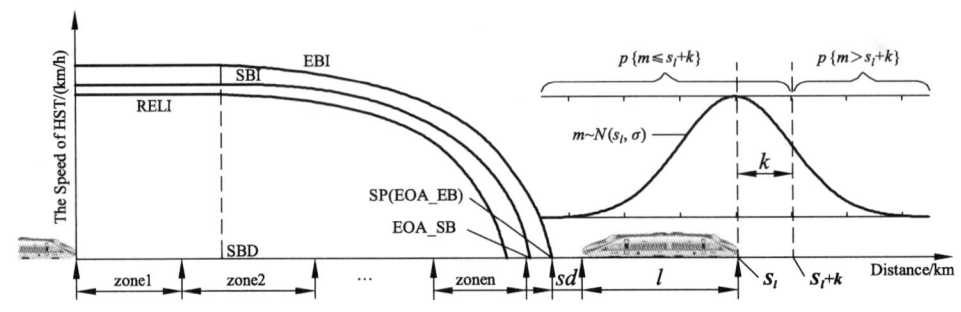

图 5-14　移动闭塞控制系统下列车的驾驶曲线结构

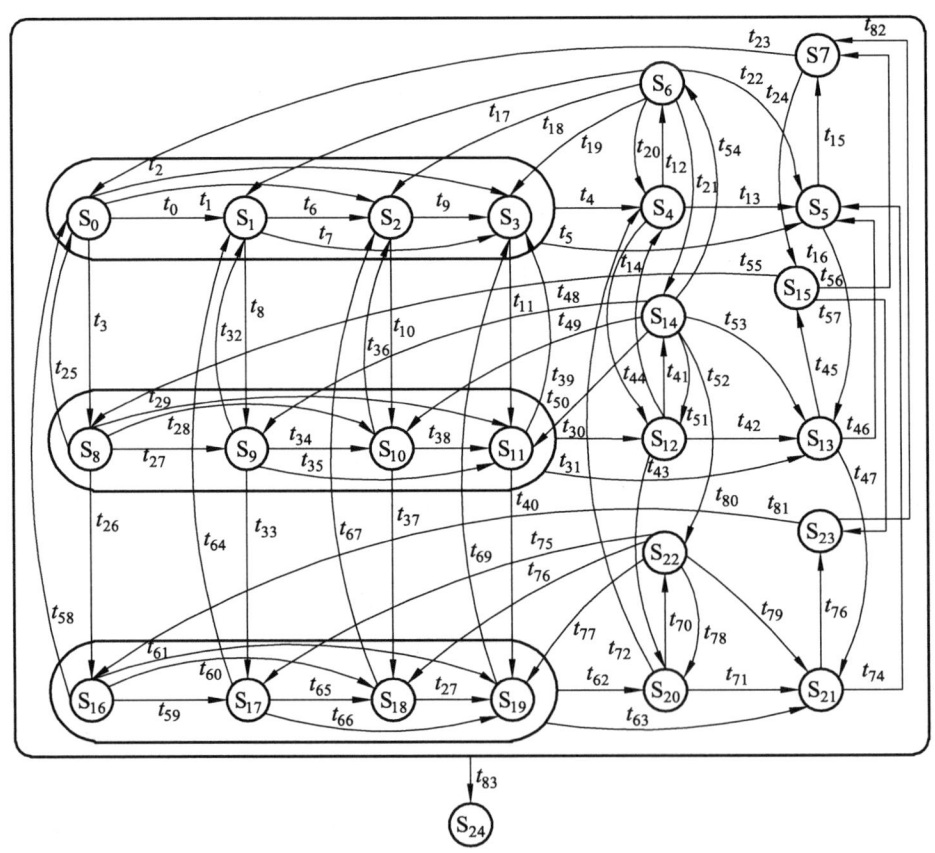

图 5-15　移动闭塞控制系统下列车运行的迁移图

表 5-6 迁移图（图 5-15）中对应的可达集状态

标号	可达状态	标号	可达状态
S_0	$\langle idle, free\_run, measure \rangle$	S_{13}	$\langle eb, free\_run, send \rangle$
S_1	$\langle cruise, free\_run, measure \rangle$	S_{14}	$\langle release_{sb}, free\_run, send \rangle$
S_2	$\langle acc, free\_run, measure \rangle$	S_{15}	$\langle release_{eb}, free\_run, send \rangle$
S_3	$\langle max, free\_run, measure \rangle$	S_{16}	$\langle idle, free\_run, delay \rangle$
S_4	$\langle sb, free\_run, measure \rangle$	S_{17}	$\langle cruise, free\_run, delay \rangle$
S_5	$\langle eb, free\_run, measure \rangle$	S_{18}	$\langle acc, free\_run, delay \rangle$
S_6	$\langle release_{sb}, free\_run, measure \rangle$	S_{19}	$\langle max, free\_run, delay \rangle$
S_7	$\langle release_{eb}, free\_run, measure \rangle$	S_{20}	$\langle sb, free\_run, delay \rangle$
S_8	$\langle idle, free\_run, send \rangle$	S_{21}	$\langle eb, free\_run, delay \rangle$
S_9	$\langle cruise, free\_run, send \rangle$	S_{22}	$\langle release_{sb}, free\_run, delay \rangle$
S_{10}	$\langle acc, free\_run, send \rangle$	S_{23}	$\langle release_{eb}, free\_run, delay \rangle$
S_{11}	$\langle max, free\_run, send \rangle$	S_{24}	$\langle crash, free\_run, * \rangle$
S_{12}	$\langle sb, free\_run, send \rangle$		

表 5-7 迁移图（图 5-15）中对应的迁移及其迁移条件和置位条件

迁移	迁移条件	置位条件
$\{t_3,t_8,t_{10},t_{11},t_{14},t_{16},t_{21},t_{24}\}$	$c \geqslant 5$	$p\{m \leqslant s_l+k\} \to c:=0 \wedge m:\leqslant s_l+k+1,$ $p\{m > s_l+k\} \to c:=0 \wedge m:\geqslant s_l+k-1.$
$\{t_{25},t_{32},t_{36},t_{39},t_{44},t_{46},t_{54},t_{56}\}$	$c \geqslant 1$	$1-p-q \to auth:=m-l-sd \wedge c:=0 \wedge m:=0$ $p \to c:=0 \wedge m:=0.$
$\{t_{26},t_{33},t_{37},t_{40},t_{43},t_{47},t_{52},t_{57}\}$	$c \geqslant 1$	$q \to auth:=m-l-sd \wedge c:=0 \wedge m:=0.$
$\{t_{58},t_{64},t_{67},t_{69},t_{72},t_{74},t_{80},t_{82}\}$	$c \geqslant 1$	$1 \to c:=0 \wedge m:=0.$
$\{t_0,t_{27},t_{59}\}$	$vf < v_{max} \wedge x > D_{sb}$ $\wedge x < D_{acc}$	$1 \to af:=0.$
$\{t_{12},t_{41},t_{70}\}$	$x \geqslant D_{rele}$	$1 \to af:=0.$
$\{t_{15},t_{45},t_{73}\}$	$vf=0$	$1 \to vf:=0 \wedge af:=0.$
$\{t_{17},t_{48},t_{75}\}$	$vf < v_{max} \wedge x \geqslant D_{cons}$ $\wedge x < D_{acc}$	$1 \to af:=0.$

续表

迁移	迁移条件	置位条件
$\{t_{23},t_{55},t_{81}\}$	$r\geqslant 2$	$1\rightarrow c:=0\wedge m:=0\wedge r:=0.$
$\{t_4,t_{20},t_{30},t_{51},t_{62},t_{78}\}$	$x>D_{eb}\wedge x\leqslant D_{sb}$	$1\rightarrow af:=a_{sb}.$
$\{t_1,t_{16},t_{18},t_{28},t_{34},t_{49},t_{60},t_{65},t_{76}\}$	$vf<v_{\max}\wedge x\geqslant D_{acc}$	$1\rightarrow af:=a_{acc}.$
$\{t_5,t_{13},t_{22},t_{31},t_{42},t_{53},t_{63},t_{71},t_{79}\}$	$x>0\wedge x\leqslant D_{eb}$	$1\rightarrow af:=a_{eb}.$
$\{t_2,t_7,t_9,t_{29},t_{35},t_{38},t_{50},t_{61},t_{66},t_{68},t_{77}\}$	$vf=v_{\max}\wedge x\geqslant D_{sb}$	$1\rightarrow af:=0.$
$\{t_{83}\}$	$x\leqslant 0$	—

传统的形式化验证方法主要用来验证确定性的安全目标，验证目标一般由计算树逻辑（Computation Tree Logic，CTL）或线性时序逻辑（Linear Time Logic，LTL）表示，该类形式化语言往往无法刻画随机性事件。然而，由于大多数的混成系统都含有随机参数，因此，将量化安全指标引入系统安全验证中具有重要的实际意义和研究价值。

根据时间有界的可达集验证方法，只需验证有限时间内列车运行的量化安全性，因此，将列车的运行时间区段设置为 $t\in[0,30]$ s。同时，将冗余安全距离设置为"$k=90$ m"。第一个案例主要用于分析列车的定位标准差 σ 和 MA 信息故障的概率 p 与 crash 状态的最大可达概率之间的关系，运用所提出的算法计算对应量化安全等级下随机参数的安全可行域。运用离线仿真计算得到的约束边界可以很容易地实现列车运行过程中的在线安全监控，同时解决形式化验证方法存在的状态空间爆炸问题。对图 5-15 所示的组合迁移模型，定义初始状态为"Loc[sys]=<idle, free_run, measure>$\wedge s_f=200\wedge v_f=0\wedge s_l=1400\wedge v_l=0\wedge\wedge auth=800\wedge c=0\wedge m=0$"。危险状态定义为"Loc[sys]=<crash, free_run, *>"。crash 状态的最大可达概率的验证结果可通过对不同的参数对应的模型进行验证得到，参数选取的区间为 $p\in[0,0.4]$，$\sigma\in[15,30]$。该案例中不考虑 MA 信息延时的因素，因此将延时参数 q 设置为"$q=0$"。部分最大可达概率的验证结果如表 5-8 所示，crash 状态的最大可达概率分布的三维视图如图 5-16 所示。运用 Algorithm 5-1，对应量化安全等级 QSL2 下 PRL1～PRL5 的不确定参数可行域如表 5-9 所示。由表 5-9 可知，可行域可表示为"$\sigma\leqslant f(p)$"，其中 $f(p)$ 表示参数可行域的边界。由量化安全分析的原理可知，量化安全等级 2（QSL2）下的各分级 PRL1～PRL5 对应的容许量化可达概率（Permitted Reachable Probability，PRP）分别为：1×10^{-3}，2×10^{-3}，3×10^{-3}，4×10^{-3} 和 5×10^{-3}。表 5-9 中的边界函数 $f(p)$ 可用于在线验证系统的量化安全级别，而不需要计算列车运行过程中 crash 状态实际的可达概率值。传统形式化验证方法往往比较复杂,验证过程会消耗大量的时间,导致其在实际的应用领域无法实现在线验证或监控。本章提出的方法则能有效解决这一问题。

表 5-8 crash 状态的最大可达概率(当 $k=90$ m 和 $t \in [0,30]$ s 时)

p	$k=90$,$t \in [0,30]$			
	$\sigma=15$	$\sigma=20$	$\sigma=25$	$\sigma=30$
0	$2.328\ 31 \times 10^{-8}$	$1.699\ 99 \times 10^{-5}$	$7.952\ 97 \times 10^{-4}$	$6.731\ 3 \times 10^{-4}$
0.05	$2.211\ 89 \times 10^{-8}$	$1.614\ 99 \times 10^{-5}$	$7.555\ 44 \times 10^{-4}$	$6.395\ 6 \times 10^{-3}$
0.10	$2.095\ 47 \times 10^{-8}$	$1.529\ 99 \times 10^{-5}$	$7.157\ 9 \times 10^{-4}$	$6.059\ 81 \times 10^{-3}$
0.15	$1.979\ 06 \times 10^{-8}$	$1.444\ 99 \times 10^{-5}$	$6.760\ 35 \times 10^{-4}$	$5.723\ 92 \times 10^{-3}$
0.20	$1.862\ 64 \times 10^{-8}$	$1.359\ 99 \times 10^{-5}$	$6.362\ 78 \times 10^{-4}$	$5.387\ 95 \times 10^{-3}$
0.25	$1.746\ 23 \times 10^{-8}$	$1.274\ 99 \times 10^{-5}$	$5.965\ 2 \times 10^{-4}$	$5.051\ 88 \times 10^{-3}$
0.30	$1.629\ 81 \times 10^{-8}$	1.19×10^{-5}	$5.567\ 61 \times 10^{-4}$	$4.715\ 73 \times 10^{-3}$
0.35	$1.513\ 4 \times 10^{-8}$	1.105×10^{-5}	$5.170\ 01 \times 10^{-4}$	$4.379\ 48 \times 10^{-3}$
0.40	$1.396\ 98 \times 10^{-8}$	1.02×10^{-5}	$4.772\ 39 \times 10^{-4}$	$4.043\ 14 \times 10^{-3}$

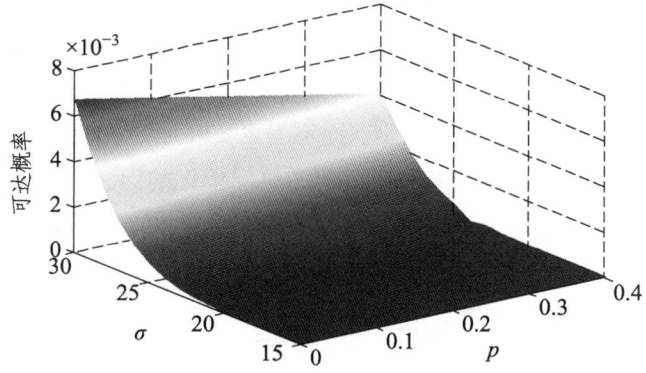

图 5-16 crash 状态的最大可达概率分布(当 $k=90$ m 和 $t \in [0,30]$ s)

表 5-9 对应 QSL2 安全等级下参数 p 和 σ 对应的可行域(当 k 设置为 90 m 时)

PRL	PRP	可行域
PRL1	1×10^{-3}	$\sigma \leqslant 3.051\ 9p^3+0.765\ 9p^2+1.811p+25.430\ 7$
PRL2	2×10^{-3}	$\sigma \leqslant 2.722\ 9p^3+0.847p^2+2.226\ 9p+26.849\ 2$
PRL3	3×10^{-3}	$\sigma \leqslant 2.492p^3+1.181p^2+2.468\ 9p+27.791\ 4$
PRL4	4×10^{-3}	$\sigma \leqslant 2.556p^3+1.267\ 5p^2+2.699\ 4p+28.518$
PRL5	5×10^{-3}	$\sigma \leqslant 2.428\ 7p^3+1.648p^2+2.814p+29.126\ 5$

为了验证所提出算法的正确性，通过选择具体的参数 σ 和 $p=0.01$，计算 crash 状态的实际可达概率（Real Reachable Probability，RRP）如表 5-10 中第二列所示。例如，当定位标准差 $\sigma=24$ 时，系统对应的实际可达概率 RRP 为 4.376×10^{-4}。如果与定位测量标准差 σ 对应的实际可达概率小于 PRL1~PRL5 对应的 PRP 值，则定位系统的位置测量精度能够满足对应的量化安全等级需求，否则不满足对应的量化安全等级，需要提高定位的精度以满足对应的量化安全等级的需求。验证结果如表 5-10 所示，其中√表示满足对应的 PRL 需求，×表示不满足对应的 PRL 需求。通过表 5-9 中各量化安全等级的安全可行域可以快速判断系统的定位精度是否满足对应的量化安全等级。由表 5-9 可知，QSL2 下的 PRL1~PRL5 对应的可达概率边界值分别为 25.448 9、26.871 6、27.816 2、28.545 1 和 29.154 8，该值由对应的约束函数 $f(p)$ 计算得到。当对应的 $\sigma \leqslant f(p)$ 时，定位测量标准差满足对应的量化安全等级的需求，例如：当"$\sigma=24$"时，σ 小于 QSL2 下 PRL1~PRL5 对应的约束表达式的边界值，因此，"$\sigma=24$"满足 QSL2 下 PRL1~PRL5 等级的量化安全指标；当"$\sigma=26$"时，σ 大于 QSL2 下 PRL1 等级的量化安全指标，小于 QSL2 下 PRL2~PRL5 等级的量化安全指标，因此，"$\sigma=26$"满足 QSL2 下 PRL2~PRL5 等级的量化安全指标，而不满足 QSL2 下 PRL1 等级对应的量化安全指标。通过以上的分析可知，通过仿真计算得到的不确定参数的安全可行域与实际计算 crash 状态的可达概率的验证结果一致。该可行域能够快速判断列车的定位测量精度能否满足对应的量化安全级别，而不需要实际计算系统对应的可达概率。因此，所提出的算法能很好地解决模型检验过程中状态空间爆炸的问题，通过离线的仿真计算，得到系统参数的可行域，该可行域将用于列车运行过程中在线的安全验证问题。

表 5-10 表 5-9 中的可行域验证结果（$p=0.01$）

σ	RRP	PRL1	PRL2	PRL3	PRL4	PRL5
24	4.376×10^{-4}	✓	✓	✓	✓	✓
25	7.873×10^{-4}	✓	✓	✓	✓	✓
26	1.329×10^{-3}	✗	✓	✓	✓	✓
27	2.122×10^{-3}	✗	✗	✓	✓	✓
28	3.232×10^{-3}	✗	✗	✗	✓	✓
29	4.725×10^{-3}	✗	✗	✗	✗	✓
30	6.664×10^{-3}	✗	✗	✗	✗	✗

以上的仿真结果只考虑了列车定位精度的情况，而以下部分将同时考虑不确定参数

（MA 故障概率和列车定位精度）在对应量化安全级别下可行域的计算问题。在设置不同的安全冗余距离（$k = 80$ m 和 $k = 70$ m）的情况下，计算系统 crash 状态的可达概率值如表 5-11 所示，并运用所提出的仿真算法计算对应量化安全级别的不确定参数可行域，如表 5-12 和表 5-13 所示。由表 5-12 和表 5-13 可知，高级别 PRL 对应的可行域比低级别 PRL 的可行域要小。当冗余安全距离缩短时，不确定参数的可行域也会缩小。因此，对于移动闭塞控制系统，在列车定位精度和通信系统性能恶化的情况下，可以通过灵活调节冗余安全距离保证列车的量化安全指标需求。

表 5-11　crash 状态对应的最大可达概率（当 $k = 80$ m 和 $k = 70$ m 时）

p	$k = 80$，$t \in [0,30]$			
	$\sigma = 15$	$\sigma = 20$	$\sigma = 25$	$\sigma = 30$
0	$1.122\,25 \times 10^{-6}$	$1.583\,9 \times 10^{-4}$	$3.430\,98 \times 10^{-3}$	$1.900\,58 \times 10^{-2}$
0.05	$1.066\,13 \times 10^{-6}$	$1.504\,71 \times 10^{-4}$	$3.259\,66 \times 10^{-3}$	$1.806\,24 \times 10^{-2}$
0.10	$1.010\,02 \times 10^{-6}$	$1.425\,52 \times 10^{-4}$	$3.088\,31 \times 10^{-3}$	$1.711\,83 \times 10^{-2}$
0.15	$9.539\,08 \times 10^{-7}$	$1.346\,33 \times 10^{-4}$	$2.916\,94 \times 10^{-3}$	$1.617\,35 \times 10^{-2}$
0.20	$8.977\,96 \times 10^{-7}$	$1.267\,13 \times 10^{-4}$	$2.745\,54 \times 10^{-3}$	$1.522\,79 \times 10^{-2}$
0.25	$8.416\,84 \times 10^{-7}$	$1.187\,94 \times 10^{-4}$	$2.574\,12 \times 10^{-3}$	$1.428\,16 \times 10^{-2}$
0.30	$7.855\,72 \times 10^{-7}$	$1.108\,75 \times 10^{-4}$	$2.402\,68 \times 10^{-3}$	$1.333\,46 \times 10^{-2}$
0.35	$7.294\,59 \times 10^{-7}$	$1.029\,56 \times 10^{-4}$	$2.231\,21 \times 10^{-3}$	$1.238\,69 \times 10^{-2}$
0.40	$6.733\,47 \times 10^{-7}$	$9.503\,63 \times 10^{-5}$	$2.059\,72 \times 10^{-3}$	$1.143\,85 \times 10^{-2}$
p	$k = 70$，$t \in [0,30]$			
	$\sigma = 15$	$\sigma = 20$	$\sigma = 25$	$\sigma = 30$
0	$7.649\,97 \times 10^{-6}$	$1.162\,61 \times 10^{-3}$	$1.271\,05 \times 10^{-2}$	$4.812\,27 \times 10^{-2}$
0.05	$7.267\,47 \times 10^{-6}$	$1.104\,5 \times 10^{-3}$	$1.207\,81 \times 10^{-2}$	$4.576\,15 \times 10^{-2}$
0.10	$6.884\,97 \times 10^{-6}$	$1.046\,4 \times 10^{-3}$	$1.144\,53 \times 10^{-2}$	$4.339\,55 \times 10^{-2}$
0.15	$6.502\,48 \times 10^{-6}$	$9.882\,86 \times 10^{-4}$	$1.081\,22 \times 10^{-2}$	$4.102\,49 \times 10^{-2}$
0.20	$6.119\,98 \times 10^{-6}$	$9.301\,73 \times 10^{-4}$	$1.017\,88 \times 10^{-2}$	$3.864\,96 \times 10^{-2}$
0.25	$5.737\,48 \times 10^{-6}$	$8.720\,57 \times 10^{-4}$	$9.545\,09 \times 10^{-3}$	$3.626\,96 \times 10^{-2}$
0.30	$5.354\,98 \times 10^{-6}$	$8.139\,39 \times 10^{-4}$	$8.911\,02 \times 10^{-3}$	$3.388\,48 \times 10^{-2}$
0.35	$4.972\,48 \times 10^{-6}$	$7.558\,18 \times 10^{-4}$	$8.276\,64 \times 10^{-3}$	$3.149\,54 \times 10^{-2}$
0.40	$4.589\,99 \times 10^{-6}$	$6.976\,95 \times 10^{-4}$	$7.641\,93 \times 10^{-3}$	$2.910\,12 \times 10^{-2}$

表 5-12 对应等级 QSL2 安全等级下参数 p 和 σ 对应的可行域（当 k 调节为 80 m 时）

PRL	PRP	可行域
PRL1	1×10^{-3}	$\sigma \leqslant 0.516\ 4p^3+0.827\ 2p^2+0.506\ 5p+23.743\ 7$
PRL2	2×10^{-3}	$\sigma \leqslant 1.792\ 5p^3+0.527\ 4p^2+1.020\ 3p+24.349\ 3$
PRL3	3×10^{-3}	$\sigma \leqslant 2.395p^3+0.624\ 6p^2+1.310\ 1p+24.820\ 5$
PRL4	4×10^{-3}	$\sigma \leqslant 2.805\ 8p^3+0.748\ 9p^2+1.366p+25.218\ 3$
PRL5	5×10^{-3}	$\sigma \leqslant 3.610\ 3p^3+0.780\ 8p^2+1.784\ 8p+25.576\ 2$

表 5-13 对应等级 QSL2 安全等级下参数 p 和 σ 对应的可行域（当 k 调节为 70 m 时）

PRL	PRP	可行域
PRL1	1×10^{-3}	$\sigma \leqslant 0.412\ 7p^3+0.884\ 6p^2+1.539\ 6p+19.765\ 4$
PRL2	2×10^{-3}	$\sigma \leqslant 1.257p^3+0.711\ 8p^2+1.944\ 8p+21.078\ 5$
PRL3	3×10^{-3}	$\sigma \leqslant 1.494\ 3p^3+0.611\ 3p^2+2.006\ 2p+22.000\ 8$
PRL4	4×10^{-3}	$\sigma \leqslant 1.728\ 7p^3+0.569\ 3p^2+1.975\ 9p+22.637\ 7$
PRL5	5×10^{-3}	$\sigma \leqslant 2.010\ 5p^3+0.468\ 7p^2+1.980\ 9p+23.107\ 5$

选择量化安全级别 QSL2 下的 PRL1 为例来说明在线安全监控方法的实际应用。当检测到 MA 信息的故障概率为 0.1 时，不同的冗余安全距离对应的约束边界分别如图 5-17 中的点 P_1（0.1, 26.62）、P_2（0.1, 23.80）和 P_3（0.1, 19.93）所示。在对应的冗余安全距离下，该约束边界用于判断当前的定位精度是否满足量化安全级别 QSL2 下的 PRL1 等级。例如：① 当安全冗余距离设置为 90 m、定位测量标准差"$\sigma \leqslant 26.62$"时，系统满足 QSL2 下的 PRL1 等级的需求，否则不满足。② 当安全冗余距离设置为 80 m、定位测量标准差"$\sigma \leqslant 23.8$"时，系统满足 QSL2 下的 PRL1 等级的需求，否则不满足。③ 当安全冗余距离设置为 70 m、定位测量标准差"$\sigma \leqslant 19.93$"时，系统满足 QSL2 下的 PRL1 等级的需求，否则不满足。此外，当列车的量化安全性能恶化时，可以采取相应的调整策略保证列车的量化安全性能。例如：① 若列车当前的运行参数设置为"$k=80$，$p=0.1$，$23.8 \leqslant \sigma \leqslant 25.62$"（如图 5-17 中的 P_5 点所示），列车不满足 QSL2 下的 PRL1 等级的需求。为了保持列车仍能满足 QSL2 下的 PRL1 等级的需求，可以将冗余安全距离从 80 m 调整到 90 m，或者通过提高列车的定位精度，将 σ 降低到 23.8 以下。② 当列车的运行参数靠近约束边界时，如图 5-17 中的 P_6 点（$k=90$，$0 \leqslant p \leqslant 0.1$，$\sigma = 25.62$），可以通过提高 MA 信息失效的概率 p 使 P_6 点移

动到 P_1 点的右侧，也即通过不使用更新后的 MA 信息来保证列车满足 QSL2 下的 PRL1 等级的量化安全需求。

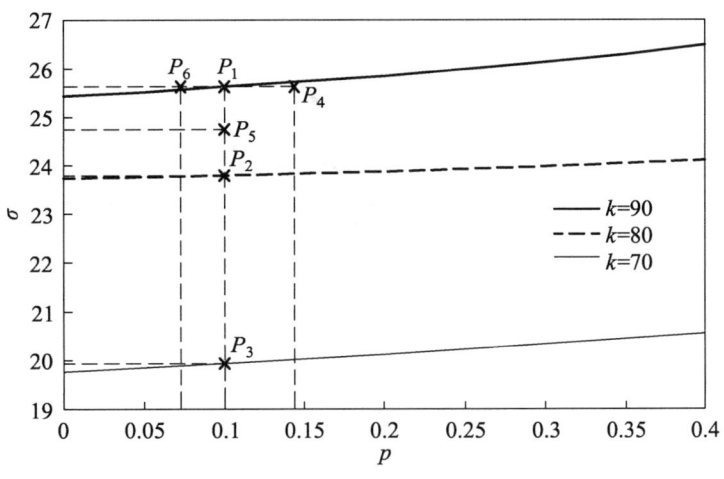

图 5-17 安全监控方法的应用举例

在以下案例中，当列车的安全冗余距离设置为 $k=90$ m，且列车位置测量的标准差为 $\sigma=20$ 时，同时考虑 MA 信息的故障概率 p 和延时概率 q 两个不确定参数的可行域。crash 状态的最大可达概率值通过仿真随机参数在区间 $p\in[0,0.4]$ 和 $q\in[0,0.4]$ 的所有组合获取。基于 $t\in[0,30]$ s 内的仿真验证数据，运用所提出的拟合算法 Algorithm 5-1 可以获得 $t\in[0,30]$ 内的 crash 状态的最大可达概率分布情况如图 5-18 所示。由图 5-18 可知，crash 状态的最大可达概率随着 q 的增大而减小，同时随着 p 的减小而减小。当"$k=90$ m$\wedge\sigma=20$"时，运用 Algorithm 5-1 计算得到量化安全等级 QSL4 下 PRL1～PRL3 等级下随机参数 p 和 q 的可行域如表 5-14 所示，对应的 PRL1～PRL3 等级下约束边界如图 5-19 所示。

表 5-14 对应 QSL4 下 PRL1～PRL3 等级下参数 p 和 q 对应的可行域

PRL	PRP	可行域
PRL1	1×10^{-5}	$q\geqslant 1.696\ 9p^5-1.609\ 5p^4+0.603\ 5p^3-0.106\ 9p^2-0.035\ 9p+0.038\ 5$
PRL2	2×10^{-5}	$q\geqslant 1.374\ 4p^5-1.205\ 4p^4+0.282\ 4p^3+9.859\ 5\text{e-}4p^2-0.023\ 2p+0.018\ 8$
PRL3	3×10^{-5}	$q\geqslant-4.515\ 2p^5+2.895\ 5p^4-0.436\ 5p^3-0.052\ 6p^2-0.005p+0.012\ 2$

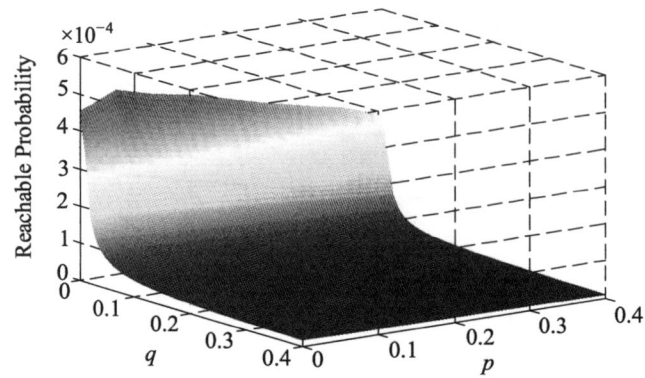

图 5-18　同时考虑 MA 丢包和延时概率时 crash 状态的最大可达概率

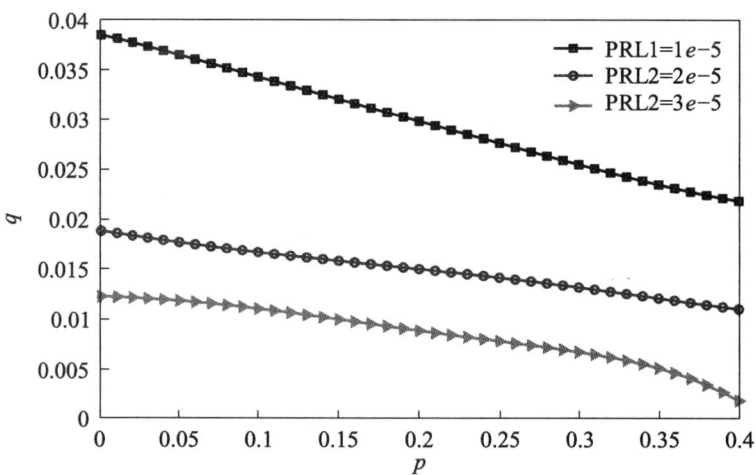

图 5-19　同时考虑 MA 丢包和延时概率时 crash 状态的可达概率（$k=90$，$\sigma=20$，$t\in[0,30]$）

参考文献

[1] CHENG R, ZHOU J, CHEN D, SONG Y. Model-based verification method for solving the parameter uncertainty in the train control system [J]. Reliability Engineering & System Safety, 2016, 145: 169-182.

[2] T.A. Henzinger, P.H. Ho, H Wong-Toi. Algorithmic analysis of nonlinear hybrid systems [J]. IEEE Transactions on Automatic Control, 1998, 43: 540-554.

[3] G Babykina, N Brînzei, J.F Aubry, et.al. Modeling and simulation of a controlled steam generator in the context of dynamic reliability using stochastic hybrid automaton [J]. Reliability Engineering & System Safety, 2016, 152: 115-136.

[4] F Chiacchio, D D'Urso, G Manno, et al. Stochastic hybrid automaton model of a multi-state system with aging: reliability assessment and design consequences [J]. Reliability Engineering & System Safety, 2016, 149: 1-13.

[5] L.T. Herbert, Z.N.L Hansen. Restructuring of workflows to minimize errors via stochastic model checking: An automated evolutionary approach [J]. Reliability Engineering & System Safety, 2016, 145: 351-365.

[6] R Calinescu, C Ghezzi, K Johnson, et al. Formal verification with confidence intervals to establish quality of service properties of software systems [J]. IEEE Transactions on Reliability, 2016, 65(1): 107-125.

[7] E M Hahn, A Hartmanns, H Hermanns, et al. A compositional modelling and analysis framework for stochastic hybrid systems [J]. Formal Methods in System Design, 2013, 43(2): 191-232.

[8] M Fränzle, S Gerwinn, P Kröger, et al. Multi-Objective parameter synthesis in probabilistic hybrid systems [C]. International Conference on Formal Modeling and Analysis of Timed Systems. Springer, Cham, 2015: 93-107.

[9] E M Hahn. Model checking stochastic hybrid systems [D]. Saarbrücken, Saarland, Germany: Saarland University, 2013.

[10] M Fränzle, E M Hahn, H Hermanns, et al. Measurability and safety verification for stochastic hybrid systems [C]. Proceedings of the 14th international conference on Hybrid systems: computation and control. ACM, 2011: 43-52.

[11] L Zhang, Z She, S Ratschan, and et al. Safety verification for probabilistic hybrid systems [J]. European Journal of Control, 2012, 18(6): 572-587.

[12] A E Summers. Techniques for assigning a target safety integrity level [J]. ISA Transactions, 1998, 37(2): 95-104.

[13] Y Langeron, A Barros, A Grall, et al. Combination of safety integrity levels (SILs): A study

of IEC61508 merging rules [J]. Journal of Loss Prevention in the Process Industries, 2008, 21(4): 437-449.

[14] R Cheng, Y Cheng, D Chen, H Song. Online quantitative safety monitoring approach for unattended train operation system considering stochastic factors [J]. Reliability Engineering & System Safety, 2021, 216: 107-933.

6

基于参数 Markov 模型的系统可靠性在线评估方法

动态故障树[1-5]（Dynamic Fault Tree，DFT）模型是分析系统可靠性的重要工具。然而，传统的 DFT 建模过程主要依赖于各领域专家和工程人员的经验。由于不同专家对同一系统关注的侧重点和理解程度存在差异，因此，不同的技术人员建立的 DFT 模型互不相同，这也导致了开发人员所使用的模型与安全分析师使用的验证模型存在歧义或不一致的问题。为了保证系统设计模型与系统分析模型（可靠性分析模型与安全分析模型）的一致性，本章引入半形式化的系统建模语言来建立 ATP 系统的动态故障树模型。

可修系统是可靠性理论中一类重要的系统，也是可靠性数学的主要研究对象之一。研究可修系统的主要数学工具是随机过程理论，当构成系统各部件的寿命分布、故障后的修理时间分布及其他有关分布均为指数分布时，只需适当定义系统的状态，这样的系统总可以由马尔可夫过程来描述。本章提出分层迭代分析方法近似估算系统瞬态可靠性指标，以提高系统可靠性指标的计算速度。同时，在考虑不完全覆盖故障的情况下，研究运用马尔可夫模型分析动态故障树可靠性的方法。

6.1 动态故障树建模方法

静态故障树模型仅能表征系统各部件之间的静态逻辑组合关系。为了描述动态系统各组成部件之间的顺序逻辑关系，美国的 J.B.Dugan 教授于 1993 年提出了动态故障树的概念及相关的动态逻辑门。

6.1.1 动态逻辑门

动态逻辑门主要包括功能相关门（Functional DEPendency gate，FDEP）、顺序门（SEQuence enforcing gate，SEQ）、优先与门（Priority-AND gate，PAND）、冷备件门（Cold-SPare gate，CSP）、温备件门（Warm-SPare gate，WSP）和热备件门（Hot-SPare gate，HSP）。动态逻辑门的特征和模型表示如下所述。

1. 功能相关门

特征：当触发事件发生时，将导致一些相关事件不可达或无法使用，而任何相关事件的发生不影响触发事件。FDEP 门的非相关输出事件不影响 DFT 中的其他结构，所以一般用虚线表示。功能相关门如图 6-1 所示。

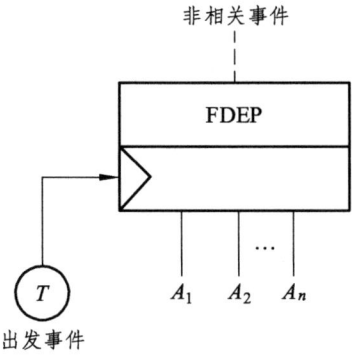

图 6-1　功能相关门

2. 顺序相关门

特征：SEQ 门具有多个输入事件，并强制输入事件按照从左到右的顺序发生。顺序相关门如图 6-2 所示，事件 $A_1, A_2, \cdots, A_n$ 按照从左到右的顺序发生失效。

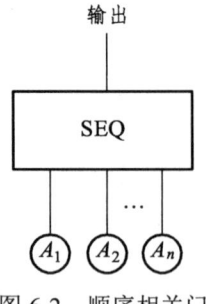

图 6-2　顺序相关门

3. 优先与门

特征：当输入事件按照从左到右的顺序发生时，输出事件发生；若输入事件以其他顺序发生，则输出事件不发生。PAND 门可以级联使用。PAND 门与 SEQ 门类似，两者的区别在于 PAND 门允许输入事件以任意的顺序发生，而 SEQ 门则强制输入事件只能按照从左到右的顺序发生。优先与门如图 6-3 所示。

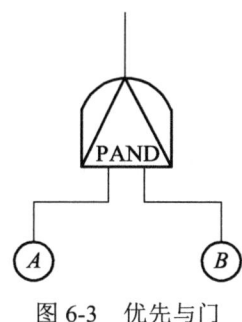

图 6-3　优先与门

4. 备件门

备件门通常由一个主输入部件和一个或多个备份部件组成。备件具有与主件相同的功能和失效率。按照备件失效机理的不同，备件分为冷备（CSP）部件、温备（WSP）部件和热备（HSP）部件。对应备件门的模型如图 6-4 所示。

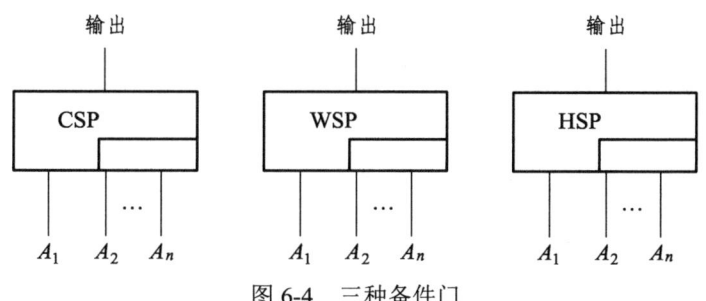

图 6-4　三种备件门

冷备件门具有一个基本输入和一个以上的可选输入，所有的输入事件都是基本事件。基本输入在系统开始运转时就进入工作状态，而可选输入在主件工作时处于非工作状态，只是作为基本输入的替代备件。在所有的输入事件都发生后，冷备件门的输出事件发生。

温备件门具有一个基本输入和一个以上的可选输入。基本输入与冷备件门的基本输入概念相同。其可选输入与冷备件门的区别在于：在基本工作部件失效前，可选部件作为温储备部件，工作于温储备状态，即此时输入部件的失效率为正常工作时的 a 倍，$0 \leqslant a \leqslant 1$。

基本工作部件失效后，温备件逐个替补。当所有的输入事件都发生后，温备件门的输出事件发生。热备件门是温备件门的特例，热储备状态对应温储备状态 $a=1$ 时的情况。

6.1.2 马尔可夫型可修系统[6]

设 $\{X(t),t \geq 0\}$ 是取值在 $E=\{0,1,\cdots\}$ 或 $E=\{0,1,\cdots,N\}$ 状态上的一个随机过程。若对任意自然数 n，及任意 n 个时刻点 $0 \leq t_1 < t_2 < \cdots < t_n$，均有

$$P\{X(t_n)=i_n \mid X(t_1)=i_1, X(t_2)=i_2, \cdots, X(t_{n-1})=i_{n-1}\}$$
$$=P\{X(t_n)=i_n \mid X(t_{n-1})=i_{n-1}\}, i_1, i_2, \cdots, i_n \in E$$

则称 $\{X(t),t \geq 0\}$ 为离散状态空间 E 上的连续时间马尔可夫过程。如果对任意 $t,u \geq 0$，均有

$$P\{X(t+u)=j \mid X(u)=i\}=P_{ij}(t), i,j \in E$$

与 u 无关，则称马尔可夫过程 $\{X(t),t \geq 0\}$ 是时齐的。对固定的 $i,j \in E$，函数 $P_{ij}(t)$ 称为转移概率函数。$\boldsymbol{P}(t)=[P_{ij}(t)]$ 称为转移概率矩阵。

假定可修系统包含 $N+1$ 个状态，则系统状态集、工作状态集和故障状态集分别定义为 $E=\{0,1,\cdots,N\}$、$W=\{0,1,\cdots,K\}$ 和 $F=\{K+1,K+2,\cdots,N\}$。令 $X(t)$ 表示时刻 t 该系统所处的状态。若 $\{X(t),t \geq 0\}$ 是一个时齐马尔可夫过程，且在充分小的时间 Δt 内的转移概率函数满足

$$P_{ij}(\Delta t)=a_{ij}\Delta t+o(\Delta t), i,j \in E, i \neq j$$

其中，$\{a_{ij}:i,j \in E, i \neq j\}$ 是给定的，并且 $a_{ij} \geq 0$。

$$a_{ij}=\begin{cases} \lim\limits_{\Delta t \to 0}\dfrac{P_{ij}(\Delta t)}{\Delta t}=q_{ij}, i \neq j, \\ \lim\limits_{\Delta t \to 0}\dfrac{1-P_{ii}(\Delta t)}{\Delta t}=-q_i, i=j, \end{cases} i,j \in E$$

6.1.3 常用动态故障树到马尔可夫型可修系统的转换

运用马尔可夫过程分析系统的动态故障树模型时，须遵循如下假设：

（1）部件的状态转移函数为常数，也即系统的失效率和维修率服从负指数分布。

（2）系统或部件的状态为二态，即只有正常和故障两种状态。

（3）在某一时刻，系统中不会同时发生两个部件或多个部件故障的情况。

功能相关门经转换后的马尔可夫模型如图 6-5 所示。其中：λ_1 表示触发事件 A_1 的工作

失效率，λ_2 和 λ_3 分别为输入事件 A_2 和 A_3 的失效率；μ_i，$i=1,2,3$ 为对应部件的维修率；"000"为三个部件均正常工作的系统状态；F1～F5 表示系统的故障状态。由于部件发生故障的顺序不同，因此，F2"011"和 F4"011"表示两个不同的系统状态。

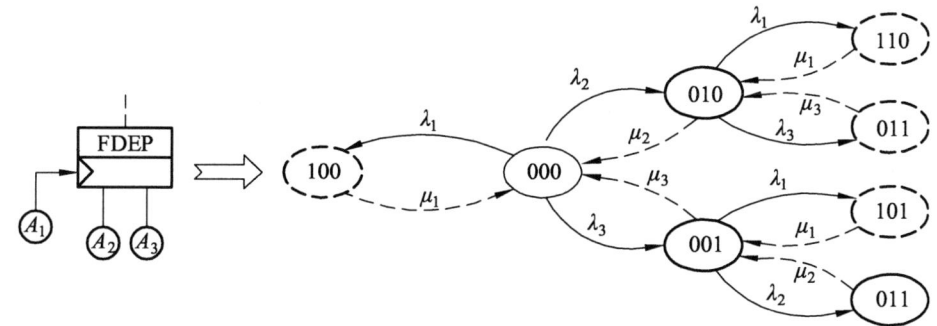

图 6-5 功能相关门经转换后的马尔可夫模型

两输入的优先与门对应的马尔可夫模型如图 6-6 所示。λ_1 和 λ_2 分别表示部件 A 和部件 B 处于工作状态的失效率，μ_1 和 μ_2 分别表示部件 A 和部件 B 的维修率。"00"表示输入事件 A 和 B 都处于工作状态，"10"表示 A 处于正常工作状态而 B 故障，"01"表示 B 处于正常工作状态而 A 故障，"Fail"表示输入事件 A 和 B 都故障且输入事件 A 先于输入事件 B 发生故障，"11"表示 A 和 B 都故障且 B 先于 A 发生故障。

冷备件门和热备件门对应的马尔可夫模型分别如图 6-7 和图 6-8 所示。其中，A 表示基本输入，B 表示备件。λ_1 和 λ_2 分别表示部件 A 和部件 B 处于工作状态的失效率，μ_1 和 μ_2 分别表示部件 A 和部件 B 的维修率。对于冷备件门，"00"表示两部件都处于正常工作状态，"10"表示部件 A 失效而部件 B 处于工作状态，"Fail"指优先与门处于失效的状态，对应的输出事件发生。对于热备件门，各状态具有与优先与门相同的含义。对于温备件门，对应的马尔可夫模型与图 6-8 相同，只是"00"到"01"状态的故障率小于 λ_2。

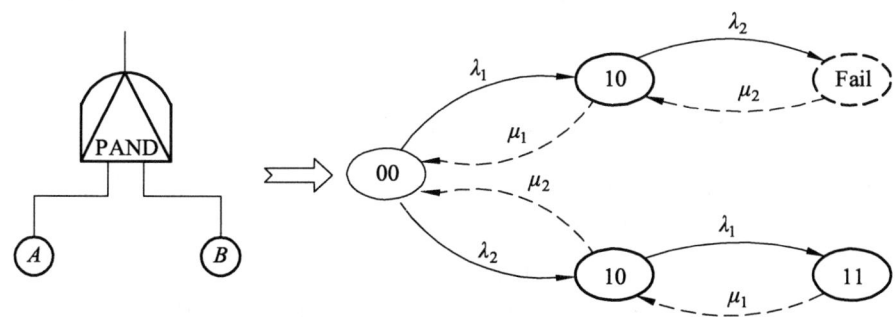

图 6-6 优先与门经转换后的马尔可夫模型

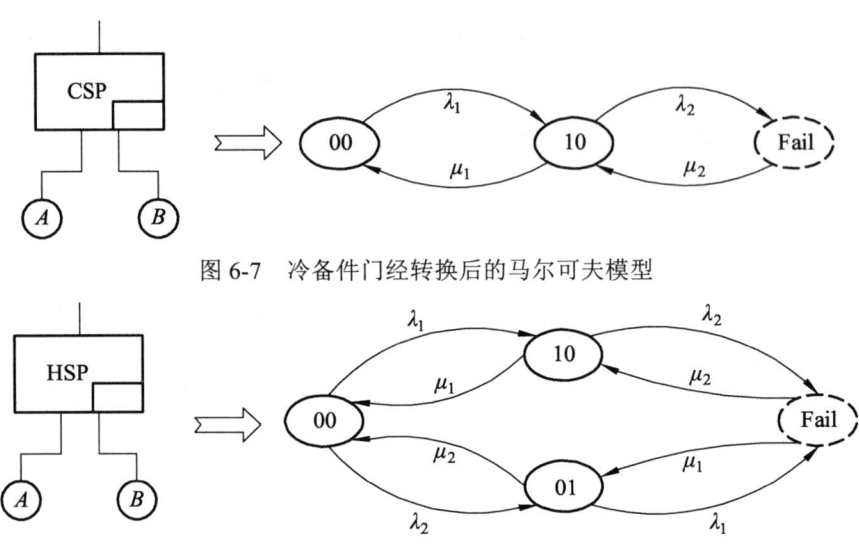

图 6-7 冷备件门经转换后的马尔可夫模型

图 6-8 热备件门经转换后的马尔可夫模型

6.2 基于动态故障树的可靠性及安全性在线评估方法

对于安全苛求系统，系统的需求规范是系统开发的起点和基础。系统需求规范的正确性直接关系到系统开发的正确性和系统运营过程中的安全性及可靠性。因此，系统的开发过程包括系统安全验证、系统可靠性分析与评估、系统开发和设计三个阶段。首先，系统安全验证阶段保证系统的需求规范满足安全性的要求。其次，系统的可靠性分析要建立在系统安全模型的基础上，系统安全是可靠性分析及评估的重要前提条件。最后，只有在保证系统安全和可靠性指标的基础上，系统设计和开发过程才具有实际意义。

列车的 ATP 系统由多个子部件组成，各部件之间的逻辑关系比一般系统更加复杂。然而，为了分析 ATP 系统的可靠性，传统的动态故障树建模主要依靠铁路专家的经验来完成。由于不同专家的关注点和理解程度不同，不同的专家和设计者建立的分析模型往往也是不同的。这也导致了开发人员所使用的模型与安全分析师使用的验证模型之间有可能存在歧义或不一致的情况。各种模型的不一致有时会增加设计和开发成本，有时会影响到系统的运营维护，甚至危及系统的运行安全。因此，为了避免依赖专家经验建立系统可靠性分析模型，本章引入半形式化的建模语言作为系统需求规范与可靠性分析模型之间的桥梁。该处理方法同时也保证了系统的安全分析模型、可靠性分析模型及系统开发模型之间的一致性，更便于不同开发人员之间的有效沟通。本章采用 SysML 作为半形式化模型的建模语言。

通常情况下，系统需求是以自然语言描述的文本文件。为了使系统开发和安全分析更加简便，一般使用半形式化的建模语言建立系统需求规范的模型，如 UML 或 SysML。为了验证系统需求规范的正确性，将半形式化的模型转换为计算机可以执行的形式化模型，转换的过程须保证系统需求规范与形式化模型之间的一致性。如果形式化模型满足安全性需求，则系统需求规范和形式化模型是正确的；否则，系统需求规范不正确或存在缺陷，形式化验证结果将以反例的形式给出。工程师可以通过模型检验器给出的反例定位错误并修改对应的形式化模型、由半形式化模型到形式化模型的映射规则、半形式化模型、由系统需求规范到半形式化模型的映射规则或系统需求规范。重复迭代以上验证过程，直到形式化模型能够满足系统的安全性需求为止。

安全苛求系统的可靠性与安全性的分析框架如图 6-9 所示。为了保证可靠性分析模型与安全分析模型和系统设计模型的一致性，根据 SysML 模型建立 ATP 系统的动态故障树模型。运用 SysML 模型便于不同团队在系统开发和运营维护过程中相互沟通，且在 ATP 系统的扩展和升级过程中具有重要意义。系统的可靠性分析与评估方法包括以下步骤：首先，基于 SysML 模型建立系统的动态故障树模型，以挖掘 ATP 各组成模块的功能依赖关系。其次，

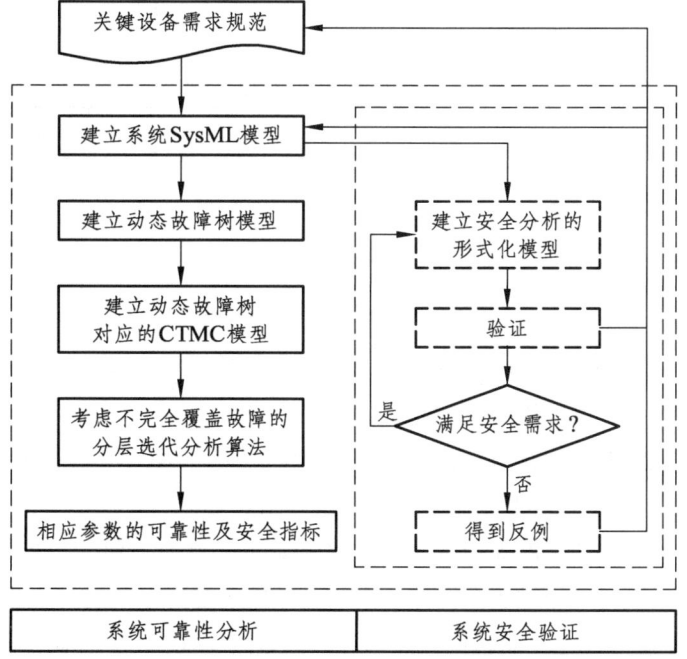

图 6-9 安全苛求系统的可靠性与安全性分析框架

运用不完全覆盖模型,将动态故障树模型转换为马尔可夫模型,以解决考虑不完全覆盖故障条件下 ATP 系统的可靠性及安全性的在线评估问题。最后,为了提高系统可靠性指标的计算速度,运用故障树的分层迭代分析方法近似估计动态故障树的可靠性指标。

6.2.1 基于 SysML 模型的半形式化建模方法

系统建模语言[7](Systems Modeling Language,SysML)是国际系统工程学会 INCOSE 和国际对象管理组织 OMG 为了满足系统工程的实际需要,在对统一建模语言 UML2.0 的子集进行重用和扩展的基础上提出的一种系统工程的标准建模语言。SysML 通过 3 种机制定义其扩展:UML 构造型(Stereotypes)、UML 图扩展(Diagram Extensions)和模型库(Model Libraries)。其中:SysML 构造型通过为构造定义新的属性与约束来实现扩展;SysML 图扩展通过定义一些新的图元来实现扩展;模型库则描述了一些可以重用的专门的模型元素。SysML 定义了 3 类共 9 种基本可视化图形(图 6-10)。

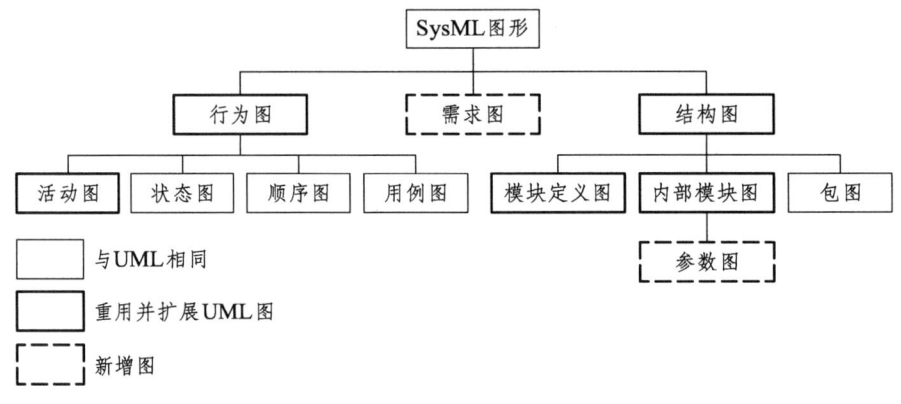

图 6-10 SysML 的模型结构

(1)在结构构造(Structural Constructs)方面,包括模块定义(Block Definition)图内部模块(Internal Block)图和包(Package)图。

(2)在行为构造(Behavior Constructs)方面,包括活动(Activities)图、顺序(Sequence)图、状态(State Machine)图和用例(Use Cases)图。

(3)在结构和行为的交叉构造(Crosscutting Constructs)方面,包括需求(Requirement)图。

模块(Block)被定义为描述系统的建模单元,用于描述系统的特征集合,包括所描述系统的结构特征和行为特征,如属性和操作等。SysML 模块图以 UML 的类图为基础,并扩展了 UML 复合结构的一些特征。模块提供了一种用树状模型构件进行系统建模的机制,这种特殊的构件类型、构件连接类型以及构件组合成系统的方式，使得建模者可以根据系统建模的不同需求和目标进行灵活选择。在模块定义的基础上，SysML 模块定义图对模块之间的关系进行定义，如关联关系（Association）、泛化关系（Generalization）以及依赖关系（Dependency）等。

SysML 内部模块图根据模块的属性以及属性之间的连接对模块的内部结构进行定义与描述。SysML 内部模块图扩展了 UML 的复合结构图，能够对顶层系统、子系统、逻辑构件或物理构件等各个层次系统的接口以及接口连接进行描述。内部模块图包括有模块（Blocks）、部件（Parts）、端口（Ports）、连接器（Connectors）和流（Flows）。

6.2.2 基于连续时间马尔可夫模型的动态故障树可靠性分析

如果直接将动态故障树模型转换为马尔可夫模型来求解系统的可靠性指标，则由于系统的状态数随变量的增加呈指数级增加而导致状态空间爆炸的问题。为了解决状态空间爆炸的问题，本节采用分级迭代的方法近似计算动态故障树顶事件的可靠性指标，即由下至上地逐步计算子故障树的稳态可靠性指标，最终近似估计顶事件的瞬态可靠性指标。当估计系统的稳态可靠性指标时，只需求解子故障树对应的马尔可夫模型的线性方程，而无须直接求解高维的微分方程，因此，迭代的估计算法将极大提高动态故障树可靠性的计算速度。首先，定义足够的系统状态以区分系统的不同状态。假定可修系统包含 $N+1$ 个状态，则系统状态集、工作状态集和故障状态集分别定义为 $E=\{0,1,\cdots,N\}$、$W=\{0,1,\cdots,K\}$ 和 $F=\{K+1,K+2,\cdots,N\}$。系统的故障状态集包含覆盖故障集（CF）和不可覆盖故障集（SF），且满足式（6-1）。对于随机过程 $\{X(t),t\geq 0\}$，当系统在 t 时刻处于状态 j 时，定义随机过程 $X(t)=j,j\in E$。

$$\begin{cases} F=CF\cup SF \\ CF\cap SF=\varnothing \end{cases} \tag{6-1}$$

当系统发生故障时，故障覆盖（Fault Coverage）是让系统成功恢复故障并使系统保持正常运行的能力。列车自动防护系统（Automatic Train Protection，ATP）包含有 3 种类型的故障：

（1）由于 ATP 系统有自诊断模块（Self-Diagnostic Module，SDM），一些故障发生后会被成功检测定位并很快被修复。在这种情况下，故障部件不会被隔离也不会影响 ATP 系统的正常运行。

（2）对于第二类故障，SDM 能成功检测和定位该故障，同时隔离该故障对应的部件。直到该部件重新恢复正常工作状态后，ATP 才能正常工作。

（3）对于第三类故障，SDM 不能成功检测，该类故障会影响到 ATP 工作的安全性。在这种情况下，故障部件不能被隔离，故障将在 ATP 系统内传播。

当 ATP 系统内发生故障时，只有在故障可检测的情况下，故障-安全策略才能发挥作用，以确保 ATP 系统的安全运行。但是，第三类故障不可检测，导致故障-安全策略无法正常工作，该类故障有可能危及 ATP 系统的安全。因此，为了更加全面地描述系统的故障行为，本节采用不完全覆盖模型（ImPerfect Fault Coverage，IPFC）对系统的各种故障类型进行建模。在动态故障树的建模过程中，运用 SysML 的模块定义图和内部模块图挖掘 ATP 系统内部的功能依赖性故障（Functional Dependent Faults）。当 ATP 系统的 DFT 模型建立后，将 DFT 模型转换为连续时间 Markov 模型，通过求解 Markov 模型计算得到各故障类型对应的可靠性和安全性。部件的不完全覆盖模型（ImPerfect Coverage Model，IPCM）的结构如图 6-11 所示。r_i、c_i 和 s_i 表示部件 i 发生 3 种故障时的故障率，且满足"$r_i+c_i+s_i=1$"，其中"1"表示模块 i 发生故障。当部件 i 发生故障时，部件 i 不失效（NF_i）、出现覆盖故障（CF_i）和出现不覆盖故障（SF_i）的概率可由公式（6-2）计算得出，其中 $q_i(t)$ 表示部件 i 出现故障的概率函数。与传统的可靠性分析方法相比，IPCM 能更精确地描述 ATP 系统不同类型的故障，从而更准确地评估各故障对系统可靠性及安全性的影响状况。

$$\begin{cases} n[i] = \Pr\{NF_i\} = 1 - q_i(t) + r_i * q_i(t) \\ c[i] = \Pr\{CF_i\} = c_i * q_i(t) \\ s[i] = \Pr\{SF_i\} = s_i * q_i(t) \end{cases} \quad (6-2)$$

IPCM 对应的 Markov 模型如图 6-12 所示。对于部件 i 的每一个正常工作状态，运用 3 条状态迁移来分别表示 3 种不同的故障类型。$\lambda_i r_i$ 表示部件 i 覆盖的瞬时故障对应的失效率，在允许的时间内该类故障将由自诊断系统检测到并很快修复，故障不会影响系统的正常运行。$\lambda_i c_i$ 表示覆盖类故障的失效率，该类故障可由自诊断模块检测并定位，通过故障-安全策略可以保证系统的安全运行。$\lambda_i s_i$ 表示部件 i 不可覆盖故障的失效率，该类故障可能危及系统安全，如图 6-12 中的虚线部分所示。

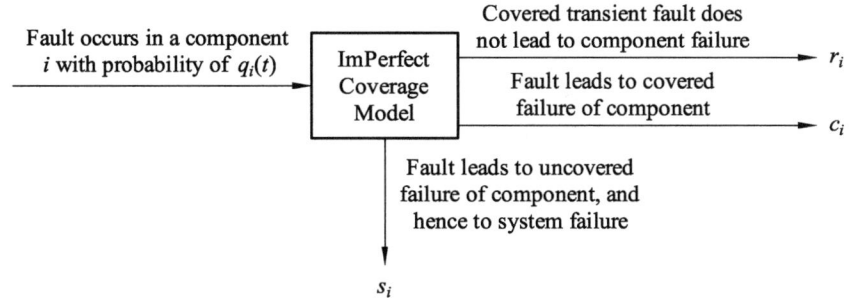

图 6-11 不完全覆盖模型的结构图

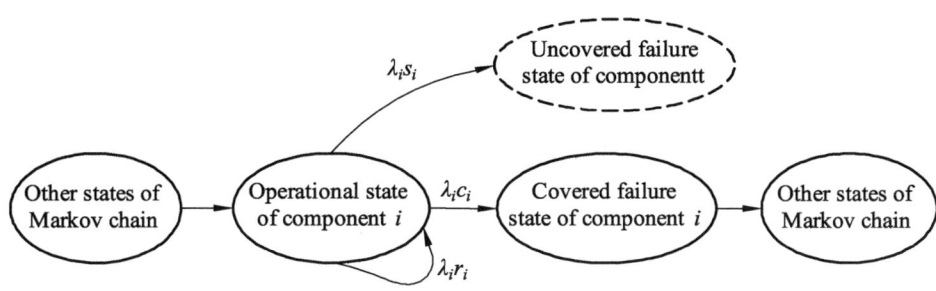

图 6-12 不完全覆盖模型的 Markov 模型

在 t 时刻部件或系统处于状态 j 的概率表示为"$P_j(t) = P\{X(t) = j\}, j \in E$"。对应 Markov 模型中的每个状态发生的概率通过求解式（6-3）的微分方程获得。

$$\begin{cases} [P_0'(t), P_1'(t), \cdots, P_N'(t)] = [P_0(t), P_1(t), \cdots, P_N(t)]A \\ [P_0(0), P_1(0), \cdots, P_N(0)] \end{cases} \quad (6\text{-}3)$$

其中，$[P_0(0), P_1(0), \cdots, P_N(0)]$ 表示系统的初始状态分布。A 为 Markov 模型对应的转移率矩阵，矩阵 A 的对角线元素由式（6-4）计算。由公式（6-4）可知，矩阵 A 的每行元素之和都等于零。

$$a_{ii} = -\sum_{j \neq i} a_{ij}, \quad i, j \in E \quad (6\text{-}4)$$

其中，a_{ij} 表示由状态 i 到状态 j 的迁移率。系统的瞬时可用度可由式（6-5）计算。Markov 模型对应的系统稳态可用度可由式（6-6）计算。

$$A(t) = \sum_{j \in W} P_j(t), \quad j \in W \quad (6\text{-}5)$$

$$A = \lim_{t \to \infty} A(t) \approx \sum_{j \in W} \pi_j \quad (6\text{-}6)$$

其中，$\pi_j, j \in W$ 满足式（6-7）的线性方程：

$$\begin{cases} (\pi_0, \pi_1, \cdots, \pi_n)\boldsymbol{A} = (0, 0, \cdots, 0) \\ \pi_0 + \pi_1 + \cdots + \pi_n = 1 \end{cases} \quad (6-7)$$

为了计算 Markov 模型的系统可靠性 $R(t)$，将 Markov 过程的失效状态作为吸收态，即"$a_{ij} = 0, i \in F, j \in W$"。因此，式（6-8）的微分方程可由式（6-3）建立：

$$\begin{cases} [Q_0'(t), Q_1'(t), \cdots, Q_K'(t)] = [Q_0(t), Q_1(t), \cdots, Q_K(t)]\boldsymbol{B} \\ [Q_0(0), Q_1(0), \cdots, Q_K(0)] \end{cases} \quad (6-8)$$

其中，$Q_0 = [Q_0(0), Q_1(0), \cdots, Q_K(0)]$ 为 ATP 系统工作状态的初始条件。矩阵 $\boldsymbol{B}$ 为式（6-3）中矩阵 $\boldsymbol{A}$ 的左上角矩阵，且为 $K+1$ 阶矩阵。通过求解式（6-8）得到 $Q_j(t), i \in W$ 后，系统的瞬时可靠性 $R(t)$ 和首次故障平均时间（Mean Time To First Failure，MTTFF）分别由式（6-9a）和式（6-9b）计算。

$$R(t) = \sum_{i \in W} Q_i(t) \quad (6-9a)$$

$$MTTFF = \int_0^\infty R(t)\mathrm{d}t \approx \boldsymbol{Q}_0 \boldsymbol{B}^{-1} \boldsymbol{e}_W \quad (6-9b)$$

其中，矩阵 $\boldsymbol{B}$ 和 $\boldsymbol{Q}_0$ 与式（6-8）中的相同，$\boldsymbol{e}_W$ 为所有元素为"1"的 $K+1$ 维矩阵。

在时刻 t，系统或模块的瞬时故障频度 $m(t)$ 和稳态故障频度分别由公式（6-10）和（6-11）计算。$P_i(t)$ 为微分方程（6-3）的解。在系统已经处于稳态的条件下，系统平均开工时间（Mean Up Time，MUT）、平均停工时间（Mean Down Time，MDT）和平均周期（Mean Cycle Time，MCT）分别由式（6-12）（6-13）和（6-14）计算得到。

$$m(t) = \sum_{i \in W} \left[P_i(t) * \sum_{j \in F} a_{ij} \right] \quad (6-10)$$

$$M = \sum_{i \in W} \left(\pi_i * \sum_{j \in F} a_{ij} \right) \quad (6-11)$$

$$MUT = \frac{A}{M} = \frac{\sum_{i \in W} \pi_i}{\sum_{i \in W} \left(\pi_i * \sum_{j \in F} a_{ij} \right)} \quad (6-12)$$

$$MDT = \frac{\overline{A}}{M} = \frac{1-A}{M} = \frac{\sum_{j \in F} \pi_i}{\sum_{i \in W} \left(\pi_i * \sum_{j \in F} a_{ij} \right)} \quad (6-13)$$

$$MCT = MUT + MDT = \frac{1}{M} = \frac{1}{\sum_{i \in W}\left(\pi_i * \sum_{j \in F} a_{ij}\right)} \quad (6\text{-}14)$$

由于 ATP 系统包括可检测和不可检测故障，系统的安全度由式（6-15）定义。ATP 关键部件的动态运行状态与列车的安全密切相关，在线监控对列车的运行安全具有重要的意义。但是，求解 ATP 系统的瞬时可靠性指标，需求解维数较高的微分方程，这将会耗费大量的时间，无法实现系统可靠性及安全性的在线监测。所以，为了实现 ATP 系统的动态监控，仅通过求解微分方程（6-3）和（6-8）来计算顶事件的瞬态可靠性指标，对于动态故障树模型的子树结构，则通过其稳态可靠性指标来近似计算，以减少计算时间。

$$S(t) = 1 - \sum_{i \in UF} P_i(t) \quad (6\text{-}15)$$

6.3 案例分析

本案例首先运用 SysML 建立 ATP 系统的模块定义图和内部模块图；然后建立 ATP 系统的动态故障树模型；最后，将动态故障树模型转换为马尔可夫模型，运用分层迭代算法计算各模块的可靠性和安全性指标。

为了建立 ATP 系统的动态故障树模型，分别运用 SysML 模型的模块定义图和内部模块图描述 ATP 系统的组成结构和各组成模块之间的信息交互。由于国内的铁路建设于不同的时期，一些新的线路是在旧线路的基础上改造完成的，为了满足不同线路的运营要求，列车一般配备有两套控制系统：CTCS-2 级（C2）和 CTCS-3 级（C3）列车控制系统。C2 级列控系统是运用轨道电路和点式信息设备传输列车控制信息的点连式列车运行控制系统，其中轨道电路负责轨道占用检测和列车完整性检查，连续向列车传送列车前方的空闲轨道区段数，点式信息设备传输位置校正信息、进路参数、线路参数、临时限速等。C3 级列控系统是基于无线通信的列车运行控制系统，它以 C2 级列车控制信息传输系统为基础，采用轨道电路检查列车占用，点式信息设备用于测距修正，以无线通信系统（如 GSM-R）实现车-地连续、双向信息传输。行车许可由地面无线闭塞中心 RBC 生成，通过无线通信系统传输给列车车载设备，并通过实时计算目标距离模式曲线监控列车运行速度。通过双向信息传输，C3 级列车控制系统实现了地面控制设备与移动车载设备的闭环控制。其中，C3 级控制系统作为主件系统，C2 级作为备用控制系统，且两套控制系统均采用热备的冗余结构。C2 和 C3 之间运用切换单元 SMC3-C2 实现两套系统之间的切换。

C2 级和 C3 级列车控制系统公用的设备包括测速测距单元（Speed And Distance Unit,

SDU）、列车接口模块（Train Interface Module，TIM）、人机界面（Driver-Machine Interface，DMI）、应答器传输模块（Balise Transmission Module，BTM）和现场总线（Process Field Bus，PROFIBUS）。测速测距单元通过速度传感器和其他定位设备测量列车当前的运行速度并估算列车的走行距离。列车接口模块提供车载安全计算机与列车其他设备之间的接口。ATP系统通过 TIU 获取系统的切换属性和列车的反馈信息并通过 TIU 向列车控制单元输出列车制动和相关控制命令。无源点式应答器用于存储轨道线路的固定参数信息，当有列车经过时，应答器通过电磁耦合原理实现地-车之间高速数据传输，将存储的信息传输给列车。人机界面是实现司机与列车之间信息交互的平台，它可以读取 TIU 的信息，显示列车的速度和位置信息，记录并实时显示列车的运行状态。司机也可以通过 DMI 向 TIU 发送制动等控制命令，并向 ATP 控制系统输入其他重要的控制操作或信息。PROFIBUS 用于实现各功能模块之间的安全通信。

对于 C2 控制系统，为了满足列车的安全需求，需要地面辅助设备来保证应答器和车载设备之间固定信息和动态信息的传输可靠性。因此，轨旁电子单元（Line-sides Electronic Unit，LEU）接收列控中心发送的数据包并将该信息传输给有源应答器。此外，LEU 也可以根据外部控制命令，选择预设的信息并将此信息发送给应答器。有源应答器通过特殊的线缆与 LEU 相连，并能实时将 LEU 的信息发送给列车车载设备。当列车通过有源应答器上方时，地面应答器通过车载天线发送的功率载波能量瞬时激活，将接收到的电磁能量转换成电能。有源应答器传输模块（Active Balise Transmission Module，ABTM）利用该电能调出存储信息，并经调制后循环向列车车载设备发送报文信号。车载天线接收到应答器所发送的报文信号，经译码处理发送给列控车载设备的安全计算机使用。轨道电路信息接收模块（Track Circuit Receiver Module，TCRM）用于轨道占用检测，为 C2 级备用控制系统提供空闲区段的信息。

与 C2 级控制系统相比，C3 级控制系统通过无线通信实现车载设备与地面设备之间的双向通信。ATP 系统可通过无线通信系统发送以下的信息：司机的选择操作和确认信息（如列车号、列车长度等参数信息）、列车的属性（如列车类型、牵引类型、最大允许速度等）、车载设备与 RBC 之间通信的注册信息和取消信息、正常运行情况下列车的运行状态信息（运行速度、位置等）、故障时的故障类型。C3 级系统的无线通信模块（Wireless Communication Module，WCM）主要由 GSM-R 天线模块（GSM-R Antenna Module，GSM-R AM）、无线电台模块（Radio Station Module，RSM）和无线传输模块（Radio Transmission Module，RTM）组成。

根据 ATP 系统的组成结构和信息交互，运用 SysML 建模语言建立其模块定义图和内部模块图分别如图 6-13 和图 6-14 所示。图 6-14 中各模块之间的交互信息内容如表 6-1 所示。

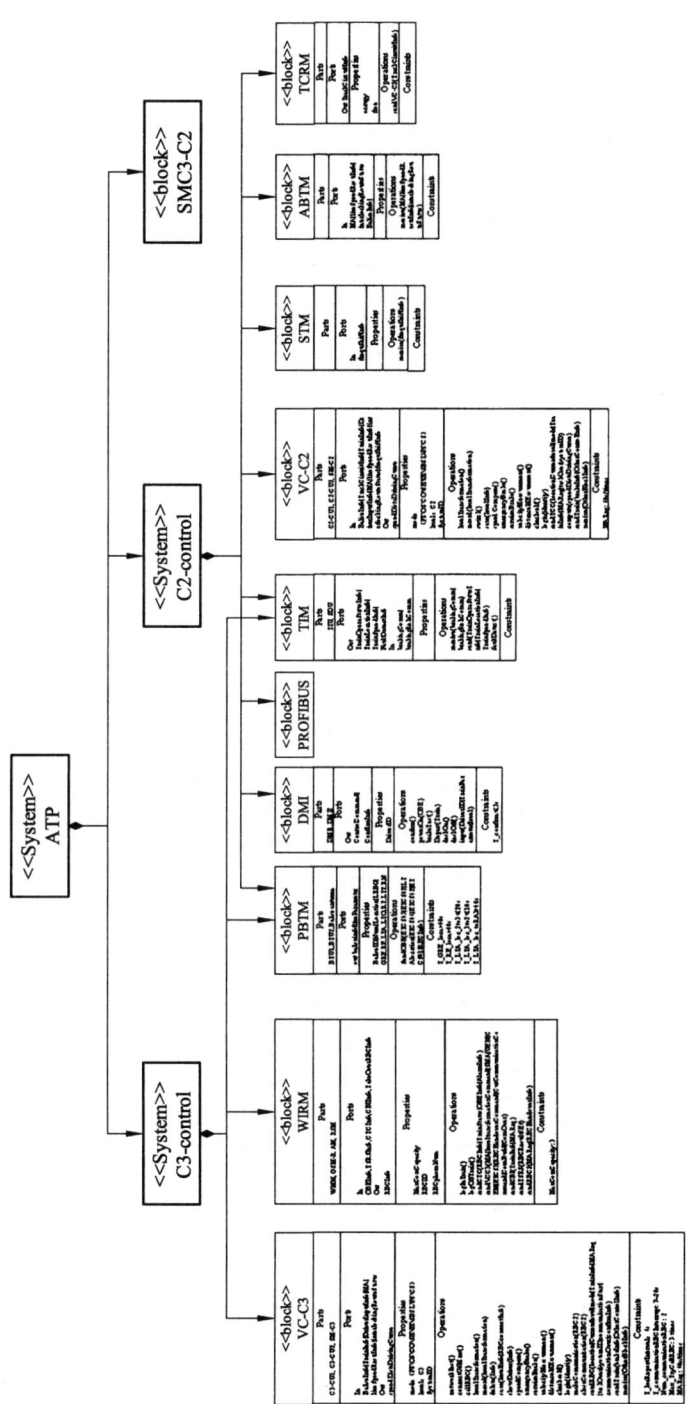

图 6-13 ATP 系统的模块定义图

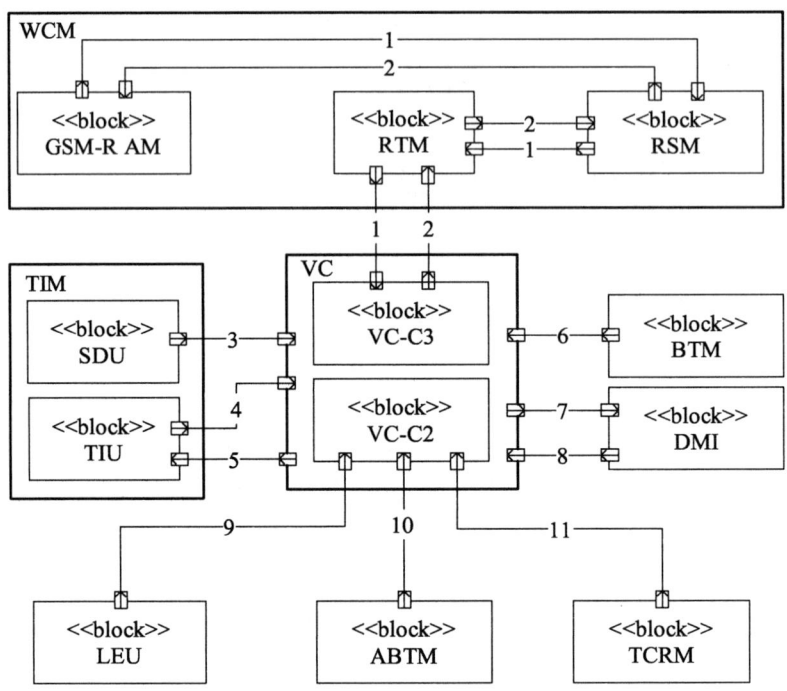

图 6-14 ATP 系统各部件之间信息流的内部模块图

表 6-1 图 6-14 中各模块之间交互信息

编号	传输的具体信息
1	移动授权、线路参数、TSRS 信息、RBC 切换信息、CTC 信息、CBI 信息等
2	列车运行状态信息、MA 请求、列车控制命令、列车信息等
3	列车速度、列车位置信息
4	故障检测信息、列车运行状态信息
5	列车制动指令、制动缓解指令等
6	应答器位置、应答器编号、应答器类型、线路参数等
7	驾驶员 ID、驾驶员控制命令及确认信息、列车运行等级等
8	列车参数、列车运行状态、报警信息等
9	C2 的频移信息
10	MA、应答器信息、TSRS、CBI 和 CTC 信息等
11	轨道占用信息

根据 ATP 各组成部分的 SysML 模型,建立 ATP 系统的动态故障树模型如图 6-15 所示。故障树 FD-C2 和 FD-C3 分别表示与 C2 和 C3 系统相关的故障事件,其对应的底事件的逻辑关系如图 6-16 所示。故障树 FD-C2-C3 表示能同时导致 C2 和 C3 系统故障的故障事件,其对应的故障树结构如图 6-17 所示。

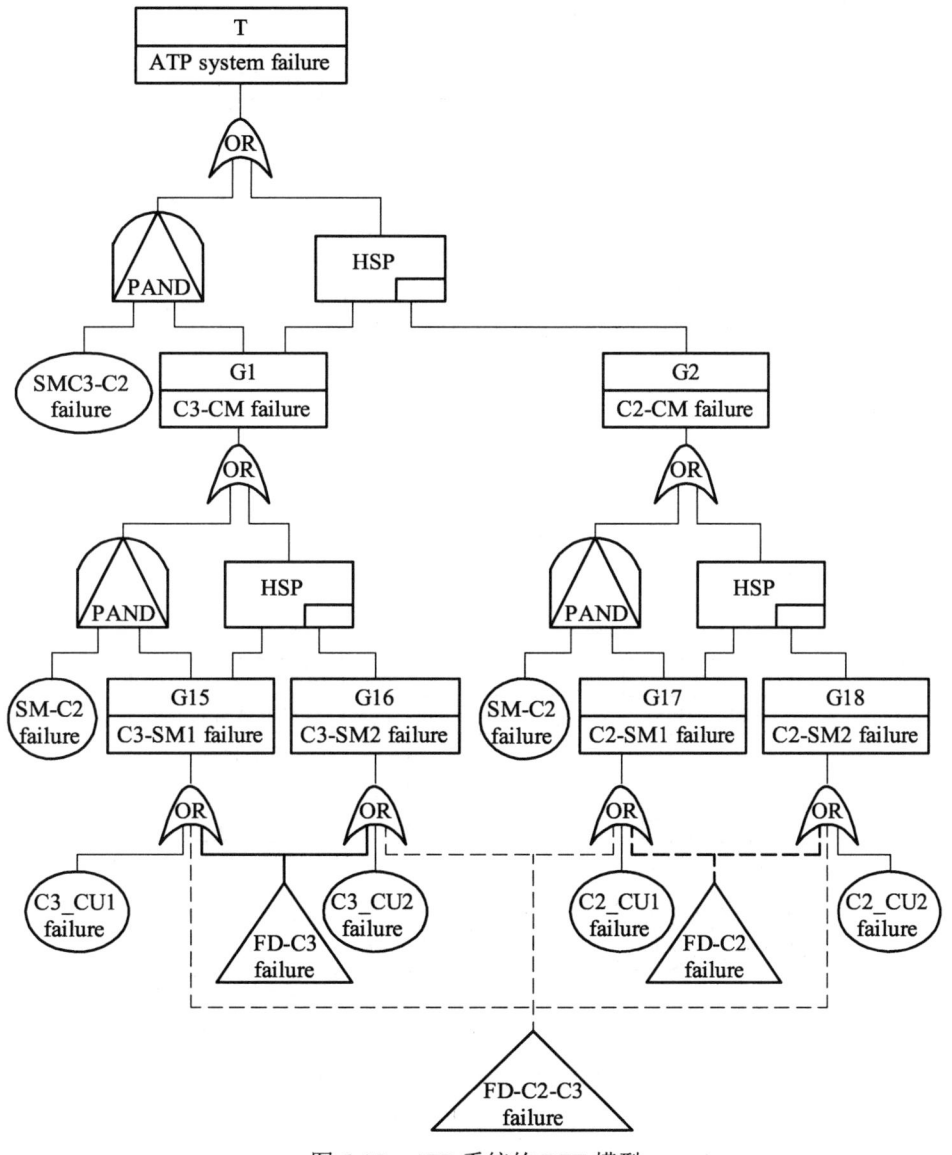

图 6-15 ATP 系统的 DFT 模型

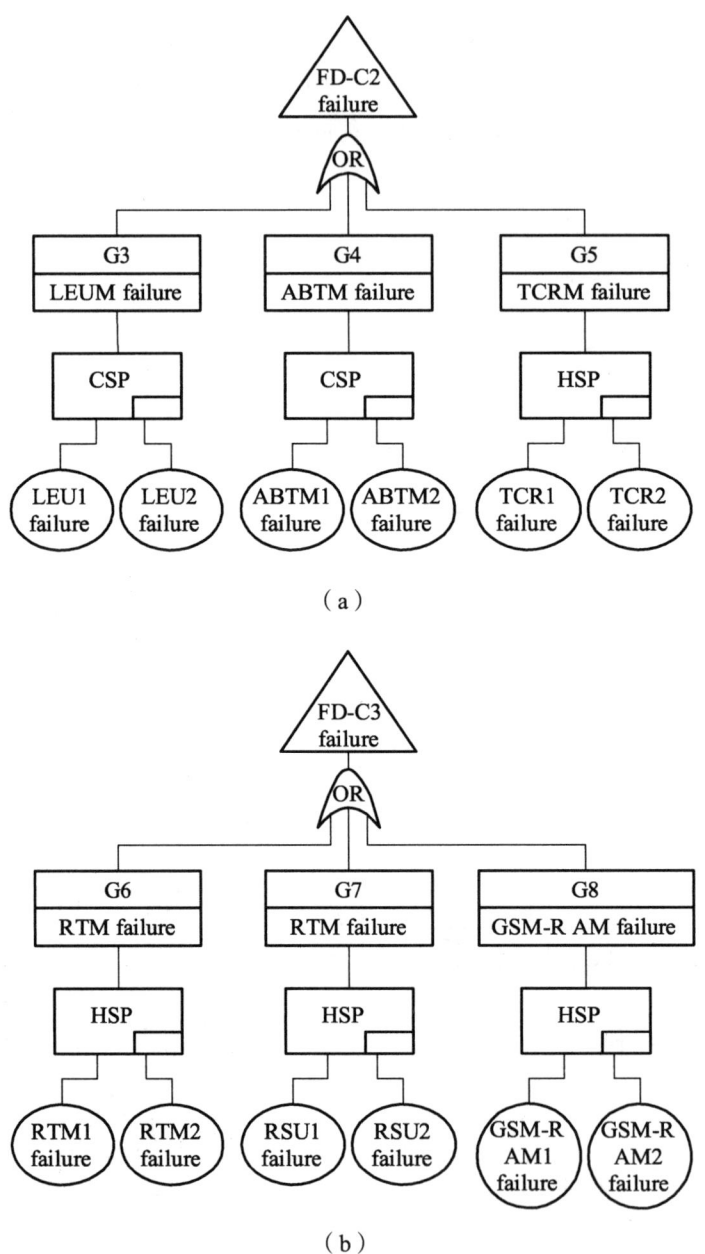

图 6-16 FD-C2 和 FD-C3 模块的 DFT 模型

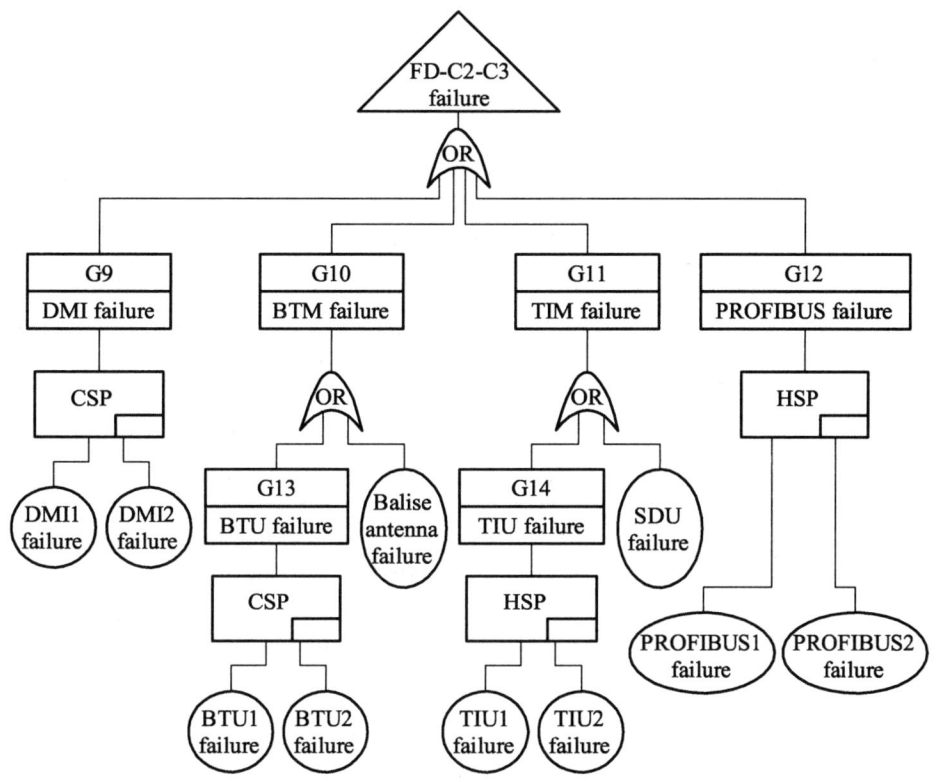

图 6-17　FD-C2-C3 模块的 DFT 模型

在 ATP 系统中，C3 系统为主备系统，C2 系统为备用系统，两套控制系统均采用热备冗余结构。因此，使用优先与门和热备件门建立 C2 和 C3 控制系统的切换系统，如图 6-15 所示。SMC3-C2 表示 C3 和 C2 控制系统的切换模块。此外，对于单个的 C2 和 C3 控制模块（C2-CM 或 C3-CM），也都采用热备冗余结构。SMC3 和 SMC2 分别表示 C3-CM 中两个 C3 计算单元（C3_CU1 和 C3_CU2）之间的切换模块和 C2-CM 中两个 C2 计算单元（C2_CU1 和 C2_CU2）之间的切换模块。C3_CU1 和 C2_CU1 计算单元分别为 C3-CM 和 C2-CM 的主件，C3_CU2 和 C2_CU2 分别为 C3-CM 和 C2-CM 的热备冗余备件。ATP 系统各基本模块可靠性参数如表 6-2 所示。

为了估算 ATP 系统的可靠性和安全性指标，将图 6-15 所示的 DFT 模型转化为马尔可夫模型。同时，考虑到计算单元对 ATP 系统的重要性，仅将 C3_CU1、C3_CU2、C2_CU1 和 C2_CU2 作为不完全覆盖部件。如图 6-18 所示，不考虑切换设备的冷备系统转换为相应的马尔可夫模型进行可靠性分析。其中：状态 0 表示 BTU1 和 BTU2 处于正常工作状态；

状态 1 表示 BTU1 故障，BTU2 处于正常工作状态；状态 2 表示 BTU1 和 BTU2 都处于故障状态，BTU1 和 BTU2 都不可用。

表 6-2　ATP 系统各模块可靠性参数

模块	失效率/(1/h)	维修率/(1/h)	模块	失效率/(1/h)	维修率/(1/h)
C3_CU1	1.49×10^{-4}	0.3	LEU1	2.10×10^{-6}	0.3
C2_CU1	1.20×10^{-4}	0.3	BTM-A	7.00×10^{-8}	0.25
RTM1	1.80×10^{-5}	0.3	DMI1	5.00×10^{-6}	0.3
TIM1	2.35×10^{-5}	0.3	SDU	2.50×10^{-9}	0.25
RSU1	1.20×10^{-5}	0.3	PROFIBUS1	6.00×10^{-6}	0.062 5
GSM-R-A1	1.45×10^{-8}	0.3	SM-C3	6.30×10^{-3}	0.3
TCR1	2.30×10^{-6}	0.3	SM-C2	6.30×10^{-3}	0.3
BTU1	2.00×10^{-6}	0.3	SMC3-C2	6.30×10^{-3}	0.3
ABTM1	3.40×10^{-5}	0.3			

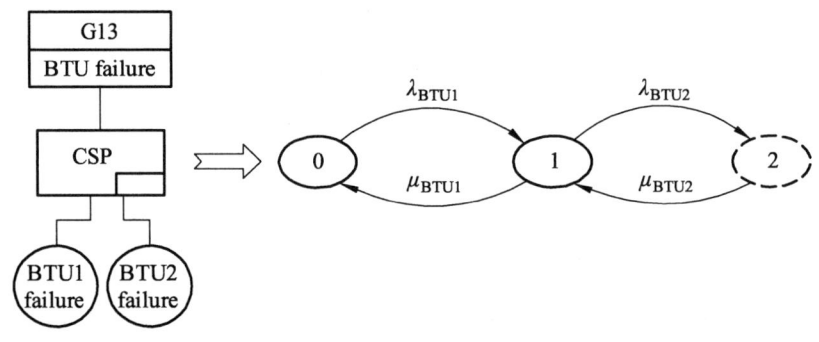

图 6-18　CSP 门对应的 CTMC 模型

为了计算 G13 的可靠性指标，图 6-18 中各状态的稳态概率 $\pi_j, j\in\{0,1,2\}$ 满足线性方程（6-16），状态迁移率矩阵 A_{G13} 如式（6-17）所示。$\lambda_1 = \lambda_{BTU1}$，$\mu_1 = \mu_{BTU1}$，$\lambda_2 = \lambda_{BTU2}$，$\mu_2 = \mu_{BTU2}$。通过求解该线性方程，得到各状态的稳态概率为"$\pi_0 = 0.999\,993$，$\pi_1 = 6.67\times 10^{-6}$，$\pi_2 = 4.44\times 10^{-11}$"。运用公式（6-6）（6-12）可得 G13 门对应的稳态可用度 A 和稳态故障频度 M。根据 A 和 M，由式（6-13）（6-14）（6-15）可得平均开工时间 MUT、平均停工时间 MDT 和平均周期 MCT。最后，根据 MUT 和 MDT 与故障率和维修率之间的关系，可估计 G13 门的故障率 λ_{G13} 和维修率 μ_{G13}。G13 门的各项可靠性指标如表 6-3 所示。

$$\begin{cases}(\pi_0,\pi_1,\pi_2)A_{G13}=(0,0,0)\\ \pi_0+\pi_1+\pi_2=1\end{cases} \quad (6\text{-}16)$$

$$A_{G13}==\begin{pmatrix}-\lambda_1 & \lambda_1 & 0\\ \mu_1 & -\mu_1-\lambda_2 & \lambda_2\\ 0 & \mu_2 & -\mu_2\end{pmatrix} \quad (6\text{-}17)$$

不考虑切换设备的热备冗余系统的动态故障树模型所对应的马尔可夫模型如图 6-19 所示。该马尔可夫模型包含 4 个状态：状态 0 表示两个模块都正常工作；状态 1 表示 TIU1 故障，TIU2 正常工作；状态 2 表示 TIU1 正常工作，TIU2 故障；状态 3 表示 TIU1 和 TIU2 都故障，TIU 模块故障。图 6-19 中各状态的稳态概率 $\pi_j, j\in\{0,1,2,3\}$ 满足线性方程（6-18），状态迁移率矩阵 A_{G14} 如式（6-19）所示。与 CSP 类似，通过求解线性方程（6-18），可得 G14 门的稳态可用度 A 和稳态故障频度 M，平均开工时间 MUT、平均停工时间 MDT 和平均周期 MCT、故障率 λ_{G14} 和维修率 μ_{G14} 等指标，具体估计值如表 6-3 所示。

$$\begin{cases}(\pi_0,\pi_1,\pi_2,\pi_3)A_{G14}=(0,0,0,0)\\ \pi_0+\pi_1+\pi_2+\pi_3=1\end{cases} \quad (6\text{-}18)$$

$$A_{G14}=\begin{pmatrix}-\lambda_1-\lambda_2 & \lambda_1 & \lambda_2 & 0\\ \mu_1 & -\mu_1-\lambda_2 & 0 & \lambda_2\\ \mu_2 & 0 & -\mu_2-\lambda_1 & \lambda_1\\ 0 & \mu_2 & \mu_1 & -\mu_1-\mu_2\end{pmatrix} \quad (6\text{-}19)$$

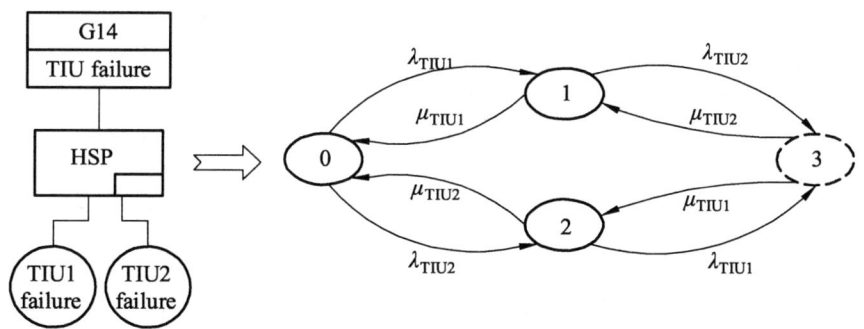

图 6-19　HSP 门对应的 CTMC 模型

故障树 FD－C2－C3 对应的马尔可夫模型如图 6-20 所示，其中：状态 0 表示 4 个模块都正常工作，FD－C2－C3 模块处于正常工作状态；状态 1、2、3、4 分别表示 DMI 故障、BTM 故障、TIU 故障和 PROFIBUS 故障，FD－C2－C3 模块处于故障状态。图 6-20 所示的马尔可夫模型对应的状态迁移率矩阵 $A_{FD-C2-C3}$ 如式（6-20）所示，其中"$\Lambda=-\lambda_{G9}-\lambda_{G10}-$

$\lambda_{G11} - \lambda_{G12}$"。其他子故障树模块可以通过类似的方法分析和计算，对应子故障树的稳态可靠性指标如表 6-3 所示。

$$A_{\text{FD-C2-C3}} = \begin{pmatrix} \varLambda & \lambda_{G9} & \lambda_{G10} & \lambda_{G11} & \lambda_{G12} \\ \mu_{G9} & -\mu_{G9} & 0 & 0 & 0 \\ \mu_{G10} & 0 & -\mu_{G10} & 0 & 0 \\ \mu_{G11} & 0 & 0 & -\mu_{G11} & 0 \\ \mu_{G12} & 0 & 0 & 0 & -\mu_{G12} \end{pmatrix} \qquad (6\text{-}20)$$

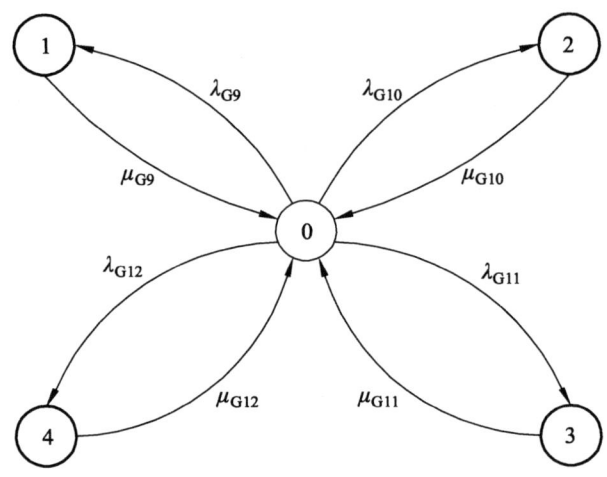

图 6-20　FD-C2-C3 的 DFT 模型对应的 CTMC 模型

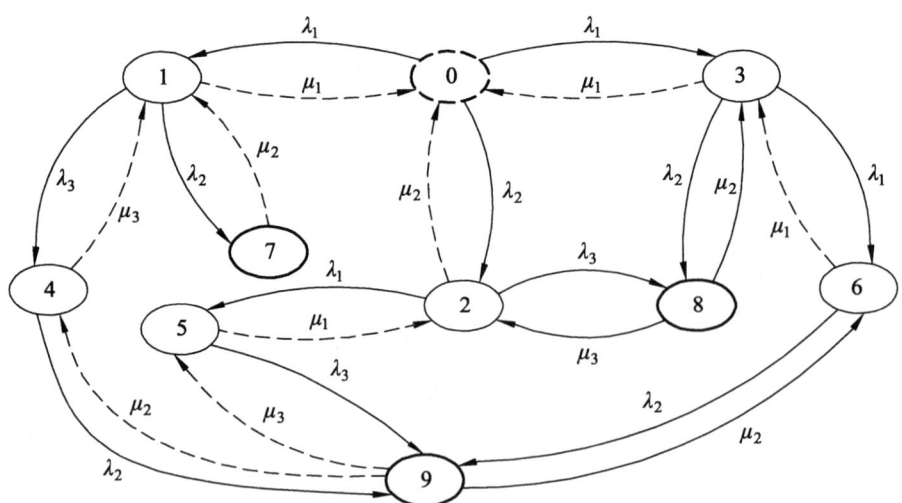

图 6-21　C3-CM（G1 门）或 C2-CM（G2 门）DFT 模型对应的 CTMC 模型

C3-CM（G1门）DFT 模型对应的马尔可夫模型如图 6-21 所示，"$\lambda_1 = \lambda_{SM-C3}$，$\mu_1 = \mu_{SM-C3}$，$\lambda_2 = \lambda_{C3-SM1}$，$\mu_2 = \mu_{C3-SM1}$，$\lambda_3 = \lambda_{C3-SM2}$，$\mu_3 = \mu_{C3-SM2}$"。状态 0~6 表示 G1 门处于正常工作状态，状态 7~9 表示 G1 门故障。图 6-21 中各状态的稳态概率 π_j，$j \in \{0,1,2,3,4,5,6,7,8,9\}$ 满足线性方程（6-21），状态迁移率矩阵 A_{G1} 如式（6-22）所示。通过求解线性方程（6-21），得到各状态的稳态概率为"$\pi_0 = 0.9997$，$\pi_1 = 2.1e-4$，$\pi_2 = 1.05e-8$，$\pi_3 = 5.0e-5$，$\pi_4 = 1.05e-8$，$\pi_5 = 5.0e-5$，$\pi_6 = 1.05e-8$，$\pi_7 = 1.05e-8$，$\pi_8 = 1.31e-12$，$\pi_9 = 5.0e-5$"。通过各状态的稳态概率，运用公式（6-6）（6-12）（6-13）（6-14）（6-15）可得 G1 门的稳态可用度 A 和稳态故障频度 M，平均开工时间 MUT、平均停工时间 MDT 和平均周期 MCT，故障率 λ_{G1} 和维修率 μ_{G1} 等指标，具体值如表 6-3 所示。C2-CM（G2门）DFT 模型对应的马尔可夫模型与 C3-CM（G1门）相同，其计算过程与 C3-CM（G1门）类似。

$$\begin{cases}(\pi_0, \pi_1, \cdots, \pi_9)A_{G1} = (0,0,\cdots,0) \\ \pi_0 + \pi_1 + \cdots + \pi_9 = 1\end{cases} \quad (6\text{-}21)$$

$$A_{G1} = \begin{pmatrix} \Lambda_0 & \lambda_1 & \lambda_2 & \lambda_3 & 0 & 0 & 0 & 0 & 0 & 0 \\ \mu_1 & \Lambda_1 & 0 & 0 & \lambda_3 & 0 & 0 & \lambda_2 & 0 & 0 \\ \mu_2 & 0 & \Lambda_2 & 0 & 0 & \lambda_1 & 0 & 0 & \lambda_3 & 0 \\ \mu_3 & 0 & 0 & \Lambda_3 & 0 & 0 & \lambda_1 & 0 & \lambda_2 & 0 \\ 0 & \mu_3 & 0 & 0 & \Lambda_4 & 0 & 0 & 0 & 0 & \lambda_2 \\ 0 & 0 & \mu_1 & 0 & 0 & \Lambda_5 & 0 & 0 & 0 & \lambda_3 \\ 0 & 0 & 0 & \mu_1 & 0 & 0 & \Lambda_6 & 0 & 0 & \lambda_2 \\ 0 & \mu_2 & 0 & 0 & 0 & 0 & 0 & \Lambda_7 & 0 & 0 \\ 0 & 0 & \mu_3 & \mu_2 & 0 & 0 & 0 & 0 & \Lambda_8 & 0 \\ 0 & 0 & 0 & 0 & \mu_2 & \mu_3 & \mu_2 & 0 & 0 & \Lambda_9 \end{pmatrix} \quad (6\text{-}22)$$

式（6-22）中，A_{G1} 的对角线元素为"$\Lambda_0 = -\lambda_1 - \lambda_2 - \lambda_3$，$\Lambda_1 = -\mu_1 - \lambda_3 - \lambda_2$，$\Lambda_2 = -\mu_2 - \lambda_1 - \lambda_3$，$\Lambda_3 = -\mu_3 - \lambda_1 - \lambda_2$，$\Lambda_4 = -\mu_3 - \lambda_2$，$\Lambda_5 = -\mu_1 - \lambda_3$，$\Lambda_6 = -\mu_1 - \lambda_2$，$\Lambda_7 = -\mu_2$，$\Lambda_8 = -\mu_3 - \mu_2$，$\Lambda_9 = -\mu_3 - 2*\mu_2$"。

表 6-3 各模块的可靠性性能指标

子系统	A	M	MUT	MDT	故障率	维修率
G3	0.999 999 999 951	1.47×10^{-11}	68 027 687 090.77	3.33	1.47×10^{-11}	0.30
G4	10.999 999 987 157	3.85×10^{-9}	259 544 982.70	3.33	3.85×10^{-9}	0.30
G5	0.999 999 999 941	3.53×10^{-11}	28 355 822 306.63	1.67	3.53×10^{-11}	0.60

续表

子系统	A	M	MUT	MDT	故障率	维修率
G6	60.999 999 996 4	2.16×10^{-9}	463 018 518.52	1.67	2.16×10^{-9}	0.60
G8	0.999 999 999 999 97	1.40×10^{-15}	713 436 456 508 096.5	1.90	1.40×10^{-15}	0.53
G9	0.999 999 999 722	8.33×10^{-11}	12 000 199 999.85	3.33	8.33×10^{-11}	0.30
G12	0.999 999 990 786	1.15×10^{-9}	868 222 222.22	8.00	1.15×10^{-9}	0.125
G13	0.999 999 999 956	1.33×10^{-11}	75 000 500 006.58	3.33	1.33×10^{-11}	0.30
G14	0.999 999 993 865	3.68×10^{-9}	271 658 669.08	1.67	3.68×10^{-9}	0.60
G7	0.999 999 998 4	9.60×10^{-10}	1 041 750 000.01	1.67	9.60×10^{-10}	0.60
G10	0.999 999 719 956	7.0×10^{-8}	14 283 000.52	4.0	7.0×10^{-8}	0.25
G11	0.999 999 983 867	6.18×10^{-9}	161 812 297.73	2.61	3.68×10^{-9}	0.38
FRC1	0.999 999 987 049	3.90×10^{-9}	25 622 196 611.41	3.32	3.90×10^{-9}	0.30
FRC2	0.999 999 994 8	3.12×10^{-9}	320 553 773.14	1.67	3.12×10^{-9}	0.60
FRC3	0.999 999 700 85	7.49×10^{-8}	13 346 122.12	3.99	7.49×10^{-8}	0.25
G17	0.999 959 871 531	1.21×10^{-5}	82 794.84	3.32	1.21×10^{-5}	0.30
G15	0.999 950 023 768	1.50×10^{-5}	66 760.88	3.34	1.50×10^{-5}	0.30
G1	0.999 998 957 298	3.10×10^{-7}	3 230 283.31	3.37	3.10×10^{-7}	0.30
G2	0.999 999 163 682	2.49×10^{-7}	4 009 943.56	3.35	2.49×10^{-7}	0.30

在计算得到图 6-15 中所有子树的稳态可靠性指标后，考虑 C3-CM（G1 门）和 C2-CM（G2 门）的不完全覆盖特点，顶事件 T 门对应的动态故障树模型如图 6-22 所示。在图 6-22 中，"$\lambda_1 = \lambda_{SMC3-C2}$，$\mu_1 = \mu_{SMC3-C2}$，$\lambda_2 = \lambda_{G1}$，$\mu_2 = \mu_{G1}$，$\lambda_3 = \lambda_{G2}$，$\mu_3 = \mu_{G2}$"。状态 14 和状态 15 为顶事件 T 故障树模型对应的马尔可夫模型的吸收态，用于表示 ATP 系统的危险工作状态。状态 0~8 表示 ATP 系统正常的工作状态，状态 9~13 表示 ATP 系统的故障-安全工作状态。图 6-22 对应的马尔可夫模型由式（6-23）的微分方程描述，状态迁移率矩阵 $\boldsymbol{A}_T$ 由式（6-24）表示。

$$\begin{cases}[P_0'(t),P_1'(t),\cdots,P_{15}'(t)]=[P_0(t),P_1(t),\cdots,P_{15}(t)]\boldsymbol{A}_T\\ [P_0(0),P_1(0),\cdots,P_{15}(0)]\end{cases} \quad (6\text{-}23)$$

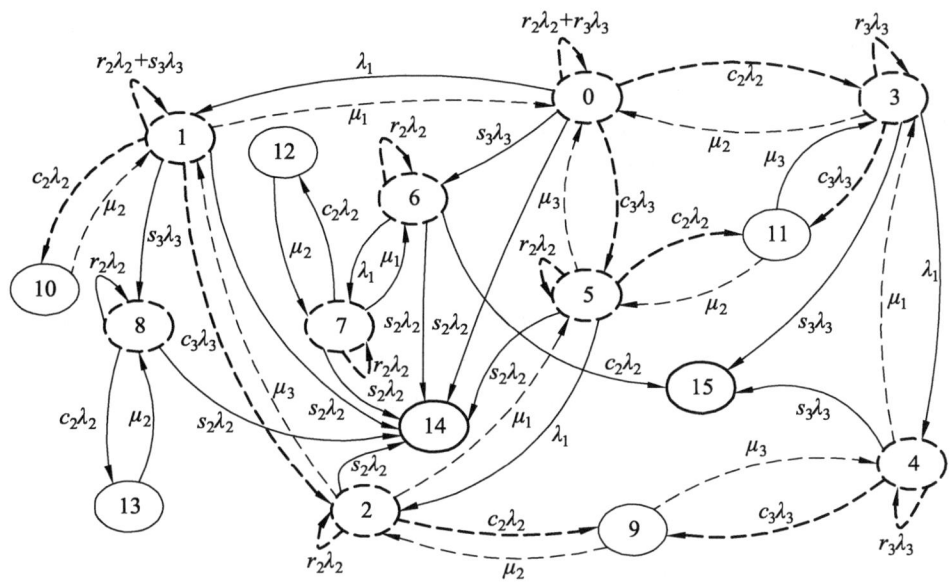

图 6-22 ATP 系统的 CTMC 模型

$$A_T = \begin{pmatrix} \Lambda_0 & \lambda_1 & 0 & c_2\lambda_2 & 0 & c_3\lambda_3 & s_3\lambda_3 & 0 & 0 & 0 & 0 & 0 & 0 & 0 & s_2\lambda_2 & 0 \\ \mu_1 & \Lambda_1 & c_3\lambda_3 & 0 & 0 & 0 & 0 & 0 & s_3\lambda_3 & 0 & c_2\lambda_2 & 0 & 0 & 0 & s_2\lambda_2 & 0 \\ 0 & \mu_3 & \Lambda_2 & 0 & 0 & \mu_1 & 0 & 0 & 0 & c_2\lambda_2 & 0 & 0 & 0 & 0 & s_2\lambda_2 & 0 \\ \mu_2 & 0 & 0 & \Lambda_3 & \lambda_1 & 0 & 0 & 0 & 0 & 0 & 0 & c_3\lambda_3 & 0 & 0 & 0 & s_3\lambda_3 \\ 0 & 0 & 0 & \mu_1 & \Lambda_4 & 0 & 0 & 0 & c_3\lambda_3 & 0 & 0 & 0 & 0 & 0 & 0 & s_3\lambda_3 \\ \mu_3 & 0 & \lambda_1 & 0 & 0 & \Lambda_5 & 0 & 0 & 0 & 0 & 0 & c_2\lambda_2 & 0 & 0 & s_2\lambda_2 & 0 \\ 0 & 0 & 0 & 0 & 0 & 0 & \Lambda_6 & \lambda_1 & 0 & 0 & 0 & 0 & 0 & 0 & s_2\lambda_2 & c_2\lambda_2 \\ 0 & 0 & 0 & 0 & 0 & 0 & \mu_1 & \Lambda_7 & 0 & 0 & 0 & 0 & c_2\lambda_2 & 0 & s_2\lambda_2 & 0 \\ 0 & 0 & 0 & 0 & 0 & 0 & 0 & 0 & \Lambda_8 & 0 & 0 & 0 & 0 & c_2\lambda_2 & s_2\lambda_2 & 0 \\ 0 & 0 & \mu_2 & 0 & \mu_3 & 0 & 0 & 0 & 0 & \Lambda_9 & 0 & 0 & 0 & 0 & 0 & 0 \\ 0 & \mu_2 & 0 & 0 & 0 & 0 & 0 & 0 & 0 & 0 & \Lambda_{10} & 0 & 0 & 0 & 0 & 0 \\ 0 & 0 & 0 & \mu_3 & 0 & \mu_2 & 0 & 0 & 0 & 0 & 0 & \Lambda_{11} & 0 & 0 & 0 & 0 \\ 0 & 0 & 0 & 0 & 0 & 0 & \mu_2 & 0 & 0 & 0 & 0 & 0 & \Lambda_{12} & 0 & 0 & 0 \\ 0 & 0 & 0 & 0 & 0 & 0 & 0 & \mu_2 & 0 & 0 & 0 & 0 & 0 & \Lambda_{13} & 0 & 0 \\ 0 & 0 & 0 & 0 & 0 & 0 & 0 & 0 & 0 & 0 & 0 & 0 & 0 & 0 & 0 & 0 \\ 0 & 0 & 0 & 0 & 0 & 0 & 0 & 0 & 0 & 0 & 0 & 0 & 0 & 0 & 0 & 0 \end{pmatrix} \quad (6\text{-}24)$$

其中，A_T 的对角线元素定义为 "$\Lambda_0 = -(\lambda_1 + c_2\lambda_2 + c_3\lambda_3 + s_3\lambda_3 + s_2\lambda_2)$，$\Lambda_1 = -(\mu_1 + c_2\lambda_2 + c_3\lambda_3 + s_3\lambda_3 + s_2\lambda_2)$，$\Lambda_2 = -(\mu_1 + \mu_3 + c_2\lambda_2 + s_2\lambda_2)$，$\Lambda_3 = -(\mu_2 + \lambda_1 + c_3\lambda_3 + s_3\lambda_3)$，$\Lambda_4 = -(\mu_1 + c_3\lambda_3 + s_3\lambda_3)$，$\Lambda_5 = -(\mu_3 + \lambda_1 + c_2\lambda_2 + s_2\lambda_2)$，$\Lambda_6 = -(\lambda_1 + c_2\lambda_2 + s_2\lambda_2)$，$\Lambda_7 = -(\mu_1 + c_2\lambda_2 + s_2\lambda_2)$，$\Lambda_8 =$

$-(c_2\lambda_2+s_2\lambda_2)$,$\Lambda_9=-(\mu_2+\mu_3)$,$\Lambda_{10}=-\mu_2$,$\Lambda_{11}=-(\mu_2+\mu_3)$,$\Lambda_{12}=-\mu_2$,$\Lambda_{13}=-\mu_2$"。

与相关文献[8,9]的可靠性分析方法相比,本节将运用提出的可靠性分析方法对 7 种不同的系统配置情况进行分析。假定 C2 和 C3 控制系统自诊断和维修系统的配置相同,即 C2 和 C3 的不完全覆盖模型的参数相同,"$r_1=r_2=r$,$c_1=c_2=c$,$s_1=s_2=s$"。7 种不同的配置情况定义为"Con1:$r=0$,$c=1$,$s=0$;Con2:$r=0$,$c=0.995$,$s=0.005$;Con3:$r=0$,$c=0.99$,$s=0.01$;Con4:$r=0.02$,$c=0.97$,$s=0.01$;Con5:$r=0$,$c=0.9$,$s=0.1$;Con6:$r=0.1$,$c=0.8$,$s=0.1$;Con7:$r=0.2$,$c=0.7$,$s=0.1$"。通过求解微分方程(6-23),可得到 $P_j(t)$,$j\in\{0,1,\cdots,15\}$ 的值,其中 $P_j(t)=P\{X(t)=j\}$,表示 t 时刻系统处于状态 j 的概率。系统的瞬时可用度和瞬时安全度可分别由公式(6-25)和(6-26)求得。系统瞬时可用度和瞬时安全度曲线分别如图 6-23 和图 6-24 所示。

$$A(t)=\sum_{i=0}^{8}P_i(t) \quad (6-25)$$

$$S(t)=1-P_{14}(t)-P_{15}(t) \quad (6-26)$$

由图 6-23 和图 6-24 可知,如果所有的故障都可检测和恢复,则系统的可用度和安全度为恒定值 1。然而,这只是理想的情况,这与 ATP 系统的实际运行情况并不相符。当 ATP 系统的 C2 和 C3 计算单元发生不可检测故障时,列车的故障-安全策略将无法发挥作用,该类故障将会危及 ATP 系统及列车的运行安全。因此,在可靠性评估和系统监控过程中须考虑不可检测故障对设备可靠性及安全性的影响。同时,由于不可检测故障概率参数 s 在略微增大时,会导致 ATP 系统的安全度大幅降低,因此,需要尽量控制不可检测故障的比例,以提高 ATP 系统的安全度。当不可检测故障的比例确定时,增加故障修复参数 r 将有助于提高系统的可靠性和安全性。在可靠性评估和安全监控过程中,充分考虑参数 r 的影响能准确评估系统的动态可靠性,并为应对系统突发情况提供足够的安全余量。

为了评估 ATP 系统的瞬时可靠度,图 6-22 对应的瞬时可靠度由微分方程(6-27)描述,其中状态转移率矩阵 $\boldsymbol{B}_T$ 如式(6-28)所示,$\boldsymbol{B}_T$ 是 $\boldsymbol{A}_T$ 的左上角 $K+1$ 行、$K+1$ 列子矩阵。通过求解微分方程(6-27),得到系统在 t 时刻处于状态 j 的概率 $Q_j(t)$,$j\in\{0,1,\cdots,8\}$。根据 $Q_j(t)$,由式(6-29)计算系统的瞬时可靠度 $R(t)$,各配置条件下的系统瞬时可靠度如图 6-25 所示。由图 6-25 可知,ATP 系统在"$s=0$"的情况下有最优的可靠度。然而,系统很难检测到所有的故障类型,"$s=0$"只是一种理想情况。为了更精确地评估系统的可靠度和安全度性能,应该同时考虑 3 种故障类型相对应的参数 r、c、s。

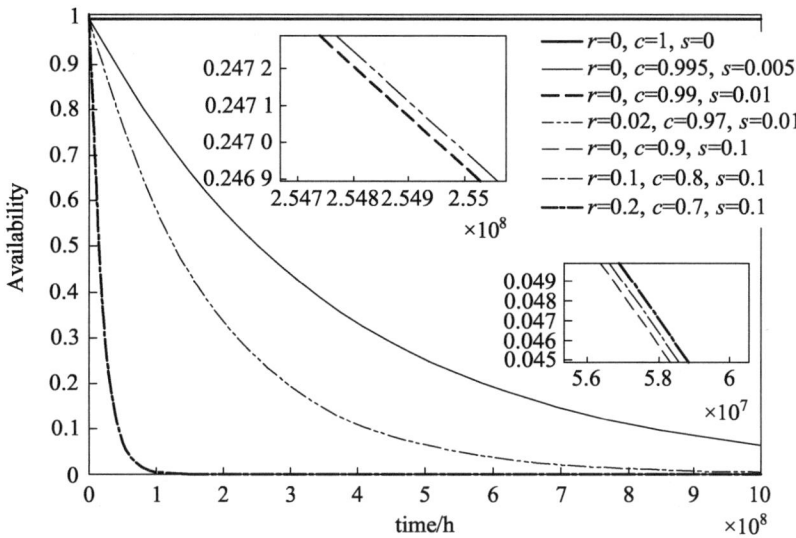

图 6-23　不同设备配置条件下 ATP 系统的可用性

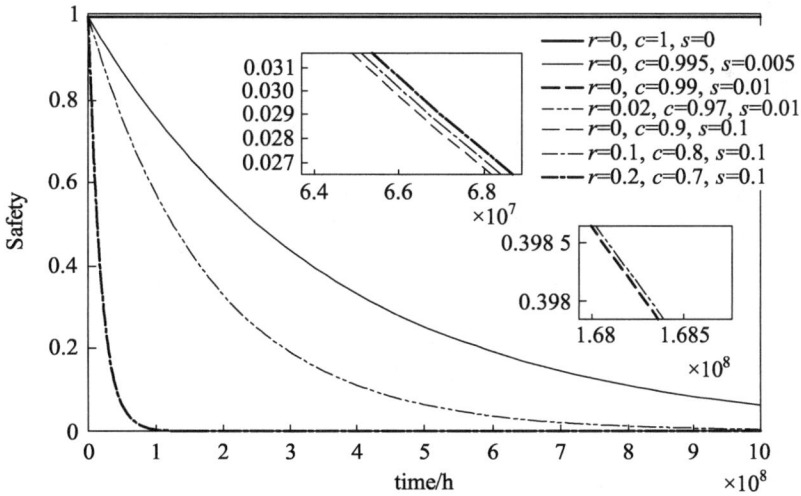

图 6-24　不同设备配置条件下 ATP 系统的安全性

$$\begin{cases} [Q_0'(t), Q_1'(t), \cdots, Q_8'(t)] = [Q_0(t), Q_1(t), \cdots, Q_8(t)] \boldsymbol{B}_\mathrm{T} \\ [Q_0(0), Q_1(0), \cdots, Q_8(0)] = (1, 0, \cdots, 0) \end{cases} \quad (6\text{-}27)$$

$$\boldsymbol{B}_\mathrm{T} = \begin{pmatrix} \varLambda_0 & \lambda_1 & 0 & c_2\lambda_2 & 0 & c_3\lambda_3 & s_3\lambda_3 & 0 & 0 \\ \mu_1 & \varLambda_1 & c_3\lambda_3 & 0 & 0 & 0 & 0 & 0 & s_3\lambda_3 \\ 0 & \mu_3 & \varLambda_2 & 0 & 0 & \mu_1 & 0 & 0 & 0 \\ \mu_2 & 0 & 0 & \varLambda_3 & \lambda_1 & 0 & 0 & 0 & 0 \\ 0 & 0 & 0 & \mu_1 & \varLambda_4 & 0 & 0 & 0 & 0 \\ \mu_3 & 0 & \lambda_1 & 0 & 0 & \varLambda_5 & 0 & 0 & 0 \\ 0 & 0 & 0 & 0 & 0 & 0 & \varLambda_6 & \lambda_1 & 0 \\ 0 & 0 & 0 & 0 & 0 & 0 & \mu_1 & \varLambda_7 & 0 \\ 0 & 0 & 0 & 0 & 0 & 0 & 0 & 0 & \varLambda_8 \end{pmatrix} \qquad (6\text{-}28)$$

$$R(t) = \sum_{i=0}^{8} Q_i(t) \qquad (6\text{-}29)$$

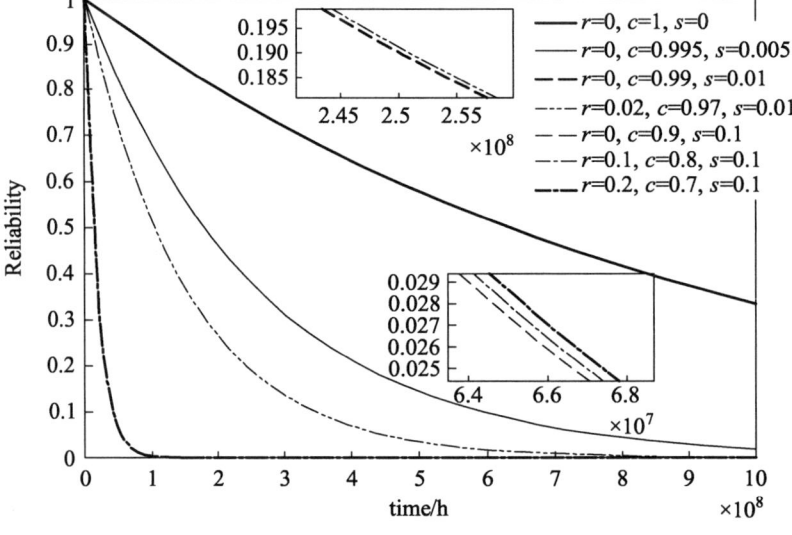

图 6-25　不同设备配置条件下 ATP 系统的可靠性

参考文献

[1]　M Čepin, B Mavko. A dynamic fault tree [J]. Reliability Engineering & System Safety, 2002, 75(1): 83-91.

[2]　E Ruijters, M Stoelinga. Fault tree analysis: A survey of the state-of-the-art in modeling, analysis and tools [J]. Computer Science Review, 2015, 15: 29-62.

[3] L Xing, G Levitin. Combinatorial algorithm for reliability analysis of multistate systems with propagated failures and failure isolation effect [J]. IEEE Transactions on Systems, Man, and Cybernetics-Part A: Systems and Humans, 2011, 41(6): 1156-1165.

[4] L Xing, O Tannous, J B Dugan. Reliability analysis of nonrepairable cold-standby systems using sequential binary decision diagrams [J]. IEEE Transactions on Systems, Man, and Cybernetics-Part A: Systems and Humans, 2011, 42(3): 715-726.

[5] L Xing, G Levitin, C Wang, et al. Reliability of systems subject to failures with dependent propagation effect [J]. IEEE Transactions on Systems, Man, and Cybernetics: Systems, 2013, 43(2): 277-290.

[6] 曹晋华，程侃. 可靠性数学引论[M]. 北京：高等教育出版社，2012.

[7] 何丽芸. 基于SysML的CTCS-3级列控系统建模和分析[D]. 北京：北京交通大学，2014.

[8] J Wang, Y Li, Y Zhang. Research on parallel control mechanism and its implementation in ATP [J]. IEEE Transactions on Intelligent Transportation Systems, 2016, 17(6): 1652-1662.

[9] 张文韬，张友鹏，苏宏升，杨蕾. 基于动态故障树的CTCS-3级ATP系统可靠性分析[J]. 工程设计学报，2014，21（1）：18-26.

7 基于稀疏 LSSVM 及集成回归树的智能驾驶方法

由于高速列车的运行速度在不断提高，运营里程也在不断增加，高速列车运行过程中采集到的驾驶数据比地铁的驾驶数据要多得多。如果直接将收集到的驾驶数据作为原数据集进行数据挖掘，训练后得到的智能驾驶模型将会非常复杂，智能驾驶模型的实时性能也将无法保证。因此，本章提出运用稀疏优化算法对驾驶数据集进行预处理，然后运用集成分类回归树算法训练稀疏后的驾驶数据集。在保证驾驶曲线的节能、运行时间、模式切换次数等指标的条件下，稀疏算法能够提高训练数据的稀疏度和旅客乘坐舒适度。为了最大限度地提高训练数据的稀疏性，首先，根据驾驶数据的特征，将原驾驶数据集分为几类。其次，设计了迭代 L_0 范数稀疏最小化算法对分类后的驾驶数据进行稀疏化处理，去除了冗余数据，提高了学习过程的计算速度。此外，为了提高智能驾驶算法的泛化能力，结合 Bagging 和 AdaBoost.R 等集成算法设计了 B-CART 和 A-CART 算法，用于挖掘有经验的司机和 ATO 控制器的潜在驾驶规则。最后，运用京沪高铁现场数据和 ATO 仿真数据对所提出的智能驾驶方法进行了性能测试。与 A-CART 算法相比，稀疏智能驾驶算法 S-A-CART 的能量消耗和训练数据集冗余度分别降低了 0.27%和 40%，乘客的乘坐舒适性提高了 17.71%。

7.1 智能驾驶算法的框架及评价指标

单质点模型将所有的受力放到一个质点上计算，虽然计算过程简单，但忽略了动车组内部车辆之间的受力情况，对于动力分散型的动车组来说，难以满足计算仿真精度要求。多质点模型计算精度高，但是计算量大、参数复杂，难以满足实时计算的要求。因此，本章引入多质点单位移模型[1]，不仅简化了多质点模型的复杂计算过程，还充分考虑了动车组受力的真实性。关于多质点单位移模型将在 7.3.1 节进行详细的讨论。单列车智能驾驶算法框架如图 7-1 所示。其中，专家经验及推理规则可参考相关文献[2-6]。

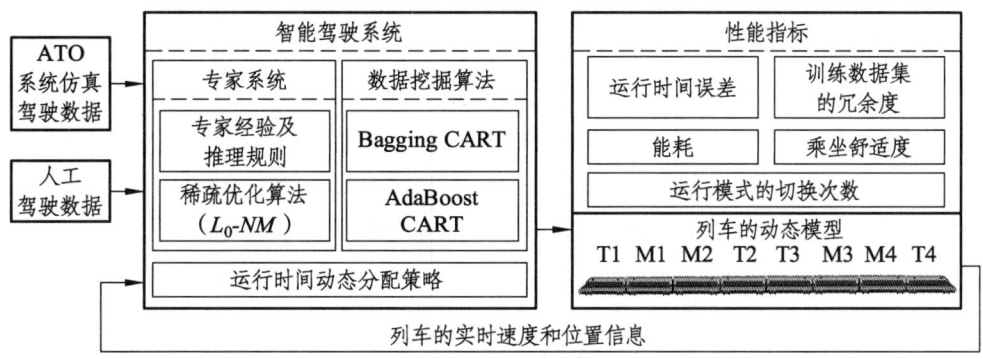

图 7-1　单列车智能驾驶算法框架

为了有效评价智能驾驶算法的性能，选择以下与列车运行性能相关的量化指标进行评价：运行时间误差（E_t）、乘坐舒适度（C）、运行模式的切换次数（N_s）、能耗（E）以及用于训练智能驾驶模型的训练数据集的冗余度（R_{ds}）。以上评价指标的定义如式（7-1）~式（7-5）所示。

1. 运行时间误差

高速列车的运行速度快，列车的追踪间隔短，因此，为了避免列车晚点影响整个线路的运营计划，列车的实际运行时间与运行时刻表的误差要控制在合理的范围内。列车的运行时间误差由式（7-1）表示。

$$E_t = T_p - T_r \tag{7-1}$$

其中：E_t 表示列车运行时间误差；T_p 表示列车运行时刻表规定的运营时间；T_r 表示智能驾驶模型实际的运行时间。此处的列车运行时间是指区间内的运行时间，不考虑停站所消耗的时间，当 $E_t>0$ 时，表示列车提前到站；当 $E_t<0$ 时，表示列车晚点到站。$|E_t|$ 越小，表示列车准时性越好，运行时间误差一般应控制在计划运营时间的 5%以内。

2. 乘坐舒适度

$$C = \frac{1}{n-1} \sum_{i=1}^{n-1} \left| \frac{a_{i+1} - a_i}{\Delta t} \right| \tag{7-2}$$

其中：a_i 表示第 i 个仿真点的控制器输出；Δt 表示仿真时间间隔；n 表示仿真数据的个数，

C 表示列车运行过程中加速度的平均变化率，体现了列车运行过程的平顺性。C 越小，乘坐舒适度越好。

3. 运行模式的切换次数

列车的运行过程通常包括牵引、巡航、惰行和制动 4 个运行阶段。工况之间的切换过程需符合《CRH 系列动车组操作规则》中的相关要求，以保证列车平稳高效地运行。工况之间频繁切换将导致动车组机械系统过度损耗，降低乘坐舒适度。同时，工况切换次数也是衡量司机优秀与否的重要指标之一。工况切换次数通过式（7-3）进行计算。

$$N_s = \sum_{i=1}^{n-1} N_s^{i,i+1} \tag{7-3}$$

其中：n 表示仿真点的个数；$N_s^{i,i+1}$ 表示第 i 个仿真点到第 $i+1$ 个仿真点工况是否发生切换，如果工况发生切换，则 $N_s^{i,i+1}=1$，否则 $N_s^{i,i+1}=0$。

4. 能耗

列车运行过程中耗能的因素包括列车牵引、列车制动、空调通风设备运转、照明等。本章主要研究列车行驶过程中做功所消耗能量，即在列车牵引和制动过程中所消耗的能量。由于列车在惰行过程中不会消耗能量，列车的总耗能通过以下公式计算。

$$w = \sum_{i=1}^{n} F_i v_i \Delta t = \sum_{i=1}^{n} m |a_i| v_i \Delta t$$

其中：F_i 表示列车牵引力或制动力；v_i 表示列车运行速度；Δt 为仿真时间间隔；n 表示整个驾驶曲线的仿真点个数。在列车实际载客运行过程中，列车的质量会随着乘客的上下车发生变化，能耗也会随之发生变化。因此，选用单位质量能耗来衡量智能驾驶模型的能耗指标，如式（7-4）所示。

$$E = \frac{w}{m} = \sum_{i=1}^{n} |a_i| v_i \Delta t \tag{7-4}$$

5. 数据集的冗余度

与地铁列车相比，高速列车的运行距离更长、运行时间更久，因此，列车运行过程中会产生大量的驾驶数据。为了减少智能驾驶模型的复杂性和提高模型的计算效率，对原始的驾驶数据首先运用聚类算法进行分类；然后，运用设计的稀疏优化算法处理相应分类后的驾驶数据集；最后，运用数据挖掘算法得到智能驾驶模型。数据的稀疏度由式（7-5）计算。

$$R_{ds} = \frac{N_{model}}{N_{odd}} \times 100\% \tag{7-5}$$

其中：N_{model} 表示经过稀疏算法处理后用于计算智能驾驶模型的驾驶数据个数；N_{odd} 表示采集到的原始驾驶数据的个数。训练数据的稀疏度越小，智能模型的计算速度越快，更有利于智能驾驶算法的在线实现。

为了验证智能驾驶模型的稳健性和适应性，选取不同的列车模型参数进行多次仿真，通过定义式（7-6）~（7-9）的统计量对智能驾驶模型的性能进行评价。K_{max}、K_{min}、K_{mean} 和 K_{Std} 分别表示对应指标绝对值的最大值、最小值、平均值和标准差。K_i 表示第 i 次仿真时的性能评价指标，n 表示仿真次数。

$$K_{max} = \max\ (K_1, K_2, \cdots, K_n) \tag{7-6}$$

$$K_{min} = \min\ (K_1, K_2, \cdots, K_n) \tag{7-7}$$

$$K_{mean} = \frac{1}{n}\sum_{i=1}^{n} K_i \tag{7-8}$$

$$K_{Std} = \frac{1}{n}\sqrt{\frac{\sum_{i=1}^{n}(K_i - K_{mean})^2}{n}} \tag{7-9}$$

7.2 单列车智能驾驶算法

7.2.1 基于稀疏优化及集成分类回归树算法的列车智能驾驶算法

列车运行数据中包括 20 多种基本特征，本节选择其中与列车运行过程联系最紧密的 8 个属性：线路限速（V_{limit}）、线路坡度（G_{line}）、列车的实际运行速度（V_{train}）、列车剩余运行时间（RT_{zone}）、列车剩余运行距离（RD_{zone}）、列车在下一限速变化点的限速变化（V_{change}）、距下一限速区段限速的距离（RD_{sl}）和列车控制器输出（$\beta_{controller}^{i,j,j+1}$）。控制器的输出从-1 到 1 连续变化。其中，正值表示列车牵引、负值表示列车制动、0 表示列车惰行。将前 7 个特征作为输入，以控制器输出作为输出，运用 LSSVM 构建智能驾驶拟合模型，如式（7-10）所示[7]。

$$\beta_{controller}^{i,j,j+1} = f(x_{i,j,j+1}) = \boldsymbol{\omega}^T \varphi(\boldsymbol{x}_{i,j,j+1}) + b \tag{7-10}$$

其中：$\boldsymbol{x}_{i,j,j+1}$ 表示输入向量 $\{V_{limit}, G_{line}, V_{train}, RT_{zone}, RD_{zone}, V_{change}, RD_{sl}\}$；$\varphi(x)$ 将 $\boldsymbol{x}_{i,j,j+1}$ 映射到一个特征空间 M；$\boldsymbol{\omega}$ 是特征空间 M 的向量；$\beta_{controller}^{i,j,j+1}$ 表示第 j 个限速点到第 $j+1$ 个限

速点之间的第 i 个采样周期对应的控制器输出。式（7-10）中的参数 $\boldsymbol{\omega}$ 和 b 可通过求解以下优化问题[由（7-11a）和（7-11b）表示]得到：

$$\min_{\boldsymbol{\omega},b,e} J(\boldsymbol{\omega},e) = \frac{1}{2}\boldsymbol{\omega}^{\mathrm{T}}\boldsymbol{\omega} + \frac{1}{2}\gamma\sum_{i=1}^{N} e_i^2 \tag{7-11a}$$

$$\text{s.t. } y_i = \boldsymbol{\omega}^{\mathrm{T}}\varphi(\boldsymbol{x}_i) + b + e_i, \ \forall i = 1,2,\cdots,N \tag{7-11b}$$

该优化问题对应的拉格朗日（Lagrangian）函数由（7-12）表示：

$$L(\boldsymbol{\omega},b,e,\boldsymbol{\alpha}) = J(\boldsymbol{\omega},e) - \sum_{i=1}^{N}\alpha_i\{\boldsymbol{\omega}^{\mathrm{T}}\varphi(\boldsymbol{x}_i) + b + e_i - y_i\} \tag{7-12}$$

其中，α_i 为 Lagrangian 因子。则最优性条件如下：

$$\begin{cases} \dfrac{\partial L}{\partial \boldsymbol{\omega}} = 0 \Rightarrow \boldsymbol{\omega} = \sum_{i=1}^{N}\alpha_i\varphi(\boldsymbol{x}_i) \\ \dfrac{\partial L}{\partial b} = 0 \Rightarrow \sum_{i=1}^{N}\alpha_i = 0 \\ \dfrac{\partial L}{\partial e_i} = 0 \Rightarrow \alpha_i = \gamma e_i \\ \dfrac{\partial L}{\partial \alpha_i} = 0 \Rightarrow \boldsymbol{\omega}^{\mathrm{T}}\varphi(\boldsymbol{x}_i) + b + e_i - y_i = 0 \end{cases} \tag{7-13}$$

其中，$i = 1,2,\cdots,N$。根据式（7-13），消去 $\boldsymbol{\omega}$ 和 e_i 后，原优化问题的最优解为式（7-14）表示的线性方程：

$$\begin{pmatrix} 0 & \mathbf{1}_n^{\mathrm{T}} \\ \mathbf{1}_n & \boldsymbol{\Omega} + \gamma^{-1}\mathbf{I} \end{pmatrix}\begin{pmatrix} b \\ \boldsymbol{\alpha} \end{pmatrix} = \begin{pmatrix} 0 \\ \boldsymbol{y} \end{pmatrix} \tag{7-14}$$

其中：$\boldsymbol{y} = (y_1,y_2,\cdots,y_n)^{\mathrm{T}}$；$\mathbf{1}_n = (1,1,\cdots,1)^{\mathrm{T}}$；$\boldsymbol{\alpha} = (\alpha_1,\alpha_2,\cdots,\alpha_n)^{\mathrm{T}}$；$\boldsymbol{\Omega} = K(\boldsymbol{x}_k,\boldsymbol{x}_l) = \varphi(\boldsymbol{x}_k)^{\mathrm{T}}\varphi(\boldsymbol{x}_l)$，$k,l = 1,2,\cdots,N$。这里选择 RBF（Radial Basis Function kernel）作为核函数 $K(\boldsymbol{x}_k,\boldsymbol{x}_l) = e^{(-\|\boldsymbol{x}_k - \boldsymbol{x}_l\|^2/2\sigma^2)}$，$\sigma > 0$。根据 Mercer 定理，LSSVM 模型对应的控制器的估计函数为：

$$f(\boldsymbol{x}) = \sum_{k=1}^{N}\alpha_k K(\boldsymbol{x}_k,\boldsymbol{x}) + b。$$

为了提高 LSSVM 模型的稀疏性，基于零范数最小化算法的稀疏 LSSVM 模型[8-12]如式（7-15）表示：

$$\min_{\boldsymbol{\alpha},b,e_k} \frac{1}{2}\sum_{k=1}^{N}\lambda_k\alpha_k^2 + \frac{1}{2}\gamma\sum_{k=1}^{N}e_k^2 \tag{7-15a}$$

$$\text{s.t. } \sum_{l=1}^{N}\alpha_l\Omega_{kl} + b = y_k - e_k, \forall k = 1,2,\cdots,N \tag{7-15b}$$

与原 LSSVM 模型（7-11a）和（7-11b）相比，该模型中不显式地包含 ω 参数，而是由隐式特征映射表示 $\omega = \sum_{l=1}^{N} \alpha_l \Phi(X_l)$。优化问题（7-15）中的正则化项不是由 $\|\omega\|^2$ 向量，而是由系数 λ_k 和向量 $\|\alpha\|^2$ 表示。结合 Lagrangian 因子 β 和 Lagrangian 函数的最优化条件，得到矩阵表达式（7-16）。其中，$H = \Omega \mathrm{diag}(\lambda)^{-1}\Omega + I/\gamma$，$\Omega$ 是核矩阵，γ 是正则化参数。

$$\begin{pmatrix} 0 & \mathbf{1}_n^T \\ \mathbf{1}_n & H \end{pmatrix} \begin{pmatrix} b \\ \beta \end{pmatrix} = \begin{pmatrix} 0 \\ y \end{pmatrix} \tag{7-16}$$

为了求解该稀疏优化问题，Algorithm 7-1 的稀疏优化算法通过迭代求解不同 λ 值对应的方程（7-16）。通过使用 K-means 算法，可以根据输入的驾驶数据的特征将驾驶数据分为 N 类。Algorithm 7-1 的输入为分类数据集 $\{x_k^{c_l}, y_k^{c_l}\}, k = 1, 2, \cdots, N; l = 1, 2, \cdots, m$。$x$ 表示输入矢量 $\{V_{\mathrm{limit}}, G_{\mathrm{line}}, V_{\mathrm{train}}, RT_{\mathrm{zone}}, RD_{\mathrm{zone}}, V_{\mathrm{change}}, RD_{\mathrm{sl}}\}$，$y$ 表示列车控制器的输出。在第 t 次迭代中，λ^t 由前一次迭代优化过程得到，H^t 由 λ^t 建立。β^t 和 b^t 将通过求解方程（7-16）得到。可以证明，当 $t \to \infty$ 时，α^t 将收敛于一个驻点 α^*。此外，由于最优化问题（7-15a）中的正则化项 $(\alpha^t)^T \mathrm{diag}(\lambda) \alpha^t$ 最终收敛于 α^* 的 L_0 范数，因此由（7-15a）和（7-15b）所描述的模型最终将是稀疏的。由于 α^* 依赖于权值的初始化值，因此 α 被初始化为线性系统（7-14）的最优化解，以避免最终收敛于局部极小解。

Algorithm 7-1 Off-line LSSVM sparse algorithm based on L_0-norm minimization (LSSVM-L_0NM).

Input: The classified driving data set, $\{x_k^{c_l}, y_k^{c_l}\}, k = 1, 2, \cdots, N, l = 1, 2, \cdots, m$;

Output: Sparsified training data set, $\{x_k^{s_l}, y_k^{s_l}\}, k = 1, 2, \cdots, N, l = 1, 2, \cdots, m$.

1: **for** ($l = 1 : m$) **do**

2: Given the classified driving training data $\{x_k^{c_l}, y_k^{c_l}\}, k = 1, 2, \cdots, N$, solve linear system (7-14) to obtain optimal $\{\gamma, \sigma^2\}$ and $\{\alpha, b\}$ by 10-fold cross-validation.

3: $\lambda_i \leftarrow \alpha_i, i = 1, 2, \cdots, N$.

4: **repeat**

5: $H^t \leftarrow K \mathrm{diag}(\lambda^t)^{-1} K + I_N / \gamma, i = 1, 2, \cdots, N$.

6: Solve system (7-16) to obtain β and b.

7: $\bar{\alpha}^t \leftarrow \mathrm{diag}(\lambda^t)^{-1} K \beta$.

8: **if** $|\bar{\alpha}_i^t| > \epsilon$ **then**

9: $\lambda_i^{t+1} \leftarrow 1/(\bar{\alpha}_i^t)^2, i = 1, 2, \cdots, N$.

10: **else**

11: $\lambda_i^{t+1} \leftarrow 1/\epsilon^2$, $i=1,2,\cdots,N$.

12: **end if**

13: **until** convergence

14: Sort $|\bar{\alpha}_l|$ in descending order.

15: Delete the corresponding driving data of last 5% of the sorted $|\bar{\alpha}_l|$ and update N to obtain the sparse training data set $\{x_k^{s_l}, y_k^{s_l}\}$, $k=1,2,\cdots,N$.

16: Given the sparse data $\{x_k^{s_l}, y_k^{s_l}\}$, $k=1,2,\cdots,N$, solve linear systems (7-14) to obtain optimal parameters γ^*, σ^{2*}, α^*, b^*.

17: Compute the controller's output by $y(\boldsymbol{x}) = \sum_{k=1}^{N} \alpha_k^* \boldsymbol{K}(\boldsymbol{x}, \boldsymbol{x}_k) + b^*$ and the performance index value.

18: **if** (the performance index degrades) **then**

19: $\{x_k^{s_l}, y_k^{s_l}\} \leftarrow \{x_k^{c_l}, y_k^{c_l}\}$.

20: **else**

21: Go to step 2 and sparsify on the reduced training set $\{x_k^{s_l}, y_k^{s_l}\}$, $k=1,2,\cdots,N$, unless the performance degrades.

22: **end if**

23: **return** $\{x_k^{s_l}, y_k^{s_l}\}$, $k=1,2,\cdots,N$.

24: **end for**

分类回归树（Classification And Regression Tree，CART）算法是一种典型的决策树算法，用于解决分类和决策类问题[13]。CART 算法是一种监督学习算法，用于计算随机变量 Y（数据的输出标签）和给定的随机变量 X（输入特征空间）之间的条件概率分布函数。CART 算法一般包含有两个步骤：树的生成过程和树的剪枝过程。在树的生成过程中，选择三分之二的稀疏驾驶数据作为训练样本；剩余的数据作为数据剪枝过程中的测试样本。决策树的生成就是一个递归地构建二叉决策树的过程。对回归树用平方误差最小化原则，对分类树用基尼指数（Gini index）最小化准则，进行特征选择，从而构建最大二元决策树 $T_{\max}$。CART 剪枝算法是从"完全生长"的决策树的底端剪去一些子树，使决策树变小（模型变简单），从而能够对未知数据有更准确的预测，也提高了模型的泛化性能。CART 剪枝算法分为两步：第一步，从生成算法产生的决策树 T_0 底端开始依次剪枝，直到 T_0 根结点，形成一个子树序

列 $\{T_0, T_1, \cdots, T_n\}$；第二步，在独立的验证数据集上应用交叉验证法测试子树序列，进而选择最优子树。

当训练数据集较少时，CART 算法具有很好的拟合效果。但是，对于大规模的训练数据集，CART 算法产生的树并不稳定，决策树会变得非常复杂。而且结构复杂的决策树对未知数据的预测能力下降，训练数据集中的微小差异就会改变生成树的结构。因此，本章通过运用集成学习算法来提高 CART 算法的泛化能力，以克服基学习器 CART 算法的过拟合问题。集成算法的核心思想叙述如下：首先，通过训练得到若干个单个的 CART 学习模型，然后，通过某种组合算法集成多个分类器的分类结果，从而使集成的结果相比于单个分类器具有更好的分类或拟合性能。

Bagging 算法在训练阶段使用放回式重复选择训练样本，即在将原训练样本放回训练数据集后，随机选择相同数量的样本作为训练集[14]。Bagging 算法的具体步骤如 **Algorithm 7-2** 所示。其中，$f_{s_l}(x_i)$ 表示 l 类稀疏数据集 $\{x_k^{s_l}, y_k^{s_l}\}$，$k=1,2,\cdots,N$ 对应的弱学习模型，$F_{s_l}(x_i)$ 为 l 类稀疏数据集对应的最终预测模型。

Algorithm 7-2 Piecewise Bagging regression algorithm (Piecewise B-CART).

Input: Sparsed training data set, $\{x_k^{s_l}, y_k^{s_l}\}$, $k=1,2,\cdots,N$, $l=1,2,\cdots,m$.

Output: The final prediction model, $F_{s_l}(x_i)$, $l=1,2,\cdots,m$.

1: **for** ($l=1,2,\cdots,m$) **do**.

2: Select randomly n training samples from the sparsified set of training samples $\{x_k^{s_l}, y_k^{s_l}\}$, $k=1,2,\cdots,N$.

3: Train the n samples using the given base learning algorithm, and then a weak learner model $f_{s_l}(x_i)$ can be obtained.

4: Put back the n selected training samples.

5: Repeat k times from Step 2 to Step 4, so that we can get a set of k regression models. The final prediction model can be computed by the following equation.

$$F_{s_l}(x_i) = \sum_{k=1}^{\infty} f_{s_l}^k(x_i)$$

6: **end for**.

为了提高基学习器的性能，本节采用提升算法（Adaptive Boosting，AdaBoost）来解决多分类问题[15,16]，运用 AdaBoost.R 和 CART 组成的混合算法提高弱学习器（CART）的拟合性能和泛化性能。AdaBoost.R 算法的详细步骤如 **Algorithm 7-3** 所示。从 **Algorithm 7-3**

的执行步骤可见，每次迭代计算结束后，算法将产生一个基学习器，对于拟合误差较大的样本，增大其权值。在下一次迭代过程中，这些样本被选择进新训练集中的可能性也变大。因此，后面得到的学习器将弥补前面学习器的不足，最终集成后的分类器拟合性能将优于单个分类器，此算法适用于驾驶数据的拟合分析。

Algorithm 7-3 Piecewise AdaBoost regression algorithm (Piecewise A-CART).

Input:

Sequence of samples: $\{x_i, y_i\}$, $i = 1, 2, \cdots, M$, with labels $y_i \in Y = [-1, 1]$;

Distribution over the samples: D;

Weak learning algorithm: CART;

Number of iterations: T.

Output:

The final driving model of HST.

1: For the original training data set: $\{x_i, y_i\}$, $i = 1, 2, \cdots, M$.

2: Initialize the weight vector: $i = 1, 2, \cdots, M$, $y \in Y$

$$\omega_{i,y}^1 = \frac{D(l)|y - y_i|}{Z}$$

where

$$Z = \sum_{i=1}^{M} D(i) \int_{-1}^{1} |y - y_i| \, \mathrm{d}y$$

3: **for** ($t = 1 : T$) **do**

4: Compute the distribution:

$$p^t = \frac{\omega^t}{\sum_{i=1}^{M} \int_{-1}^{1} \omega_{i,y}^t \, \mathrm{d}y}$$

5: Call weak learner CART, providing it with the distribution p^t, get back a hypothesis $h^t: X \to Y$.

6: Calculate the error of h^t:

$$\epsilon_t = \sum_{i=1}^{M} \left| \int_{y_i}^{h_t(x_i)} p_{i,y}^t \, \mathrm{d}y \right|$$

7: **if** $\epsilon_t > 1/2$ **then**

8: $T \leftarrow t-1$, break.

9: **end if**

10: Compute $\beta_t = \epsilon_t /(1-\epsilon_t)$.

11: Update the weights vector:

$$\omega_{i,y}^{t+1} = \begin{cases} \omega_{i,y}^t, & \text{if } y_i \leqslant y \leqslant h_t(x_i) \text{ or } h_t(x_i) \leqslant y \leqslant y_i \\ \omega_{i,y}^t \beta_t, & \text{otherwise} \end{cases}$$

12: **end for**

13: The final prediction model can be computed by the following equation:

$$h_f(x) = \inf \left\{ y \in Y : \sum_{t:h_t(x) \leqslant y} \log \frac{1}{\beta_t} \geqslant \frac{1}{2} \sum_t \log \frac{1}{\beta_t} \right\}$$

在以上算法的基础上，基于稀疏算法和集成分类回归树的智能驾驶算法的具体步骤如 **Algorithm 7-4** 所示。在 **Algorithm 7-4** 中，为了处理大规模驾驶数据，第 1 步和第 2 步是对列车驾驶数据进行预处理，通过数据挖掘算法实现高速列车的智能行车。步骤 4 和步骤 5 是 B-CART 和 A-CART 模型的稀疏优化以及训练过程。步骤 6~13 为单个高速列车的实时操作过程。

Algorithm 7-4 Intelligent driving methods based on L_0-norm minimization and ensemble CART algorithms (IDMs).

1: Select the historical HST's driving data with good performances by expert knowledge.

2: Classify the selected driving data into N classes, according to the features of the driving data and the volume of operational zones. In addition, the selected driving data can be expressed as:

$$D = \begin{pmatrix} x_1^1 & x_1^2 & \cdots & x_1^n \\ x_2^1 & x_2^2 & \cdots & x_2^n \\ \vdots & \vdots & & \vdots \\ x_i^1 & x_i^2 & \cdots & x_i^n \\ \vdots & \vdots & & \vdots \\ x_7^1 & x_7^2 & \cdots & x_7^n \\ y^1 & y^2 & \cdots & y^n \end{pmatrix}$$

where n means the number of driving data samples, and $x_1^j, x_2^j, \cdots, x_7^j, j \in [1, n]$ represent the speed-limit, slope of line, train speed, the remaining distance to the terminal station, the remaining operational distance and remaining operational time to the next speed-limit section, the changing value of speed limit between two adjacent speed limit sections, respectively.

3: **for** (every part of the divided driving data) **do**

4: Obtain the sparsified data set $\{x_j^s, y_j^s\}, j = 1, 2, \cdots, M$, by using **Algorithm 7-1**.

5: Train the n samples using the given base learning algorithm by **Algorithm 7-2** or **Algorithm 7-3**, and then B-CART or A-CART learning model can be obtained by Bagging or AdaBoost.R algorithms, respectively.

6: Compute the real-time operational data of HST, which includes the speed and position of HST, the speed limit and slope of operational zones, the remaining distance and remaining operational time to the next speed limit zone, and so on.

7: Examine whether the calculated driving data conforms to the expert knowledge.

8: **if** (the calculated data has good performance) **then**

9: Use B-CART or A-CART learning model to compute the optimal controller outputs by the real-time operational data.

10: **else**

11: Compute the controller's output by the reasoning rules of expert system.

12: **end if**

13: Update the real-time information of HST, and then go to step 6, until the HST's position exceeds the corresponding speed limit section.

14: **end for**

7.2.2 运行时间动态分配策略

本节不仅通过跟踪速度-位置曲线来控制列车运行，而且根据列车的牵引和制动性能曲线预测各限速段的运行时间间隔和运行速度，实现列车运行过程的动态调整。每个限速区段的运行时间间隔按照时刻表进行分配，这种分配方式称为静态分配法。然后，运用列车的实际速度和相应限速区段的剩余运行时间，重新分配各限速区段的运行分布时间。采用静态分配法，由式（7-17）计算第 i 个限速区段的运行时间。各参数含义如表 7-1 所示。在静态分配方法的基础上，该部分设计了运行时间动态分配策略，以满足所有限速区段列车精确控制的要求。运行时间误差由式（7-18）定义。

$$\begin{cases} \hat{t}_i = (s_i^t - s_i^s)/\varepsilon_i \overline{v}_i \\ \overline{t}_i = t_{\text{plan}} \cdot \hat{t}_i / \sum_{i=1}^n \hat{t}_i \end{cases} \forall i = 1,2,\cdots,N \tag{7-17}$$

表 7-1 列车运行时间动态分配策略相关参数的含义

参数	含义
t_{plan}	列车时刻表的计划运行时间
N	相邻车站之间的限速变化区段的个数
$\overline{t}_i$	第 i 个限速区段的静态分配时间
$\hat{t}_i$	第 i 个限速区段的预估运行时间
$\overline{v}_i$	第 i 个限速区段的限制速度
s_i^s	第 i 个限速区段的起始里程数
s_i^t	第 i 个限速区段的终点里程数
ε_i	第 i 个限速区段的速度比例因子

$$\Delta t = \sum_{j=1}^i t_j - t \tag{7-18}$$

式中：Δt 为从第 1 个到第 i 个限速区段的实际运行时间（t）与时刻表规划的运行时间之间的时间误差。第 k 个限速区段的运行时间由式（7-19）调整。如果 $\Delta t > 0$，应在第 k 个限速区段中适当降低 ε_k 的值。反之，第 k 个限速区段应适当提高 ε_k 的值。ε_k 的值由以下两个条件决定：

（1）如果下一限速区段的限速增加，则在限速区域内应将列车的运行速度缓慢增加，以确保列车的运行效率。ε_i 的取值范围在巡航区为[0.8，0.85]，在调速区为[0.65，0.75]。

（2）如果下一限速区段的限速降低，应在调速区域及时触发常用制动，以确保列车的运行安全。ε_i 的取值范围在巡航区为[0.8，0.85]，在调速区为[0.55，0.65]。

$$\begin{cases} \hat{t}_k = (s_{k+1} - s_k)/\varepsilon_k \overline{v}_k \\ \overline{t}_k = \left(t_{\text{plan}} - \sum_{m=1}^{k-1} t_m\right) \cdot \hat{t}_k / \sum_{j=k}^N \hat{t}_j \end{cases} \forall k = i+1, i+2, \cdots, N \tag{7-19}$$

7.3 案例分析

7.3.1 基于 Simulink 的列车动态模型和仿真平台

本小节高速列车智能驾驶仿真平台采用 MATLAB 的重要组件 Simulink 工具箱进行设计和搭建。Simulink 是 MATLAB 中的一种可视化仿真工具，为用户提供了一个动态系统建模、仿真和综合分析的集成环境。在该环境中，用户不需编写大量的程序代码，只需通过调用工具箱就可构建出复杂的系统。Simulink 具有适应面广、结构明了、流程清晰、贴近实际、仿真精细、灵活及效率高等优点。基于以上优点，Simulink 已经被广泛地应用于数字信号处理和控制理论等复杂系统仿真和设计中[17]。目前大量第三方软件和硬件被要求应用 Simulink 或可应用 Simulink。它主要有以下特点：

（1）丰富的可扩充的预定义模块库。

（2）交互式的图形编辑器可以管理和组合相对直观的模块图。

（3）以功能设计的层次性来划分模型，用于管理复杂的设计。

（4）可以通过 Model Explorer 导航、配置、创建、搜索模型里的任意参数、属性和信号，用于生成模型代码。

（5）提供与其他仿真程序相连接的 API 和手写代码集成。

（6）通过将剖析器和调试器的检查仿真结果图形化来诊断设计的工作性能和异常行为。

（7）可以通过访问 MATLAB 将检测结果可视化并进行分析，定义信号参数，定制建模环境和测试数据。

高速列车智能驾驶 Simulink 仿真模型共由 5 个模块组成，分别是输入模块、显示和记录模块、控制器模块、列车阻力模块和列车模型模块。输入模块主要输入线路的离线信息（限速变化的位置和限速值、线路的坡度变化位置及坡度值）、相关参数（列车阻力模型参数、期望运营时间）以及对学习数据的选择；显示和记录模块主要包括结果显示（运行时间、停车精度、舒适度等）和仿真图；控制器模块主要包括控制器的输入与输出接口、控制器的核心算法以及相关数据的保存；列车阻力模块主要由基本阻力和附加阻力组成；列车模型模块主要是高速列车运行的数学模型，包括牵引模型和制动模型以及工况切换模型等。各模块的相互连接关系以及各模块的组成部分，如图 7-2 所示。图 7-3 是相应的 Simulink 仿真模型。

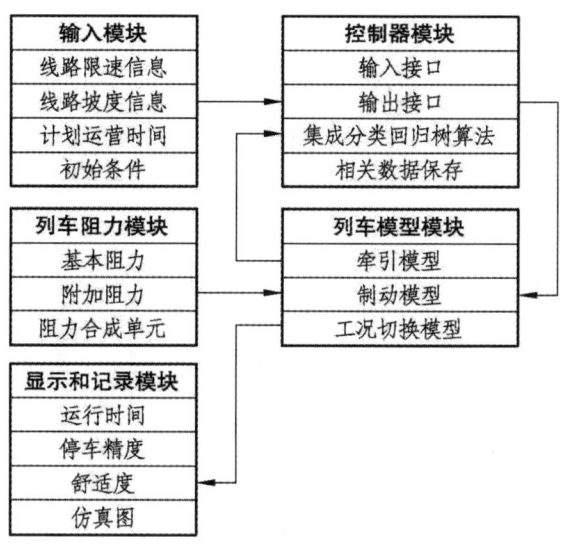

图 7-2 高速列车智能驾驶仿真系统结构图

下面分别介绍上述模型中主要模块的设计方法。

图 7-4 为输入模块，在图 7-4 中，limitblock、limit_value、gradient、Time_limit 都为 Constant 模块，分别代表线路的限速位置、限速值、线路的坡度以及期望运行时间，前三者为一个数组，后者为一个标量。"fcn"表示一个嵌入式模块，为信号发生器，根据列车所在的位置实时输出限速和坡度信息，进而为列车运行提供基本参数。

图 7-5 为控制器模块，控制器模块是一个 Simulink 特有的 Embedded Matlab 模块，该模块相当于一个 MATLAB 函数，可以通过 Embedded Matlab Editor 编写 MATLAB 功能函数代码，并对 MATLAB 自带的一些函数进行调用。该模块根据所编写的函数的输入/输出自动在模块外围生成对应的接口。本小节的高速列车智能驾驶模型的核心算法——集成分类回归树算法就是在此模块中通过 MATLAB 代码实现的。

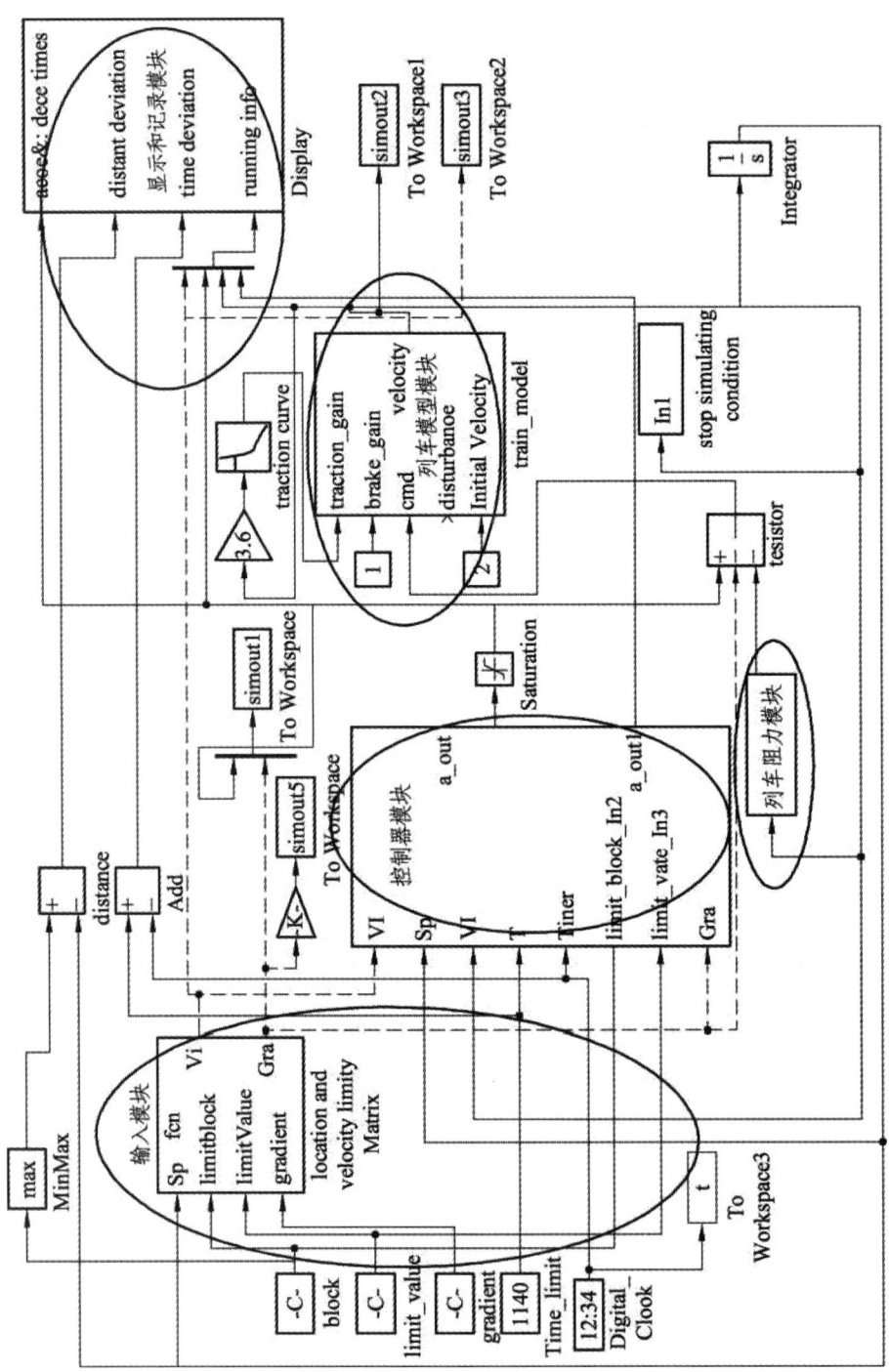

图 7-3 高速列车智能驾驶 Simulink 仿真模型

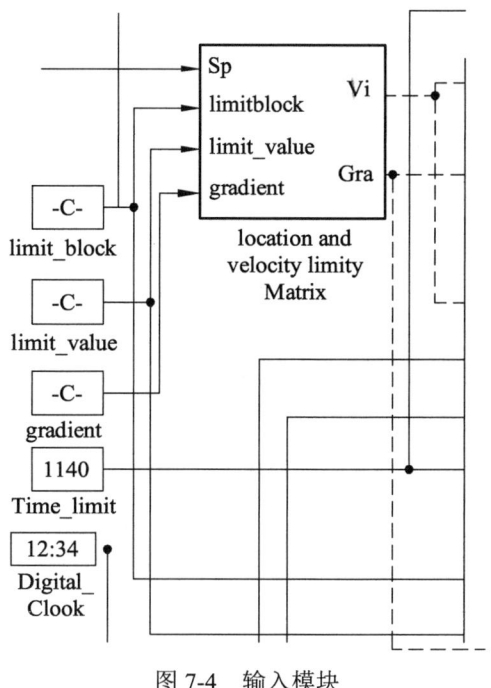

图 7-4 输入模块

图 7-6 为列车模型模块的接口显示。图 7-7 描述了列车的工况切换环节、牵引饱和环节、输出限幅、一阶伺服模型以及模拟系统的传输延时和响应延时等关键环节，模拟了列车运行控制的特性。

图 7-8 为阻力模块，发生器模块主要产生列车的阻力。列车的阻力主要包括基本阻力和附加阻力，通过阻力合成单元叠加到对列车的控制量当中，图 7-8 展示了该阻力模型的基本情况。

图 7-9 为显示和记录模块，主要记录停车误差、时间误差、能耗并显示速度-时间曲线或速度-位置曲线。

多质点单位移模型如式（7-20）所示，其中 m_i，x_i，F_i，f_i 和 Δx_{di} 分别表示第 i 节车厢的质量、位置、牵引力、制动力和车厢之间联轴器的弹簧变形。

$$\sum_{i=1}^{8} m_i \ddot{x}_1 = \sum_{i=1}^{8}(\lambda_i F_i) - \sum_{i=1}^{8} f_i - \Delta \ddot{x}_{d1}\sum_{i=2}^{8} m_i - \Delta \ddot{x}_{d2}\sum_{i=3}^{8} m_i - \cdots - \Delta \ddot{x}_{d7} m_8 \quad (7\text{-}20)$$

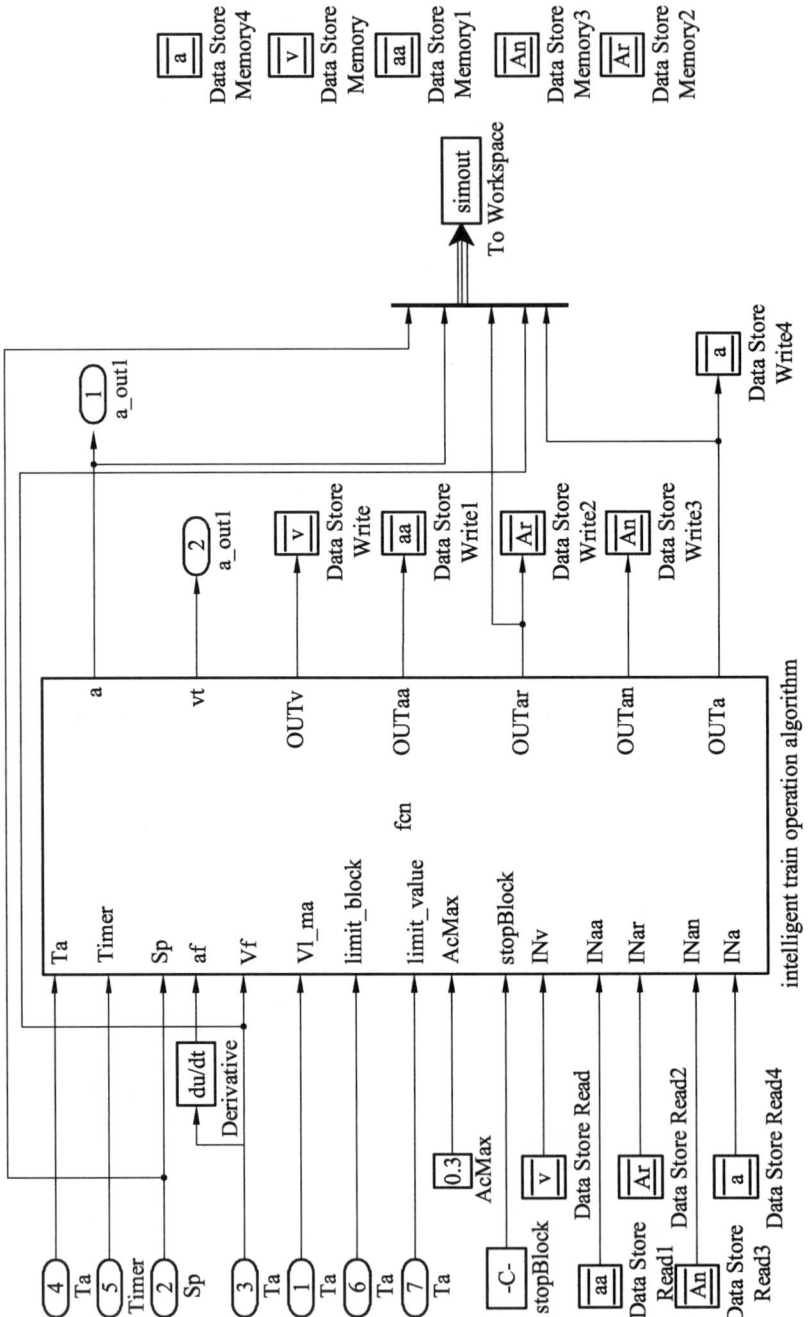

图 7-5 控制器模块

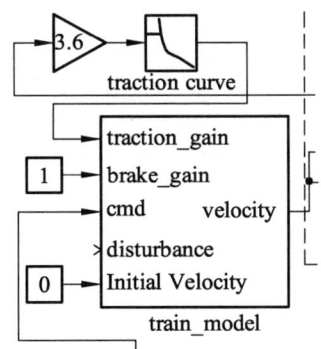

图 7-6　列车模型模块的接口显示

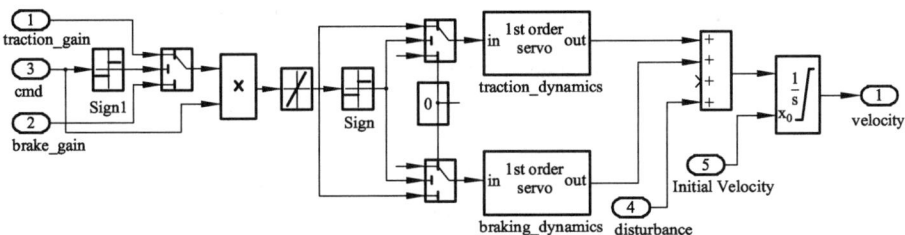

图 7-7　列车模型模块各环节

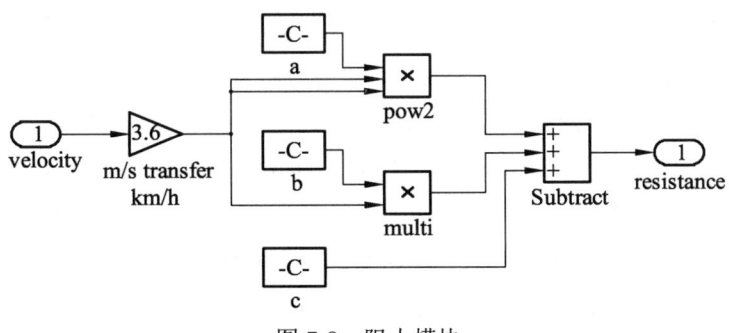

图 7-8　阻力模块

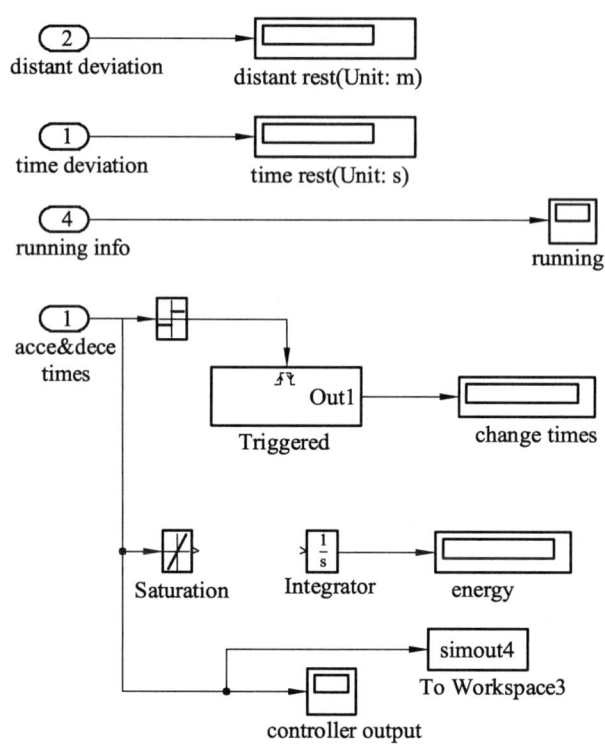

图 7-9 显示和记录模块

列车阻力包括基本阻力和附加阻力，基本阻力反映了机车车辆的基本阻力特性，在动车组运行过程中是始终存在的。动车组牵引计算的相关规程中，基本阻力一般使用与单位质量所对应的单位基本阻力来表征，可表示为：$f_{ri} = m_i(av_i^2 + bv_i + c)$，其中 a、b、c 为基本阻力系数，v_i 和 m_i 分别表示第 i 节车厢的运行速度和质量。列车在坡道和曲线上运行时所遇到的阻力称为附加阻力。与基本阻力不同的是：在同一条件下作用在机车、车辆上的单位附加阻力相同。附加阻力主要包括坡道附加阻力、曲线附加阻力等。坡道附加阻力是机车、车辆的重力沿轨道下坡方向的分力。坡道阻力可表示为：$f_{gi} = m_i g \sin\alpha$，其中 α 表示坡度角。由于机车、车辆在曲线上运行时，轮轨间的纵向和横向滑动、轮缘与钢轨内侧面的摩擦增加，从而产生曲线阻力。曲线阻力可表示为：$f_{ci} = 600/r_i$，r_i 表示轨道曲率半径，600 表示影响曲线阻力的经验常数。第 i 节车厢的阻力为：$f_i = f_{ri} + f_{gi} + f_{ci}$。式（7-20）中，$\lambda_i$ 表示第 i 节车厢对应牵引力的分配因子。

在列车运行过程中，司机会根据目标速度曲线不断调整牵引手柄，由于牵引传动系统的惰性会导致系统延时，所以牵引力是逐渐变化的。同时，由于牵引传动系统机械及电气结构的传输延时，需经过一段时间才能达到控制器的期望加速度，因此，可运用下面的一阶动态过程描述该延时过程[18]：$\dot{a}(t) = [A(t - T_{acc}^d) - a(t)]/T_{acc}^c$，其中，$a(t)$ 为列车实际加速度，$A(t)$ 为通过牵引特性曲线插值得到的目标加速度。T_{acc}^c 为牵引系统响应时间常数，T_{acc}^d 为牵引系统响应延时。由于列车制动系统机械及电气结构存在传输延时，需一定时间才能达到控制器期望加速度，所以同样采用一阶动态过程描述该延时过程：$\dot{a}(t) = [A(t - T_{bra}^d) - a(t)]/T_{bra}^c$。式（7-20）和延时过程中各参数的取值如表 7-2 所示。其中，T_{bra}^c 为制动系统响应时间常数，T_{bra}^d 为制动系统响应延时。

表 7-2　快速制动工况下相关的制动性能

模型参数	参数值	模型参数	参数值
T_{acc}^c (s)	0.4	Δx_{di}, $i=1, 3, 5, 7$（mm）	$0.2\sin(2t)$
T_{acc}^d (s)	2	Δx_{di}, $i=2, 6$（mm）	$0.1\sin(2t)$
T_{bra}^c (s)	0.45	Δx_{di}, $i=4$（mm）	$0.15\cos(2t)$
T_{bra}^d (s)	3.5	(a, b, c)	(1.2×10^{-3}, 7.295×10^{-2}, 8.63)
m_i, $i=1, 8$（kg）	4.3×10^4	m_i, $i=4$（kg）	3.8×10^4
m_i, $i=2, 7$（kg）	4.0×10^4	m_i, $i=3, 5, 6$（kg）	4.5×10^4

7.3.2　案例仿真

本小节以北京至天津的线路为例进行仿真，该段线路总长为 122 km，计划行程时间 $T_p=$ 2 537 s，仿真时间间隔为 0.2 s。首先，通过仿真获得 ATO 驾驶数据，并在列车的运行过程中采集司机的人工驾驶数据。由采取以上两种方式获得的驾驶数据组成原始训练数据集。其次，运用集成算法和回归树算法设计集成分类回归树算法（包括 B-CART 和 A-CART），提高智能驾驶模型的泛化性能。最后，运用迭代稀疏 L_0NM 算法对驾驶数据集进行预处理，减少训练数据集、降低决策树模型的复杂度及提高集成分类回归树算法的运算效率和智能驾驶模型的泛化性能。

与人工驾驶方法（Manual Driving，MD）和 ATO 算法相比，B-CART、A-CART 和 S-A-CART 算法的速度-距离（Speed-Distance，SD）曲线如图 7-10 和图 7-11 所示。B-CART、A-CART 和 S-A-CART 的 SD 曲线相似，而 ATO 和 MD 会在不同限速区段的限速变化点附近实施制动。这说明 B-CART、A-CART 和 S-A-CART 的智能驾驶算法能够找到潜在的驾驶规则，并在限速切换点之前选择正确的制动点，使得驾驶曲线更加平滑。以上智能驾驶算法对应的控制器输出如图 7-12 和图 7-13 所示。由图 7-12 和图 7-13 所知，ATO 和 MD 控制器的输出切换非常频繁，所提出的智能驾驶算法控制器的输出平稳。因此，B-CART、A-CART 和 S-A-CART 可以有效提高乘客的乘坐舒适性，这也证明了前面的相应论述。所有智能驾驶方法的各项性能指标对比如表 7-3 所示。

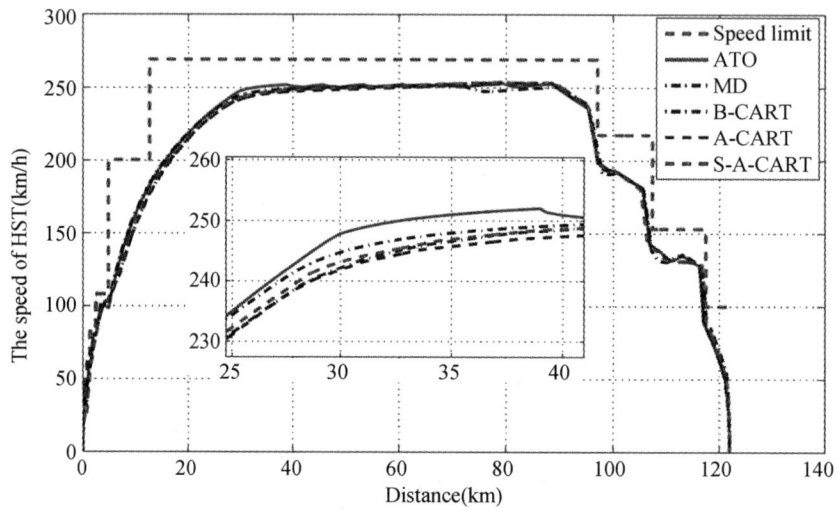

图 7-10　智能驾驶算法的速度-距离曲线对比

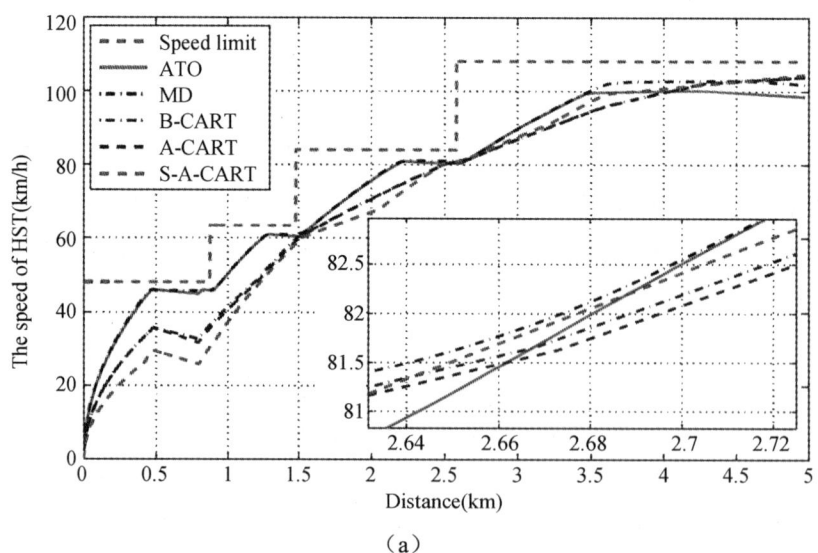

（a）

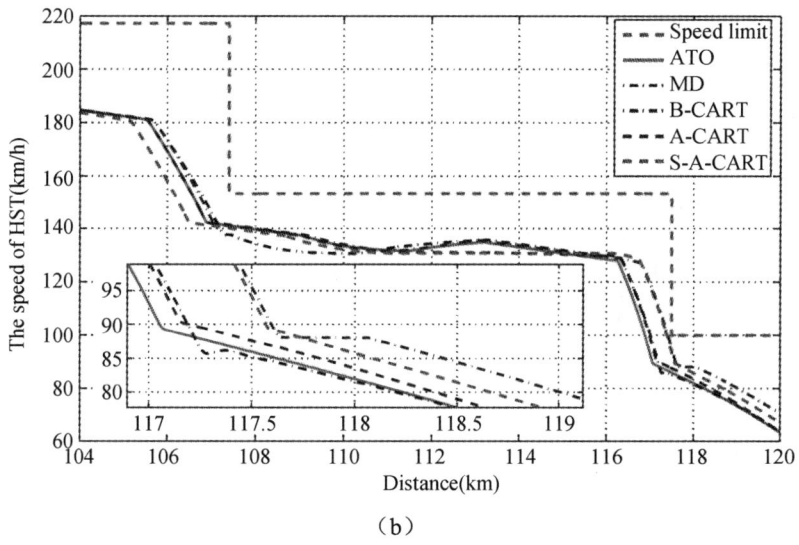

(b)

图 7-11 智能驾驶算法在区段（0，5）km 和（104，120）km 的速度-距离曲线对比

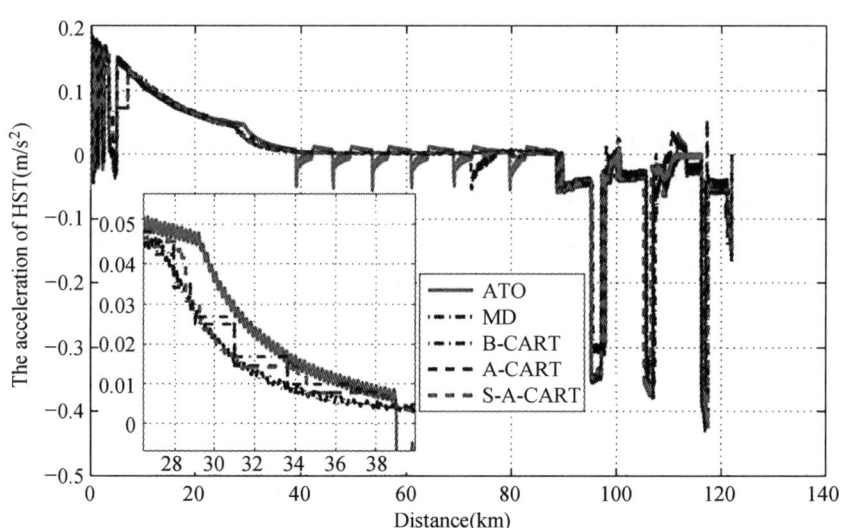

图 7-12 智能驾驶算法的控制器输出对比

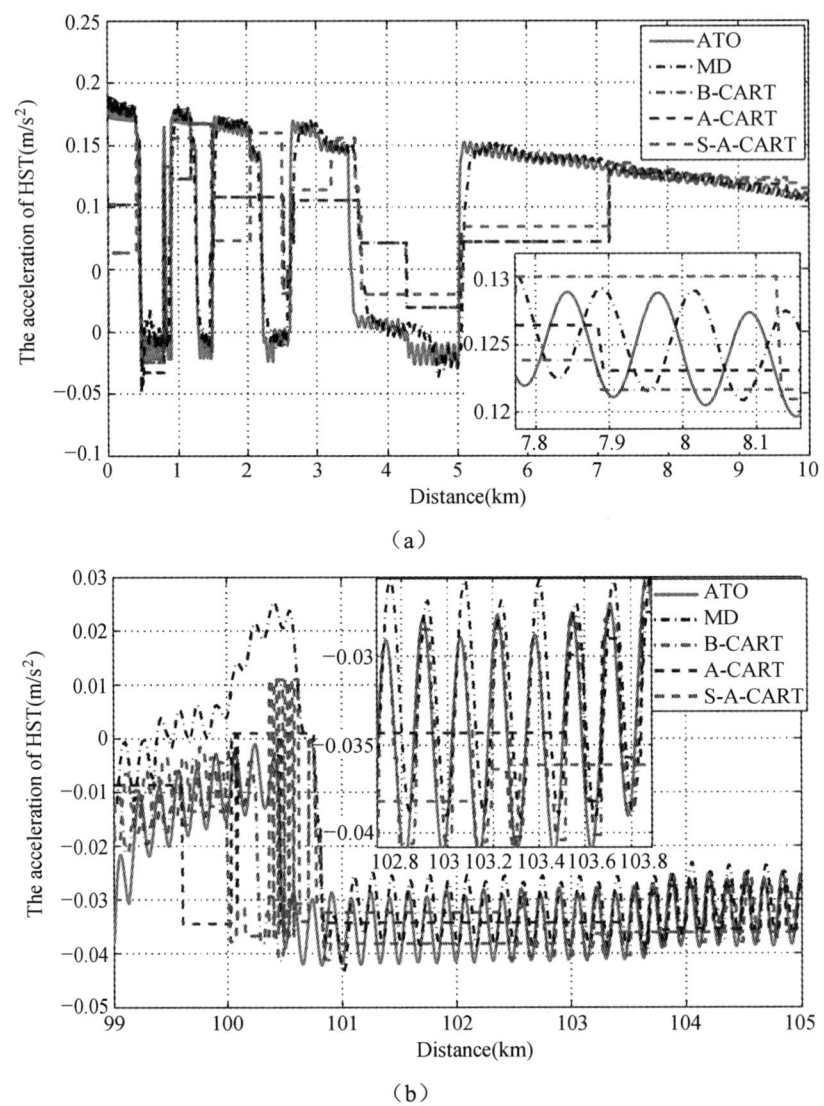

图 7-13 智能驾驶算法在区段（0,10）km 和（99,105）km 的控制器输出对比

表 7-3 智能驾驶算法各项指标性能对比

算法	E_t/s	C/（m/s^3）	E/（kJ/kg）	N_s
ATO	**30**	0.008 0	22.613 8	38
MD	47.6	0.006 6	21.170 7	25

续表

算法	E_t/s	C/(m/s³)	E/(kJ/kg)	N_s
B-CART	56.8	0.002 9	21.082 2	**13**
A-CART	67	0.003 5	21.021 1	15
S-A-CART	79.4	**0.002 1**	**20.964 4**	20

3 种智能驾驶算法对应决策树模型的节点个数（NS）、决策树所使用的数据个数（N_{model}）和决策树的冗余度（R_{ds}）如图 7-14 和表 7-4 所示。从图 7-14 中可以看到，驾驶数据经过稀疏算法处理后，决策树模型的节点大幅减少，对应的模型训练时间也将大幅缩短。

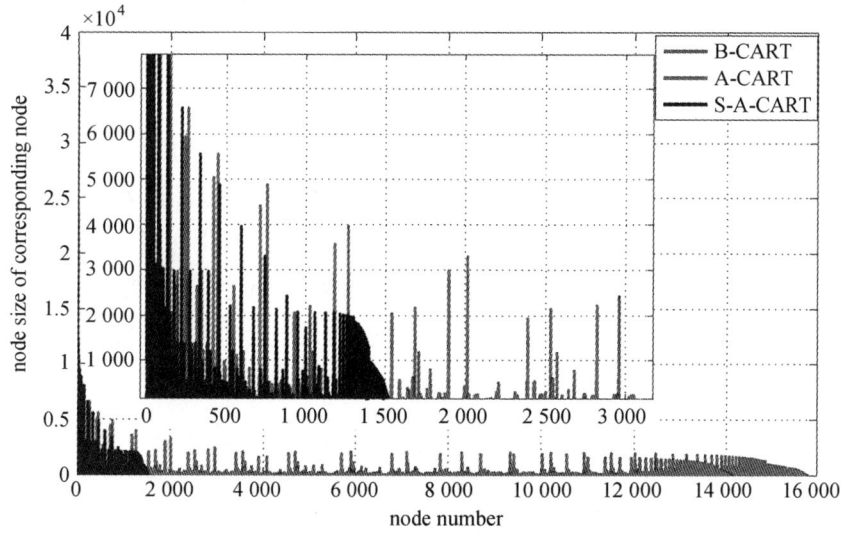

图 7-14 3 种安全智能算法的节点个数对比

表 7-4 3 种智能驾驶算法对应的决策树模型的节点数和数据的冗余度

算法	节点数	使用的数据个数	冗余度
B-CART	15 805	757 423	86.13%
A-CART	14 107	710 970	81.39%
S-A-CART	1 535	585 024	66.97%

通过表 7-3、表 7-4 和图 7-10 ~ 图 7-14 可以得到如下结果：（1）在运行时间误差方面，由于 ATO 算法对应的列车运行速度更接近区段限速，因此 ATO 的控制效率在 5 种驾驶方法

中是最高的。此外，由于智能算法使用了司机的人工驾驶数据作为训练集，ATO 算法的准时性能优于所提出的智能驾驶算法。（2）对于乘客的乘坐舒适性，由于在限速变化区段附近，B-CART、A-CART 和 S-A-CART 控制器输出比 ATO 和 MD 算法更平滑，振荡较少，因此所提出的智能驾驶算法具有更好的舒适性。结合稀疏优化算法，S-A-CART 算法驾驶曲线的舒适性优于 B-CART 和 A-CART 算法。（3）对于列车的单位质量能耗，ATO 能耗最高，S-A-CART 算法的能耗小于 MD、B-CART 和 A-CART 算法。（4）B-CART、A-CART 和 S-A-CART 可以通过删除一些不重要的驾驶数据来提高学习模型的泛化能力。（5）对于工作模式切换次数，B-CART 算法的控制器输出最稳定，工作模式切换次数最少。综上所述，智能驾驶算法的综合性能优于 ATO 和 MD，对于高速列车的运行控制来说尤其如此。

列车模型的参数主要包括牵引系统时间常数、牵引系统传输延时、制动系统时间常数和制动系统传输延时。这些参数是通过系统辨识得到的，辨识得到的参数通常会与实际的列车系统参数存在误差。在工程实际中，由于线路、车辆型号的不同以及受外界环境的影响，列车牵引和制动特性参数会产生一定的漂移。因此，本节通过设定列车模型参数的变化范围，对驾驶模型的自适应性进行了分析验证。各参数的变化范围设置为：$T_{acc}^{c} \in [0.2, 0.6]$，$T_{acc}^{d} \in [1, 3]$，$T_{bra}^{c} \in [0.225, 0.675]$，$T_{bra}^{d} \in [1.75, 5.25]$。各参数的变化间隔设置为：$\Delta T_{acc}^{c} = 0.1$，$\Delta T_{acc}^{d} = 0.1$，$\Delta T_{bra}^{a} = 0.15$，$\Delta T_{bra}^{d} = 0.5$。对 A-CART 和 S-A-CART 智能驾驶算法仿真 800 次，对应算法的仿真数据如表 7-5 所示。多次仿真的舒适度统计、工况切换次数和单位质量能耗分别如图 7-15、图 7-16 和图 7-17 所示。

表 7-5 智能驾驶模型的稳健性统计结果

算法	A-CART				S-A-CART			
指标	K_{max}	K_{min}	K_{mean}	K_{rmse}	K_{max}	K_{min}	K_{mean}	K_{rmse}
E_t/s	87.8	48	69.2	11.37	105.6	50	70.4	16.67
N_s	30	20	24.88	2.787	26	15	20.089	2.99
C/（m/s³）	0.004 9	0.002 1	0.003 5	0.000 46	0.005	0.002 1	0.002 8	0.000 56
E/（kJ/kg）	21.04	21.01	21.02	0.004	20.98	20.95	20.96	0.005

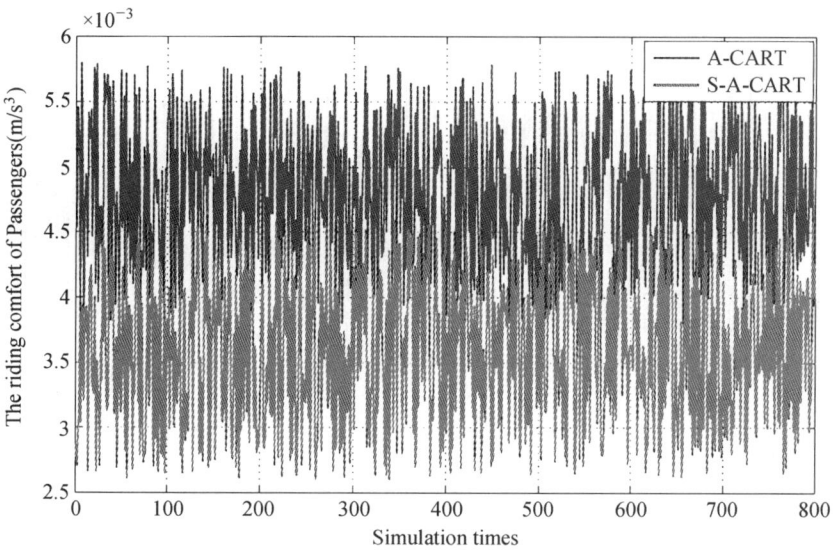

图 7-15　乘客舒适度统计

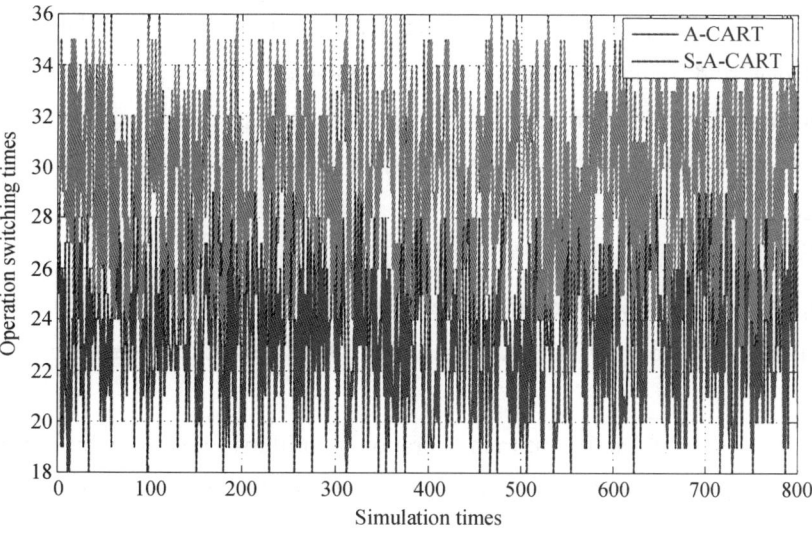

图 7-16　列车切换次数统计

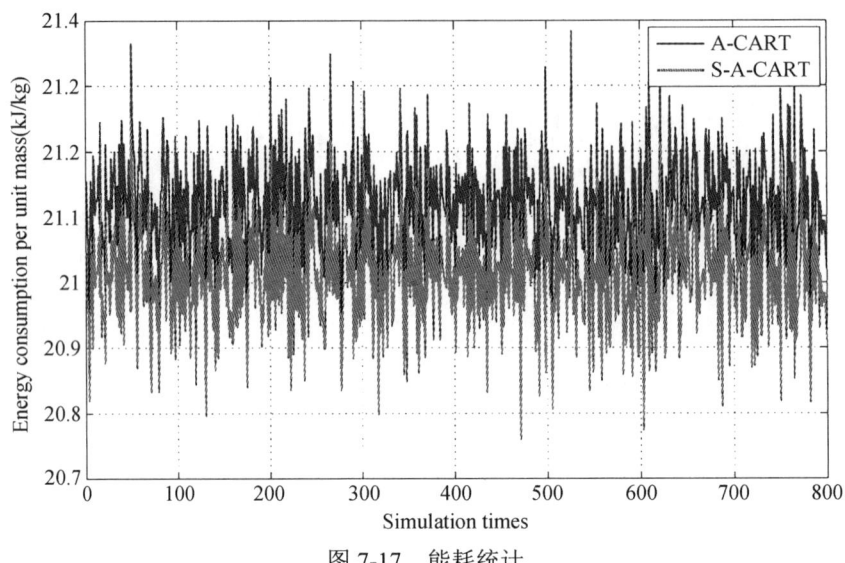

图 7-17 能耗统计

参考文献

[1] 宋琦. 高速列车的鲁棒自适应及容错控制[D]. 北京：北京交通大学，2014.

[2] R Cheng, D Chen, B Cheng, S Zheng. Intelligent driving methods based on expert knowledge and online optimization for high-speed trains [J]. Expert Systems with Applications, 2017, 87: 228-239.

[3] 冷勇林. 基于专家经验和机器学习的列车智能驾驶算法研究[D]. 北京：北京交通大学，2013.

[4] 曾翔宇. 基于数据挖掘的列车智能驾驶模型研究[D]. 北京：北京交通大学，2014.

[5] J Yin, D Chen, Y Li. Smart train operation algorithms based on expert knowledge and ensemble CART for the electric locomotive [J]. Knowledge-Based Systems, 2016, 92: 78-91.

[6] J Yin, D Chen, L Li. Intelligent train operation algorithms for subway by expert system and reinforcement learning [J]. IEEE Transactions on Intelligent Transportation Systems, 2014, 15(6): 2561-2571.

[7] R Cheng, D Chen, W Gai, S Zheng. Intelligent Driving Methods based on Sparse LSSVM and Ensemble CART Algorithms for High-Speed Trains [J]. Computers & Industrial Engineering. 2019, 127: 1203-1213.

[8] R. Reed. Pruning algorithms-a survey [J]. IEEE Transactions on Neural Network, 1993, 4(5): 740-747.

[9] K. Huang, D. Zheng, J. Sun, et al. Sparse learning for support vector classification [J]. Pattern Recognition Letters, 2010, 31(13), 1944-1951.

[10] B. J. De Kruif, T. J. A. De Vries. Pruning error minimization in least squares support vector machines [J]. IEEE Transactions on Neural Network, 2003, 14(3): 696-702.

[11] R. Cheng, Y. Song, D. Chen, and L. Chen. Intelligent localization of a high-speed train using LSSVM and the online sparse optimization approach [J]. IEEE Transactions on Intelligent Transportation Systems, 2017, 18(8): 2071-2084.

[12] R. Cheng, Y. Song, D. Chen, and X. Ma. Intelligent positioning approach for high-speed trains based on ant colony optimization and machine learning algorithms [J]. IEEE Transactions on Intelligent Transportation Systems, 2019, 20: 3737-3746.

[13] L. Breiman, J. Friedman, C. J. Stone. Classification and regression trees [M]. Los Angeles: CRC press. 1984.

[14] L. Breiman. Bagging predictors [J]. Machine Learning, 1996, 24(2): 123-140.

[15] 盖伟龙. 基于集成分类回归树算法的高速列车智能驾驶[D]. 北京：北京交通大学，2015.

[16] Y. Freund and R.E. Schapire. A decision-theoretic generalization of online learning and an application to boosting [J]. Journal of Computer and System Sciences. 1997, 55(1): 119-139.

[17] 张志涌，杨祖樱. MATLAB 教程[M]. 北京：北京航空航天大学出版社，2001.

[18] 于振宇，陈德旺. 城轨列车制动模型及参数辨识[J]. 铁道学报，2011，33（10）：37-40.

8 基于 HA 及集成分类回归树算法的多列车安全智能驾驶方法

鉴于列车运行的自动化和智能化程度不断提高，本章以移动闭塞控制系统为研究对象，在单列车智能驾驶算法的基础上，通过引入安全机制，提出了一种多列车安全智能驾驶策略以保证多列车之间的安全运行间隔。该策略包括以下特点：（1）运用数据挖掘学习算法学习优秀司机的驾驶经验。（2）通过引入混成自动机模型保证相邻列车之间的安全追踪间隔。（3）设计了适合于处理列车驾驶数据的稀疏优化算法，以提高列车驾驶数据的稀疏度，从而降低智能驾驶模型的复杂性。

8.1 多列车的安全智能驾驶策略

多列车的安全智能驾驶结构[1-3]包括安全距离控制器和智能驾驶系统两部分，如图 8-1 所示。其中智能驾驶系统包括专家系统和数据挖掘算法，基于混成自动机模型的安全距离控制器用于保证相邻列车之间具有安全的追踪间隔。专家系统包括稀疏优化算法及熟练司机的驾驶经验和推理规则。稀疏优化算法[4-13]用于处理历史驾驶数据，从而提高智能驾驶模型的计算速度和泛化能力。驾驶数据包括现场采集的人工驾驶数据和通过仿真获得的 ATO 的驾驶数据。数据挖掘算法模块包括两种集成分类回归树算法、Bagging CART 算法和 AdaBoost.R CART 算法。引入集成学习算法（Bagging[14]和 AdaBoost.R[15]）是为了提高分类回归树（classification and regression tree，CART[16]）算法的泛化能力，以解决分类回归树模型的过拟合问题。列车的实时运行信息将反馈给智能控制器，智能驾驶系统的输出将用于控制列车的运行。

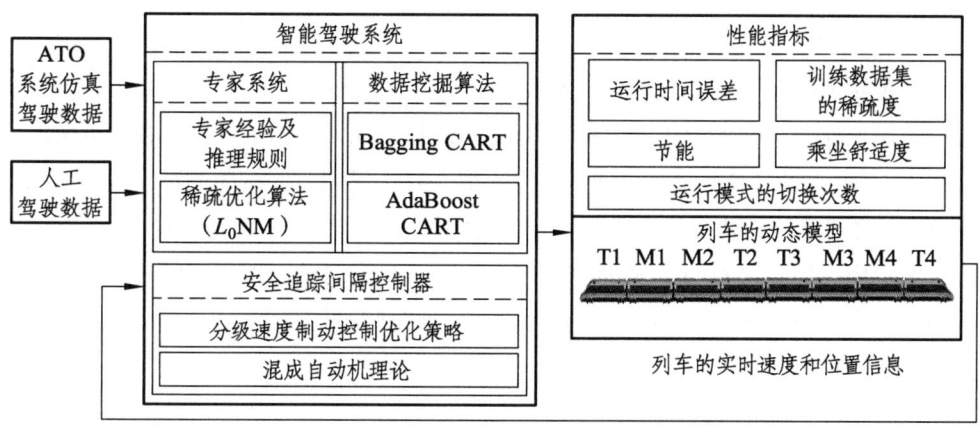

图 8-1 多列车的安全智能驾驶结构

8.2 基于速度分级制动的列车追踪间隔控制

列车是靠空气波的传递而实施制动的,因此对列车施加制动力是一个变化的过程。列车实施制动后,并非全列车立即达到最大制动力,而是需要经过一段时间后,制动缸才开始有空气压力,然后空气压力逐步上升,制动闸瓦压上车轮,再经过一段时间的作用后制动缸的空气压力或闸瓦的压力达到最大值。同时,列车各个车厢前后位置不同也会导致各车厢升压的时间各不相同。因此,列车的制动过程至少包括以下 3 个阶段:(1)制动命令发出后,列车制动单元还未接收到制动指令,列车在没有制动力作用的情况下继续运行,列车处于空走阶段。(2)列车制动单元收到制动命令后,列车各个制动缸空气压力开始逐步上升,列车制动力逐步达到对应制动级别的最大制动力。(3)列车各个制动缸空气压力达到预设值,整列车的制动力大致保持不变,列车减速行驶直至停车为止[17]。

为了简化制动力的计算过程,假设在列车各个制动缸空气压力迅速增大的某个瞬间,整列车同时施加对应制动级别所要求的制动力,则整列车的制动过程可简化为两个阶段。从制动开始到该瞬间之间的时间称为空走时间,用 t_k 表示,该时段内列车无制动力作用,列车在该时段内所走行的距离称为空走距离,用 S_k 表示。从该瞬间到列车停车之间的时间为 t_e,称为有效制动时间,该时段内列车以对应级别所要求的制动力减速行驶,列车在该时段内所走行的距离称为有效制动距离,由 S_e 表示。列车的总制动时间 t_b 由公式(8-1)表示。制动距离计算的准确程度与所假设的制动力突增瞬间的选择合适与否有关,通常按照列车走行距离等效的原则来确定列车的空走时间。

$$t_b = t_k + t_e \tag{8-1}$$

按照空走距离的概念，将坡道的影响考虑在内，制动过程中列车单位合力随时间变化的曲线如图 8-2 所示。图 8-2 中，横轴表示制动时间 t，纵轴表示单位制动合力 $b+i_\omega$，其中当量坡度 $i_\omega=i+\omega_0$。假定空走时间内列车速度不变，ω_0 为常量，并按照制动初速度下的数值折算成坡度。之间单位制动力的递增过程近似为线性关系。当只考虑制动时，坐标原点是 O 点；考虑坡道阻力后，以 O' 点为坐标原点进行计算。根据制动距离等效的原则，从理论上推导出制动空走时间的计算公式。由于 t_0 值较小，将该变量忽略不计，空走时间的计算公式由式（8-2a）表示。

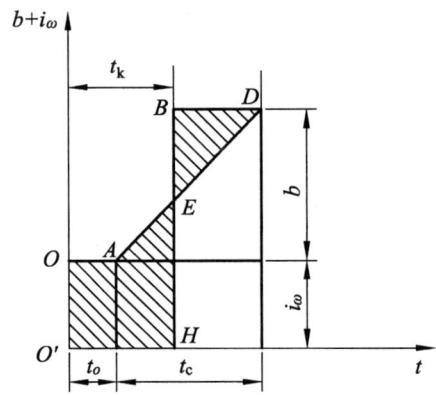

图 8-2 坡道影响的空走时间计算

图 8-2 中：t_c 表示全列车制动缸的充气时间。i_ω 为当量坡度，当坡度为零时，其值为零。b 表示列车提供的单位制动力。当 $i_\omega = -b/3$ 时，t_k 将增加到 t_c，而当下坡道更陡时，t_k 将会大于 t_c，所以，公式（8-2a）只适用于 $i_\omega \geq -b/3$ 的情况。考虑到长大坡道下滑力的影响，建立新的假设，如图 8-3 所示。当量坡度 $i_\omega = 0$ 时，坐标为 O 点；考虑长大下坡道下滑力影响后，以 O' 点为坐标原点。从 O' 点至 A 点，下滑力大于制动力，列车速度增大；A 点以后，制动力大于下滑力，列车速度减小；在 H 点，列车速度降低到制动初速，空走过程结束，制动力瞬间突增至 b 值；E 点以后的制动过程为有效制动过程。长大下坡道的空走时间的计算公式如式（8-2b）所示。

$$t_k = \left(1 - \sqrt{1 - \frac{2}{3} \cdot \frac{1}{1 + i_\omega / b}}\right) t_c \tag{8-2a}$$

$$t_k = \left[\frac{1+\sqrt{-\frac{1}{3}\cdot\left(1+4\frac{i_\omega}{b}\right)}}{2\left(1+\frac{i_\omega}{b}\right)}\right]t_c \qquad (8\text{-}2b)$$

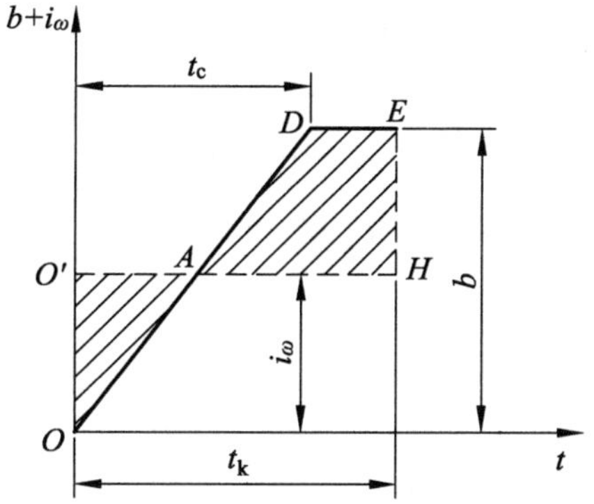

图 8-3　长大下坡的空走时间计算

根据以上的假设，当分级速度确定后，有效制动时间的计算公式如式（8-3）所示。n 表示分级速度个数，v_i 和 v_{i+1} 分别为分级区段的初速度和末速度，a_i 和 a_{i+1} 分别为速度 v_i 和 v_{i+1} 所对应的制动减速度。

$$t_e = \sum_{i=1}^{n} t_e^i = \sum_{i=1}^{n} \frac{v_{i+1}-v_i}{3.6\cdot[(a_i+a_{i+1})/2]} \qquad (8\text{-}3)$$

列车制动距离是从司机将制动手柄推至制动位时开始，到列车停车时为止，列车驶过的距离，是制动空走距离和制动有效距离之和，通过式（8-4）计算得到。计算制动距离时，空走时间应按制动距离等效的原则来决定。为计算简便，通常假定空走时间内列车的运行速度不变，始终为制动初速度，坡度对列车速度和空走距离的影响则采用修正空走时间的办法来解决。空走距离和有效制动距离分别通过式（8-5）和式（8-6）计算得出。其中，v_0 为制动初始速度（km/h），t_k 为空走时间（s），t_e 为有效制动时间（s），a 为制动过程中的平均减速度（m/s²），S_k、S_e、S_b 分别为空走距离、有效制动距离和制动距离（m）。

$$S_b = S_k + S_e \qquad (8\text{-}4)$$

$$S_k = \frac{1\,000\,v_0\cdot t_k}{60\times 60} = \frac{v_0\cdot t_k}{3.6} \qquad (8\text{-}5)$$

$$S_e = \sum_{i=1}^{n} S_e^i = \sum_{i=1}^{n} \frac{(v_i + v_{i+1})/2}{3.6} \cdot t_e^i \tag{8-6}$$

列车制动方案受到黏着系数、乘客舒适性的限制，本节将在综合考虑这两个因素的基础上优化分级制动速度。根据优化后的分级制动速度，建立混成自动机模型来保证移动闭塞控制系统下相邻列车之间的安全行车间隔。

我国湿润轨道的黏着系数公式如式（8-7）描述。若考虑到备用余量，黏着系数利用值可再提高10%，中国铁道科学研究院推荐可用的平均黏着系数为0.093，其对应黏着系数公式为（8-8）。两黏着系数关于时间的曲线如图8-4所示。

$$\mu = 0.040\ 5 + \frac{13.55}{v+120} \tag{8-7}$$

$$\mu_{sa} = 0.044\ 55 + \frac{14.9}{v+120} \tag{8-8}$$

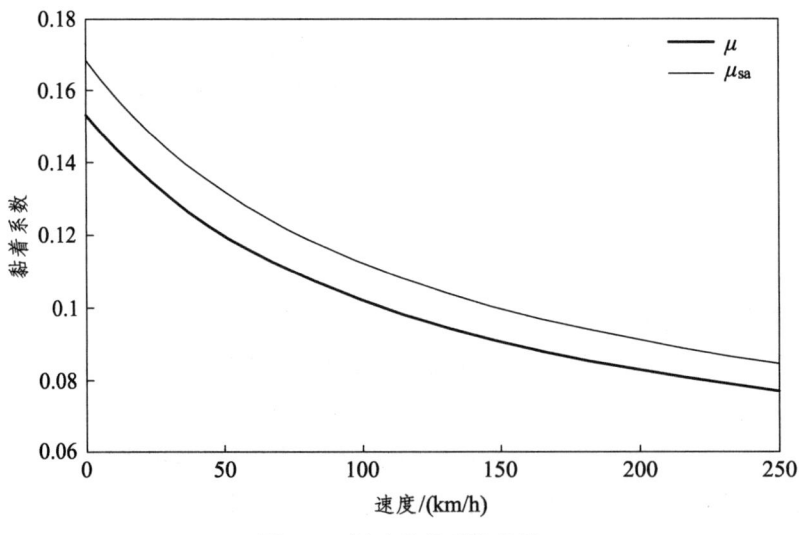

图 8-4　制动黏着系数曲线

为了充分利用轮轨黏着制动力，须按列车速度分级控制制动力，使之与黏着系数变化曲线接近，以使列车制动时不产生滑行，同时达到制动距离最短的目的。本节利用黏着制动力进行制动分级，同时以乘客舒适度作为制动速度区间进行分级的限制条件。旅客舒适度的限制如下：加速度不能超过 1.3 m/s²，减速度舒适限制范围为-1.1 ~ -1 m/s²。本节选择

-1.1 m/s^2 作为最大制动减速度。本节运用黏着系数曲线（μ，μ_{sa}）和最大制动减速度（$\beta_{\max}$）来优化分级制动速度区段。详细的优化流程如下所述：

（1）根据乘客舒适度限制的最大制动减速度计算对应的最大黏着系数，对应的分级制动速度点（v_{hsp}^1）可由式（8-7）或式（8-8）计算得到。因此，初始的分级速度区间包括$[0, v_{\text{hsp}}^1]$和$[v_{\text{hsp}}^1, 250]$ km/h。

（2）受黏着系数的约束，列车实际制动距离可由式（8-9）表示，速度区段$[v_{\text{hsp}}^1, 250]$的制动距离由黏着系数表示。在式（8-9）表示的制动距离 S 的导数为零时，制动距离最小。

$$S = \frac{v_t^2 - v_0^2}{2 \cdot 3.6^2 \cdot \mu \cdot g} \tag{8-9}$$

其中：v_0 和 v_t 分别表示制动初速度和制动末速度；μ 可由式（8-7）或式（8-8）计算得到；g 为重力加速度。

（3）经过上述优化步骤后，分级制动速度区间包括$[0, v_{\text{hsp}}^1][v_{\text{hsp}}^1, v_{\text{hsp}}^2]$和$[v_{\text{hsp}}^2, 250]$ km/h。同样，后两个制动速度区段的最小制动距离对应的极值点为$v_{\text{hsp}}^3 \in [v_{\text{hsp}}^1, v_{\text{hsp}}^2]$和$v_{\text{hsp}}^4 \in [v_{\text{hsp}}^2, 250]$。

（4）根据各制动分级速度值计算对应的黏着系数和最大制动减速度，并通过线性插值的方法拟合出对应制动分级速度区段的减速度曲线。然后根据拟合的连续减速度曲线，分别运用式（8-3）和式（8-6）计算对应的制动分级速度区段的有效制动时间（t_e）和有效制动距离（S_e）。对应的空走制动时间（t_k）和空走制动距离（S_k）分别由式（8-2）和式（8-5）计算得到。各分级制动区段的总制动距离（S_b）由式（8-4）计算得到，且该制动距离将作为建立混成自动机模型的依据，以保证相邻列车之间的安全追踪间隔。以上的优化过程是离线完成的，通过考虑车轮与轮轨之间的黏着系数，充分利用黏着力，从而避免车轮打滑。由式（8-7）~式（8-9）可知，制动力（或制动距离）与车轮和轨道之间的黏着系数密切相关，因此，列车的制动力大小必须根据列车的速度及时进行调整。

8.3 基于 IPEM 稀疏优化算法

考虑到训练数据的引入误差，运用 PEM（Pruning Error Minimization）算法可删去引入误差最小的样本。对于样本数据 x_j 在第 m 次迭代过程中的输出估计值，可通过式（8-10）计算得到。

$$\hat{y}^m(\boldsymbol{x}_j) = \sum_{k=0, k \neq j}^{N} \alpha_k^m K(\boldsymbol{x}_k, \boldsymbol{x}_j) + \alpha_j^m K(\boldsymbol{x}_j, \boldsymbol{x}_j) + b^m \quad (8\text{-}10)$$

其中，α_k^m 和 b^m 分别表示样本 $\boldsymbol{x}_k$ 的 Lagrangian 因子和第 m 次迭代时的偏差。将样本数据 $\boldsymbol{x}_j$ 从训练数据集中删除后，在第 $m+1$ 次迭代时 $\boldsymbol{x}_j$ 的输出通过式（8-11）计算得到。所以，当将 $\boldsymbol{x}_j$ 从训练数据集中删除后，样本 $\boldsymbol{x}_j$ 所对应的引入误差 $d(\boldsymbol{x}_j)$ 由式（8-12）计算得到。

$$\hat{y}^{m+1}(\boldsymbol{x}_j) = \sum_{k=0, k \neq j}^{N} \alpha_k^{m+1} K(\boldsymbol{x}_k, \boldsymbol{x}_j) + b^{m+1} \quad (8\text{-}11)$$

$$\begin{aligned} d(\boldsymbol{x}_j) &= \hat{y}^m(\boldsymbol{x}_j) - \hat{y}^{m+1}(\boldsymbol{x}_j) \\ &= \sum_{k=0, k \neq j}^{N} (\alpha_k^m - \alpha_k^{m+1}) K(\boldsymbol{x}_k, \boldsymbol{x}_j) + \alpha_j^m K(\boldsymbol{x}_j, \boldsymbol{x}_j) + b^m - b^{m+1} \end{aligned} \quad (8\text{-}12)$$

由式（8-12）可知，样本的引入误差不仅依赖于参数 α_j^m，还受到其他参数的影响。正则化参数 γ 用来衡量精确逼近的重要性和函数的光滑性。当 γ 为零时，拟合误差将不影响目标函数 $J(\boldsymbol{\omega}, \boldsymbol{e})$，所以，只有权值 $\boldsymbol{\omega}$ 被最小化了。当 $\gamma = \infty$ 时，系统（7-14）将转换为系统（8-13），即 $\boldsymbol{Ax} = \boldsymbol{c}$，$\boldsymbol{A}$ 为式（8-13）左边的矩阵，$\boldsymbol{x}$ 为 Lagrangian 乘子和拟合偏差 b，$\boldsymbol{c}$ 表示目标向量 $(0, \boldsymbol{y})^\mathrm{T}$。

$$\begin{pmatrix} 0 & \boldsymbol{1}_n^\mathrm{T} \\ \boldsymbol{1}_n & \boldsymbol{\Omega} \end{pmatrix} \begin{pmatrix} b \\ \boldsymbol{\alpha} \end{pmatrix} = \begin{pmatrix} 0 \\ \boldsymbol{y} \end{pmatrix} \quad (8\text{-}13)$$

在 $\gamma \neq \infty$ 的情况下，引入误差可通过类似的推导过程计算得到，正则矩阵 $\boldsymbol{A}_\gamma$ 可通过式（8-14）计算得到。删除第 j 个样本数据的最小绝对值引入误差由式（8-15）计算得到[11]。

$$\boldsymbol{A}_\gamma = \boldsymbol{A} + \gamma^{-1} \boldsymbol{I}_{(n+1)} \quad (8\text{-}14)$$

$$d(\boldsymbol{x}_j) = \left[\frac{\boldsymbol{A} \boldsymbol{A}_\gamma^{-1} \boldsymbol{e}_j \boldsymbol{e}_j^\mathrm{T} \boldsymbol{A}_\gamma^{-1}}{\boldsymbol{e}_j^\mathrm{T} \boldsymbol{A}_\gamma^{-1} \boldsymbol{e}_j} \boldsymbol{c} \right]_j \quad (8\text{-}15)$$

其中，$\boldsymbol{e}_j$ 为 $N+1$ 维列向量，除 $j+1$ 对应的元素为 1 外，其他元素为 0。基于以上的阐述，本节提出了计算稀疏 LSSVM 模型的迭代稀疏优化算法（Iterative Pruning Error Minimization，IPEM）。算法的详细计算流程如 **Algorithm 8-1** 所示。与其他算法不同的是，在每次稀疏优化的过程中，本算法只处理其中一部分驾驶数据，而且每次迭代过程中的稀疏率控制在 5% 以内。所提出的迭代优化过程也不只是一个数学优化问题，同时还具有工程实际意义。在稀疏化的过程中，不仅要考虑驾驶数据的稀疏度，同时要对通过训练稀疏数据集得到的驾驶模型的实际性能指标（列车运行时间误差、能耗、乘客舒适度、工况切换次数）进行评价。所以，当所得到的驾驶曲线具有较差的性能时，IPEM 将终止迭代过程。与传统的 PEM 算法相比，IPEM 能够极大地提高训练数据的稀疏度。

Algorithm 8-1 Sparse algorithm based on iterative pruning error minimization (IPEM).

1: Given driving data $\{x_k, y_k\}$, $k=1,2,\cdots,N$, solve Eq.(7.13) to obtain optimal (γ, σ^2) and (α, b).

2: Calculate the matrix A_γ and A by Eq.(8.14) and Eq.(8.13), respectively.

3: Calculate the introduced error $d(x_j)$, $j=1,2,\cdots,N$ by Eq. (8.15). e_j is a column vector of size $N+1$ filled with zeros except element $j+1$ which is equal to one.

4: Sort the values $|d(x_j)|$, $j=1,2,\cdots,N$.

5: Remove M data points from original driving data that have the smallest introduced errors in the sorted $|d(x_j)|$ spectrum, $(M/N = 5\%)$.

6: Restore $N-M$ data points and set $N:N-M$.

7: Go to step 1 and retrain on the sparsified driving data set $\{x_k, y_k\}$, $k=1,2,\cdots,N$, unless the performance indicators of intelligent driving algorithms degrade.

多列车安全智能驾驶方法是将安全距离控制器和智能驾驶系统结合来实现的。基于混成自动机模型的安全距离控制器用于保证两相邻列车之间的安全追踪间隔。驾驶数据包括采集的人工驾驶数据和通过仿真获得的 ATO 驾驶数据。数据挖掘算法模块包括两种集成分类回归树算法，也即 Bagging CART 算法和 AdaBoost.R CART 算法。集成方法（Bagging 和 AdaBoost.R）用于解决 CART 算法的过拟合问题，从而提高 CART 算法的泛化能力。智能驾驶系统的输出将用于控制列车的运行，列车的实时运行信息将反馈给智能控制器。列车安全智能驾驶算法的详细流程如 **Algorithm 8-2** 所示。

Algorithm 8-2 Intelligent safe driving methods based on HA and ensemble CART (ISDMs).

1: Divide the original driving data into N parts by using k-means algorithm in terms of the speed and location of HST, the speed limit of current operational zone and the driving data volume. And, the clustered driving data can be expressed as $D = \{(x_1^1, x_2^1, \cdots, x_7^1, y^1), \cdots, (x_1^n, x_2^n, \cdots, x_7^n, y^n)\}$ where n represents the number of driving data samples.

2: The n sparsified samples $(\{sx_j, y_j\}, j=1,2,\cdots,M)$ are obtained by using **Algorithm 8-1**.

3: Train the sparsified n samples by Bagging CART (B-CART) and AdaBoost.R CART (A-CART) Algorithms. Then, B-CART or A-CART learning model can be obtained.

4: **for** each part of clustered data **do**

5: **if** (the distance between two adjacent running HSTs can't meet the braking distance requirement) **then**

6: The controller output is computed by HA and the normal braking service will be triggered until the current distance can satisfy the requirement of corresponding hierarchical speed.

7: **else**

8: Based on the real-time operational driving data of HST, compute the real-time controller's output of operational HST by B-CART or A-CART learning model.

9: Examine whether the calculated driving data conforms to the expert knowledge.

10: **if** (the calculated data has good performance) **then**

11: Use the output of B-CART or A-CART learning model as the controller's output.

12: **else**

13: Compute the controller's output by the reasoning rules of expert system.

14: **end if**

15: **end if**

16: Update the real-time information of HST, and then goto step 5.

17: **end for**

Algorithm 8-2 共包含有 3 个部分。首先，运用 K-means 聚类算法依据区段的限速、列车运行位置和运行速度及运行区段的数据量等特征将原数据分为不同的数据集，并运用 IPEM 稀疏算法对分段后的驾驶数据进行处理，得到各分段驾驶数据的稀疏数据集。然后，运用 HA 建立列车追踪间隔控制器，保证列车的安全运行。在对应的分级速度下，如果追踪列车之间的间隔比相应制动级别的制动距离小，则控制器将触发对应分级速度的制动控制。最后，将传统的集成算法与分类回归树算法相结合，以稀疏优化后的驾驶数据为算法输入变量，以控制器的输出为输出变量通过训练得到列车智能驾驶模型。由于列车在运行过程中产生了大量的驾驶数据，运用改进的 CART 算法能够降低智能驾驶模型的复杂度并提高拟合精度。同时，改进的 CART 算法能够极大地减少驾驶模型的训练时间，有利于开发驾驶模型的在线更新算法。

8.4 案例分析

本案例中的多列车安全智能驾驶仿真平台通过采用MATLAB的重要组件Simulink工具箱和stateflow工具箱进行设计和搭建。与单列车智能驾驶类似，该仿真平台同样由5个模块组成，分别是输入模块、智能控制器模块、发生器（牵引、制动）模块、列车模型模块及显示记录模块。输入模块用于输入所需数据，包括线路限速、线路坡度、列车的实际运行速度、列车剩余运行时间、列车剩余运行距离、距下一限速区段限速点的距离。控制器模块是实现多列车智能驾驶算法的核心，通过 stateflow 实现混成自动机，同时，混成自动机内部的正常运行状态模块是一个 Simulink 特有的 Embedded Matlab 模块，相当于一个 Matlab 函数。该模块根据所编写的函数的输入/输出自动在模块外围生成对应的接口。列车模型模块描述了列车的工况切换环节、牵引饱和环节、输出限幅、一阶伺服模型以及模拟系统的传输延时和响应延时等关键环节，较好地模拟了列车运行控制的特性。发生器模块主要产生列车的阻力。列车的阻力主要包括基本阻力和附加阻力，通过阻力合成单元叠加到对列车的控制量当中。显示记录模块用于显示和记录仿真结果（运行时间、能耗、控制器输出、舒适度等）。

该节运用分级速度制动优化策略优化列车的快速制动曲线和常用制动曲线。对于快速制动，列车的最大黏着系数为 $\mu_{max} = \beta / g = 0.11 \text{ m/s}^2$，与 μ_{max} 对应的列车速度 $v = 13.55 / (\mu - 0.040\ 575) - 120 \approx 75 \text{ km/h}$。当列车的速度为 250 km/h 时，黏着系数由公式（8-7）计算得到，$\mu = 0.077\ 121\ 6$，对应的制动减速度为 $|\beta| = \mu g = 0.756 \text{ m/s}^2$。因此，在速度区间[75, 250] km/h 的制动距离可由式（8-16）表示。为了求得 S 的极小值，将制动距离 S 对速度 v 求导，根据一阶导数为 0 判断极值点，如式（8-17）所示。

$$S = \frac{75^2}{25.92 \times 0.11 \times 9.8} + \frac{250^2 - v^2}{25.92 \times 0.077\ 121\ 6 \times 9.8} + \frac{v^2 - 75^2}{25.92 \times \left(0.040\ 5 + \frac{13.55}{v+120}\right) \times 9.8} \quad (8\text{-}16)$$

$$0.038\ 462v^3 + 221.418\ 344v^2 - 4\ 371.046\ 8v - 76\ 218.753 = 0 \quad (8\text{-}17)$$

运用 0.618 优化算法，制动距离 S 取极小值时对应的列车速度为"$v=172$ km/h"，此时对应的黏着系数和制动加速度分别为"$\mu=0.086\,9$"和"$|\beta|=\mu g=0.852$ m/s²"。速度区段 [75，172] km/h 和[172，250] km/h 的制动距离分别由式（8-18）和式（8-19）表示。运用相同的优化方法，当"$v=127.3$ km/h"和"$v=211.8$ km/h"时，式（8-18）和式（8-19）的制动距离 S 取极小值。所有的分级制动速度点对应的最大制动减速度如表 8-1 所示。

$$S = \frac{75^2}{25.92\times0.11\times9.8} + \frac{172^2-v^2}{25.92\times0.086\,9\times9.8} + \frac{v^2-75^2}{25.92\times\left(0.040\,5+\dfrac{13.55}{v+120}\right)\times9.8} \quad (8\text{-}18)$$

$$S = \frac{172^2}{25.92\times0.086\,9\times9.8} + \frac{250^2-v^2}{25.92\times0.077\,121\,6\times9.8} + \frac{v^2-172^2}{25.92\times\left(0.040\,5+\dfrac{13.55}{v+120}\right)\times9.8} \quad (8\text{-}19)$$

表 8-1　优化后快速制动工况下分级制动速度点的最大制动减速度

分级速度点/（km/h）	0	75	127.3	172	211.8	250
最大制动减速度/（m/s²）	−1.1	−1.1	−0.932	−0.852	−0.797	−0.756

对于快速制动工况，对应分级速度区间的连续制动曲线 β_q 可通过线性插值获得，如式（8-20）所示。然后，对应分级速度区间与快速制动工况相关的变量 t_k、t_e、S_b、S_k 和 S_e 可通过式（8-1）~式（8-6）计算得出。快速制动工况对应的制动性能如表 8-2 所示。

$$\beta_q = \begin{cases} -1.1 & 0 \leqslant v < 75 \\ 0.003\,23v - 1.342\,31 & 75 \leqslant v < 127.3 \\ 0.001\,767v - 1.155\,98 & 127.3 \leqslant v < 172 \\ 0.001\,383v - 1.089\,69 & 172 \leqslant v < 211.8 \\ 0.001\,073v - 1.024\,32 & 211.8 \leqslant v < 250 \end{cases} \quad (8\text{-}20)$$

由于快速制动所需制动力是最大常用制动力的 1.5 倍，利用快速制动工况对应分级速度点的最大制动减速度可求出最大常用制动相应分级速度点的最大制动减速度值。最大常用制动对应的分级速度点的最大制动减速度值如表 8-3 所示。运用线性插值可得最大常用制动对应分级速度区间的连续制动减速度 β_n 的计算如式（8-21）所示。对应分级速度区间与最大常用制动工况相关的变量 t_k、t_e、S_b、S_k 和 S_e 可通过式（8-1）~式（8-6）计算得到。最大常用制动工况对应的制动性能如表 8-4 所示。

表 8-2　快速制动工况下相关的制动性能

分级速度区间/(km/h)	0~75	75~127.3	127.3~172	172~211.8	211.8~250
制动空走时间/s	2.3	2.3	2.3	2.3	2.3
制动空走距离/m	47.92	81.33	109.89	135.32	159.72
有效制动时间/s	18.94	14.31	13.93	13.41	13.67
有效制动距离/m	197.29	402.07	579.06	714.29	876.78
最大制动距离/m	245.21	680.69	1 288.31	2 018.03	2 929.22

表 8-3　最大常用制动工况下分级制动速度点的最大制动减速度

分级速度点/(km/h)	0	75	127.3	172	211.8	250
最大制动减速度/(m/s²)	−0.733	−0.733	−0.621	−0.568	−0.531	−0.504

$$\beta_n = \begin{cases} -0.733 & 0 \leqslant v < 75 \\ 0.002\,124v - 0.893\,58 & 75 \leqslant v < 127.3 \\ 0.001\,186v - 0.771\,98 & 127.3 \leqslant v < 172 \\ 0.009\,30v - 0.727\,90 & 172 \leqslant v < 211.8 \\ 0.000\,707v - 0.680\,70 & 211.8 \leqslant v < 250 \end{cases} \tag{8-21}$$

表 8-4　最大常用制动工况下相关制动性能

分级速度区间/(km/h)	0~75	75~127.3	127.3~172	172~211.8	211.8~250
制动空走时间/s	2.3	2.3	2.3	2.3	2.3
制动空走距离/m	47.92	81.33	109.89	135.32	159.72
有效制动时间/s	28.42	21.50	20.89	20.12	20.50
有效制动距离/m	296.04	604.09	868.39	1 072.51	1 314.85
最大制动距离/m	343.96	981.46	1 878.41	2 976.35	4 315.6

根据以上的计算过程，建立基于 HA 的安全距离控制器，如图 8-5 所示。该 HA 控制模型共有 6 个状态：S_0 状态表示列车运行过程由智能驾驶系统控制，智能驾驶系统包括专家系统和数据挖掘算法模块；其他状态表示不同分级制动速度区间的制动模式。HA 控制器的迁移条件如表 8-5 所示，其中 $S_k = 2.3v/3.6$，μ 为黏着系数，d 表示后行列车当前的位置与制动曲线的终点之间的距离。本案例中假设制动曲线的安全冗余距离 SD_s 为 400 m，则两相邻列车之间的距离表示为"$d+SD_s$"。

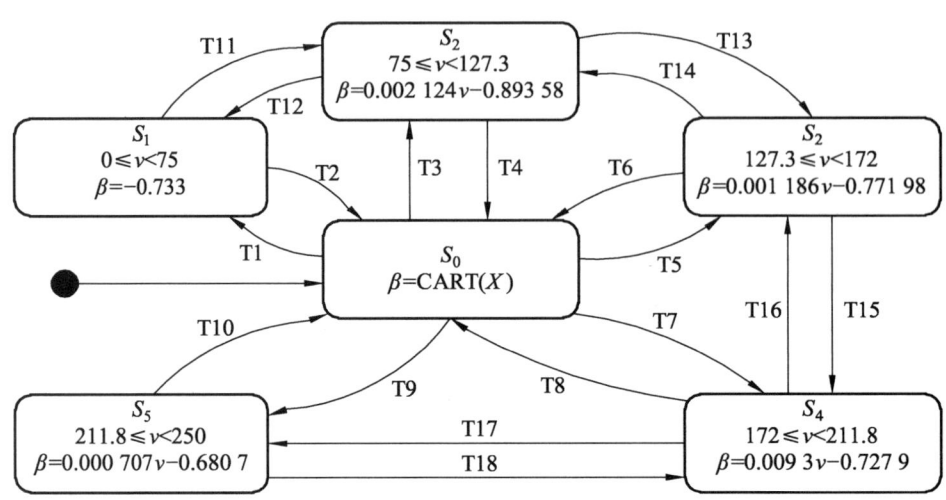

图 8-5 基于 HA 的安全距离控制器

表 8-5 安全距离控制器的迁移条件

迁移标号	迁移条件
T1、T12	$0 \leq v < 75 \wedge d \leq S_k + v^2/(25.96 \cdot \mu g)$
T2	$0 \leq v < 75 \wedge d \leq S_k + v^2/(25.96 \cdot \mu g) + 20$
T3、T11、T14	$75 \leq v < 127.3 \wedge d \leq S_k + (v^2 - 75^2)/(25.96 \cdot \mu g) + 343.96$
T4	$75 \leq v < 127.3 \wedge d \leq S_k + (v^2 - 75^2)/(25.96 \cdot \mu g) + 363.96$
T5、T13、T16	$127.3 \leq v < 172 \wedge d \leq S_k + (v^2 - 127.3^2)/(25.96 \cdot \mu g) + 987.46$
T6	$127.3 \leq v < 172 \wedge d \leq S_k + (v^2 - 127.3^2)/(25.96 \cdot \mu g) + 1\,007.46$
T7、T15、T18	$172 \leq v < 211.8 \wedge d \leq S_k + (v^2 - 172^2)/(25.96 \cdot \mu g) + 1\,878.41$
T8	$172 \leq v < 211.8 \wedge d \leq S_k + (v^2 - 172^2)/(25.96 \cdot \mu g) + 1\,898.41$
T9、T17	$211.8 \leq v < 250 \wedge d \leq S_k + (v^2 - 172^2)/(25.96 \cdot \mu g) + 2\,976.35$
T10	$211.8 \leq v < 250 \wedge d \leq S_k + (v^2 - 172^2)/(25.96 \cdot \mu g) + 2\,996.35$

仿真线路选取京沪线北京—天津南区段,计划运行时间 T_p=255 6 s,线路距离为 122 km。为了方便讨论,只选取两列追踪列车作为案例进行仿真分析,仿真单位时间间隔为 0.1 s。前行列车由 ATO 算法控制,后行列车由所提出的安全智能驾驶算法控制,安全智能驾驶算法由混成自动机控制器和智能驾驶系统组成。受到天气情况、线路的结构和设备的故障等

不确定原因的影响，调度员通过临时限速服务器将临时限速命令传输给列车以保证列车的稳定和安全运行。因此，在该案例中，前行列车和后行列车在通过同一区段时限速是不同的。前行列车的速度距离曲线和加速度曲线分别如图 8-6 和图 8-7 所示。

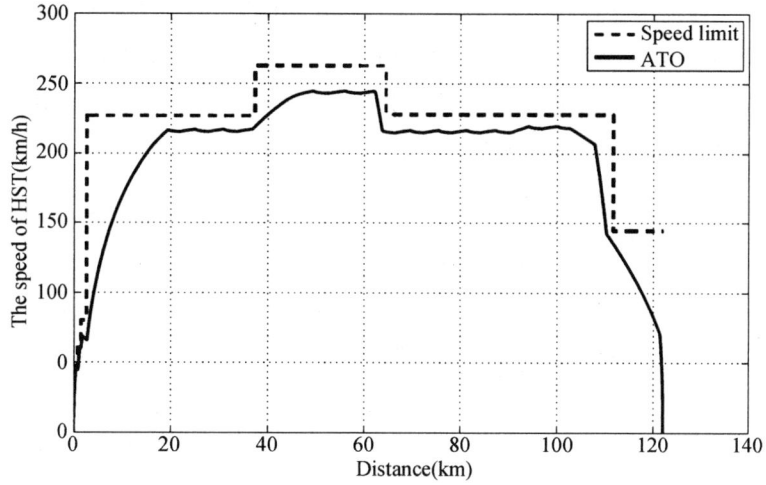

图 8-6　前行列车的速度距离曲线

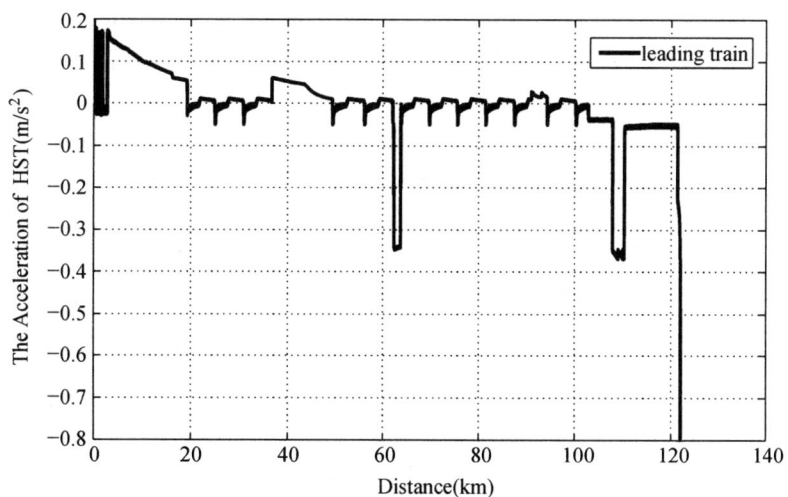

图 8-7　前行列车的加速度曲线

本章提出的安全智能驾驶算法有 Bagging CART（B-CART）、AdaBoost.R CART（A-CART）和 Sparse AdaBoost.R CART（S-A-CART）3 种。为了验证安全智能驾驶算法，本节选取人工驾驶（Manual Driving，MD）、自动驾驶（Automatic Train Operation，ATO）

和多目标优化（Multi-Objective Optimization，MOO）算法作为参照对象，根据 7.1 节给出的算法评价指标对 6 种算法进行了仿真分析。首先，ATO 算法的驾驶数据通过所建立的智能驾驶仿真平台仿真获得。然后，根据速度分级制动原理生成基于混成自动机的安全间隔控制器。运用迭代稀疏优化算法 IPEM 稀疏输入驾驶数据集，在降低智能驾驶模型复杂性的同时提高智能驾驶模型的泛化能力。最后，通过与 ATO、MD 和 MOO 的比较，对列车之间的追踪时间间隔为 3 min 的情况进行了仿真分析。6 种算法在整个区段的速度-距离曲线如图 8-8 所示，在区段（0，5）km 的速度-距离曲线如图 8-9 所示。

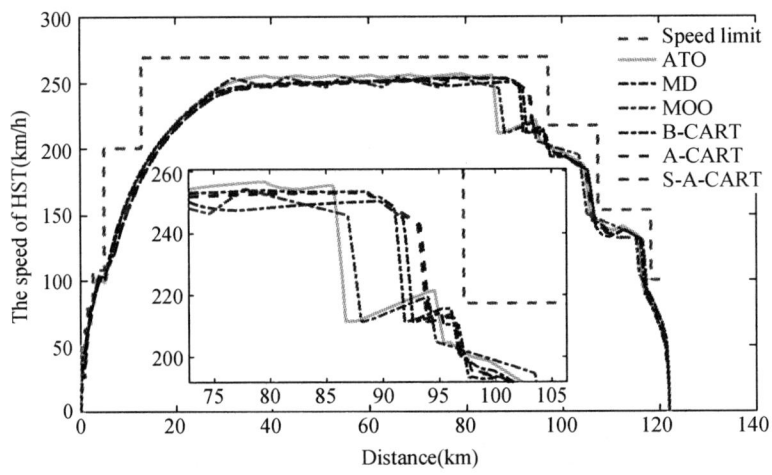

图 8-8　后行列车的速度-距离曲线

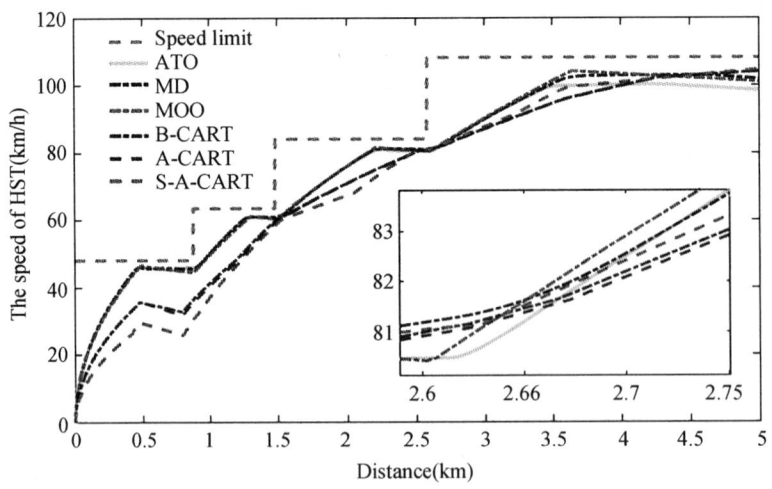

图 8-9　后行列车在区段（0，5）km 的速度-距离曲线

由图 8-8 和图 8-9 可知，除了制动时间长短不同外，B-CART 和 A-CART 很相似。此外，与 B-CART、A-CART 和 S-A-CART 算法相比，ATO 和 MD 算法在离限速变化点更远的地方实施制动，这说明安全智能驾驶算法能够找出 ATO 和 MD 驾驶数据中潜在的驾驶规则，在到达限速变化点之前找到更加合适的制动起始点以实施制动。列车在整个区段的加速度-距离曲线如图 8-10 所示，在区段(85, 95)km 的加速度-距离曲线如图 8-11 所示。由图 8-10 和图 8-11 可知，HA 控制器将触发最大常用制动以保证相邻列车之间的安全间隔。ATO、MD、MOO、B-CART、A-CART 和 S-A-CART 算法对应的制动区段分别为[85.61，86.88] [91.77，92.61] [86.88，88.05] [91.01，91.91] [93.05，93.82]和[93.28，94.05]。ATO、MD、MOO、B-CART、A-CART 和 S-A-CART 算法对应的制动时间分别为 16.3 s、13.2 s、18.6 s、14 s、12.4 s 和 12.4 s。由以上统计数据和速度距离曲线可知，ATO、MD 和 MOO 控制器的工况切换次数频繁，而智能算法的控制器输出较平滑稳定，这有助于提高乘客乘坐的舒适性。

安全智能驾驶算法不仅能保证移动闭塞控制系统下列车的安全，同时能提高驾驶效率。由于列车控制系统属于安全苛求系统，在某些特殊的情况下铁路系统的安全比效率更重要。因此，加入距离控制器以保证相邻列车之间的安全追踪间隔是非常有必要的。如果列车之间的间隔是安全的，则列车由智能算法控制；如果列车间距小于或等于列车安全追踪距离，则 HA 将触发相应级别的制动来保证列车的安全。当列车之间的追踪时间间隔为 3 min 时，列车之间的追踪距离如图 8-12 所示。由图 8-12 的结果可知，本案例提出的智能驾驶算法能够保证多列车的运行安全。

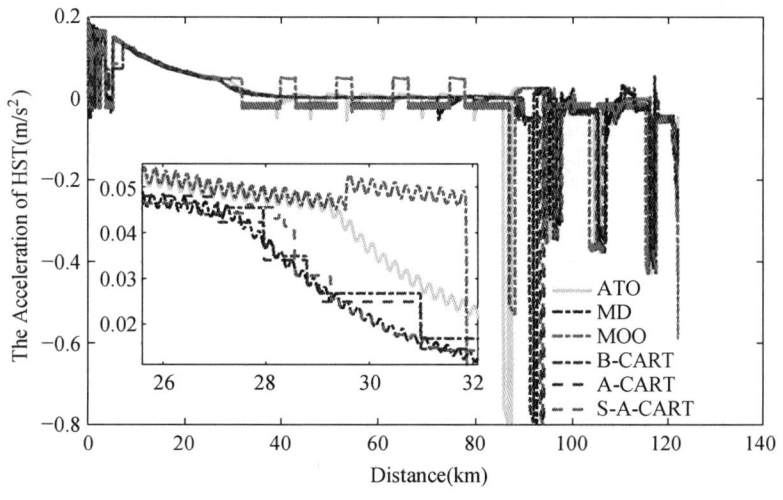

图 8-10 后行列车的加速度-距离曲线

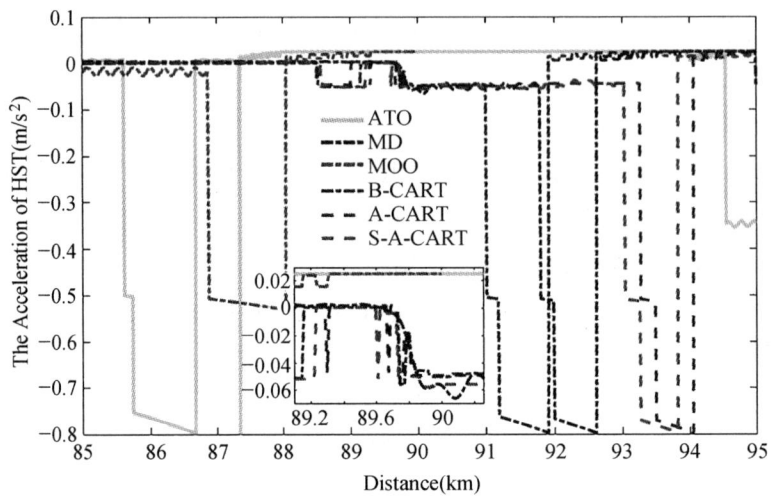

图 8-11 后行列车在区段（85，95）km 的加速度-距离曲线

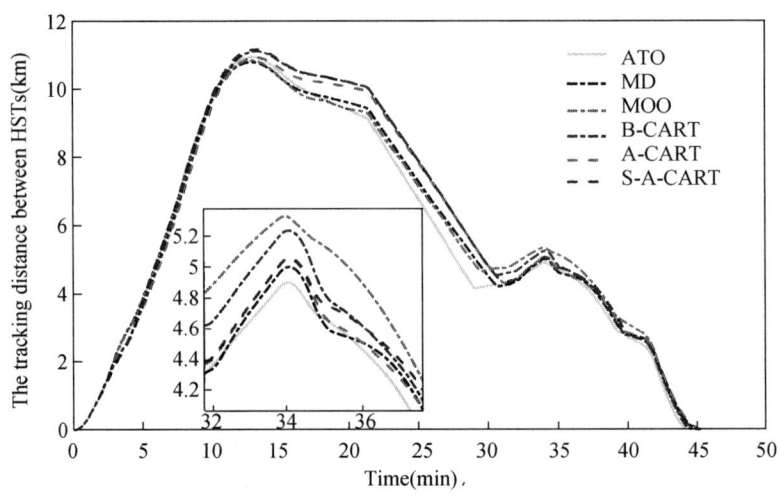

图 8-12 列车之间的追踪距离（当追踪时间间隔为 3 min 时）

6 种驾驶算法对应的性能指标如表 8-6 所示。由图 8-8～图 8-12 及表 8-6 可得到如下结论：

（1）通过将混成自动的控制逻辑与数据挖掘算法相结合，所有的智能驾驶算法都能保证移动闭塞控制系统下列车的运行安全。与其他算法相比，算法 S-A-CART 的安全间隔更长。（2）在乘客舒适度和工况切换方面，安全智能驾驶算法优于 ATO 和 MD，这说明 ISDMs 可以通过更少次数的工况切换来提高乘客舒适度。其中，对于乘客舒适度，S-A-CART 优于

B-CART 和 A-CART 算法，B-CART 与 A-CART 的乘客舒适度类似。对于工况切换次数，B-CART 算法优于 A-CART 和 S-A-CART。(3)对于能耗指标，ATO 算法能耗最大，S-A-CART 算法能耗小于 MD、B-CART 和 A-CART 算法。(4)通过稀疏算法的运用，将不重要的数据从数据集中删除，提高了 ISDMs 对应决策树模型的泛化能力。(5)由于 ATO 算法通过严格的计算不断地调整控制器的输出，所以 ATO 算法的运行时间误差最小，准时性最好。然而，由于高铁列车在运行过程中对乘客舒适度、能耗和训练数据集的稀疏性方面具有更大的权重，因此，ISDMs 算法的综合性能比 ATO 和 MD 更优。S-A-CART 算法的乘客舒适度、能耗和数据稀疏度最优，而且运行时间误差在 2 min 之内，能够满足高速列车运营的需求。

表 8-6　六种智能驾驶方法的性能指标对比结果

算法	E_t/s	C/(m/s^3)	E/(kJ/kg)	N_s
ATO	**21**	0.009	21.952 4	56
MD	42.6	0.006 9	21.268 4	78
MOO	27	0.009 7	21.416 4	20
B-CART	60.2	0.003 4	21.224 2	**17**
A-CART	63.6	0.003 8	21.118 1	19
S-A-CART	79.2	**0.002 6**	**21.008 2**	31

在案例的仿真过程中，所有的驾驶方法都基于同一区段。节能驾驶的速度-距离曲线由 MOO 算法实现[18]。ATO 算法的驾驶曲线则是通过 PID 控制器实现的。人工驾驶数据是通过采集现场驾驶数据后经过筛选获得的。ISDMs 则是以 ATO 和 MD 两种方法的驾驶数据为输入的，即 ATO 和 MD 的驾驶数据是建立 ISDMs 决策模型的基础。所以，所提出的智能驾驶算法是一种较普遍适用的框架，而与具体的驾驶算法种类无关。

参考文献

[1]　R Cheng, D Chen, B Cheng, et.al. Intelligent driving methods based on expert knowledge and online optimization for high-speed trains[J]. Expert Systems with Applications, 2017, 87: 228-239.

[2]　R Cheng, W Yu, Y Song, et.al. Intelligent Safe Driving Methods based on Hybrid Automata and Ensemble CART Algorithms for Multi-High Speed Trains[J]. IEEE Transactions on

Cybernetics, 2019, 49(10): 3816-3826.

[3] R Cheng, D Chen, W Gai, et.al. Intelligent Driving Methods based on Sparse LSSVM and Ensemble CART Algorithms for High-Speed Trains[J]. Computers & Industrial Engineering. 2019, 127: 1203-1213.

[4] R. Reed. Pruning algorithms-a survey [J]. IEEE Transactions on Neural Network, 1993, 4(5): 740-747.

[5] K. De Brabanter, J. De Brabanter, J. A. K. Suykens, et.al. Optimized fixed-size kernel models for large data sets[J]. Computational Statistics & Data Analysis, 2010, 54(6): 1484-1502.

[6] Q. Dai. A competitive ensemble pruning approach based on cross validation technique[J]. Knowledge Based Systems, 2013, 37: 394-414.

[7] Q. Dai. A novel ensemble pruning algorithm based on randomized greedy selective strategy and ballot[J]. Neurocomputing, 2013, 122: 2258-265.

[8] Q. Dai. An efficient ensemble pruning algorithm using one-path and two-trips searching approach[J]. Knowledge Based Systems, 2013, 51: 85-92.

[9] L. Liu, L. Chen, C. L. P. Chen, et al. Weighted joint sparse representation for removing mixed noise in image[J]. IEEE Transactions on Cybernetics, 2017, 47(3): 600-611.

[10] J. Wang. Generalized 2-D principal component analysis by Lp-norm for image analysis [J]. IEEE Transactions on Cybernetics, 2016, 46(3): 792-803.

[11] B. J. De Kruif, T. J. A. De Vries. Pruning error minimization in least squares support vector machines[J]. IEEE Transactions on Neural Network, 2003, 14(3): 696-702.

[12] R. Cheng, Y. Song, D. Chen, et.al. Intelligent localization of a high-speed train using LSSVM and the online sparse optimization approach[J]. IEEE Transactions on Intelligent Transportation Systems, 2017, 18(8): 2071-2084.

[13] R. Cheng, Y. Song, D. Chen, et.al. Intelligent positioning approach for high-speed trains based on ant colony optimization and machine learning algorithms [J]. IEEE Transactions on Intelligent Transportation Systems, 2013: 156-162.

[14] L. Breiman. Bagging predictors [J]. Machine Learning, 1996, 24(2): 123-140.

[15] Y. Freund, R.E. Schapire. A decision-theoretic generalization of online learning and an application to boosting[J]. Journal of Computer and System Sciences. 1997, 55(1): 119-139.

[16] L. Breiman, J. Friedman, C. J. Stone. Classification and regression trees [M]. Los Angeles: CRC press. 1984.

[17] 吴希荣. 高速列车电空制动分配优化研究[D]. 北京：北京交通大学，2016.

[18] W ShangGuan, X Yan, B Cai, et al. Multiobjective optimization for train speed trajectory in CTCS high-speed railway with hybrid evolutionary algorithm[J]. IEEE Transactions on Intelligent Transportation Systems, 2015, 16(4): 2215-2225.